KB201710

우리 역사의 수수께끼

우리 역사의 수수께끼 1

저자_ 이덕일·이희근

1판 1쇄 발행_ 1999. 3. 5.
1판 42쇄 발행_ 2016. 9. 11.

발행처_ 김영사
발행인_ 김강유

등록번호_ 제406-2003-036호
등록일자_ 1979. 5. 17.

경기도 파주시 문발로 197(문발동) 우편번호 10881
마케팅부 031)955-3100, 편집부 031)955-3250, 팩시밀리 031)955-3111

값은 뒤표지에 있습니다.
ISBN 978-89-349-0359-8 03900

독자의견 전화_ 031)955-3200
홈페이지_ www.gimmyoung.com   카페_ cafe.naver.com/gimmyoung
페이스북_ facebook.com/gybooks   이메일_ bestbook@gimmyoung.com

좋은 독자가 좋은 책을 만듭니다.
김영사는 독자 여러분의 의견에 항상 귀 기울이고 있습니다.

우리 역사의 수수께끼

이덕일 · 이희근 지음

김영사

열린 가슴으로 추적한 우리 역사의 비밀들

역사학자로서 사람들을 만나다 보면 상당히 다양하고도 구체적인 질문들을 만나게 된다. 예를 들면 '나주 고분의 주인공이 누구냐'에서부터 시작해서, '고려의 공녀 기씨는 어떻게 원나라의 황후가 되었는가'를 거쳐 '함흥차사가 사실이냐', 또는 '원균이 그렇게 나쁜 놈이면 어떻게 일등공신이 되었느냐'는 등의 무수한 질문들을 받게 된다. 여기에다 '한사군은 한반도에 있었느냐, 만주에 있었느냐'에서 '일본 천황가가 정말 한반도에서 건너간 기마민족이 맞느냐'는 질문에 이르기까지 시기뿐만 아니라 대상지역도 대단히 광범위하게 펼쳐진다.

이런 질문들을 접할 때마다 속으로는 '내 전공이 아니니까'라고 자위하면서 논지를 대충 확대시키거나 모호하게 하는 것으로 얼버무려 왔다. 하지만 그때마다 가슴 한 구석이 뜨끔했던 것을 보면 '내 전공이 아니다'라는 머리로 만든 위안이 면죄부가 될 수 없음을 가슴은 이미 알고 있었던 것임에 틀림없다.

사실 이런 질문들은 자칫 타성에 빠지기 쉬운 역사학자들에게 신선한 자극이기도 하다. 확실히 아는 것도 아니면서 확실히 모르는 것도 아닌 어정쩡한 상태의 정곡을 찌르는 것이기 때문이다. 그리고 의도적으로 회피한 것인지도 모르는 지적 비겁함에 던지는 힐난이기도 하다.

그래서 우리는 우리 자신의 상태를 점검해 볼 겸 이런 질문들에 대해

성실히 답변하기로 마음먹고 이 책을 기획했다. 대중들의 역사에 대한
모든 요구에 성실히 응한다는 것은 우리 두 집필자가 속해 있는
한가람역사문화연구소의 창립이념이기도 했으므로, 우리는 집필 기간
내내 한가람역사문화연구소에 하루도 빠짐없이 일요일에도 나와
공동으로 작업했다.

이런 질문에 답변할 만큼 기존의 연구성과가 풍부하지 못하다는
점에서 이는 고통스런 작업이었으나, 다른 한편으로는 우리 자신도
알고 싶었던 사항들이었다는 점에서 즐거운 작업이기도 했다.

공동작업을 하면서 우리 스스로도 놀랐던 것은 현재 우리 사회에는
의외로 잘못 알려진 사실이나 편견이 많다는 점이다.

홍길동·임꺽정과 양녕대군은 사실과는 전혀 다른 이미지로 일반인의
의식 속에 사실인 양 확고하게 자리잡고 있었으며, 원균과 인조반정에
관한 내용도 사실과는 다른 내용들이 막연하게 사실로 받아들여지고
있었다.

이런 사실들에 접근하기 위한 가장 기본적인 자세는 선입견을
배제하고 열린 가슴으로, 되도록 일차 자료들을 면밀히 검토해 보는
것이었다. 그리고 여기에는 항상 '왜?' 라는 의문사를 가지고 다녀야
했다. '왜?' 라는 의문사는 비단 역사학만이 아니라 모든 학문의
시작이다. 물음표가 가득한 머리와 열린 가슴이 만나면서 모호했던
부분이 거의 풀려나가는 것을 느낄 수 있었다.

이 책에 실린 서른 네 개의 글들 중 어떤 부분들은 마치 소설을 읽듯이 산책하는 기분으로 읽어도 좋을 만큼 가벼운 내용이다. 그러나 그런 산책을 통해서도 분명 우리 역사에 대한 교양이 늘어났음을 느끼는 데서 오는 지적 만족을 느낄 수 있을 것이다.

그러나 이 책의 다른 부분들, 예를 들면 '잃어버린 왕국, 나주 반남 고분의 주인공은 누구인가 — 한국고대사 최대의 미스터리'나 '광개토대왕릉비는 변조되었는가 — 광개토대왕이 보낸 5만 구원군의 의미' 같은 글들은 기존 학계의 연구성과에 우리의 견해를 보탠 전혀 새로운 글들이다.

이 부분은 우리 두 집필자가 평소부터 의문을 가지고 있던 사항으로 많은 시간 동안 관련 자료들을 읽고 의견을 교환해 왔던 부분인데, 최초로 활자화한다는 의미를 지닌다. 많은 비판을 기대한다.

그리고 '조선시대 상속제도는 남녀를 차별했나?— 평등에서 차별로, 조선 여성이 걸어온 발자취'는 현재 구조화된 우리 사회의 남녀불평등 구조를 개선하는 데 일조하기 위해 '의도적'인 목적을 가지고 서술한 것이다. 자아실현을 바라는 '모든' 여성들에게는 도움을, 남녀차별 사상을 갖고 있는 '어떤' 남성들에게는 반성의 재료가 되기를 기대한다.

처음부터 의도한 것은 아니었는데, 이 글들을 미리 읽어 본 사람들은 이구동성으로 '최적의 논술 교재'라고 평해 주었다. 의문을 제기하고

해답을 추적하는 과정이 논리적 사고 형성에 많은 도움이 된다는
평가였다. 이 책이 기성세대뿐 아니라 우리 다음 시대를 이끌어갈
중·고생들이 올바른 역사관을 형성하고 정서를 함양하며,
합리적이고 논리적인 사고를 기르는 데 도움이 된다면 그것처럼 기쁜
일은 없을 것이다.
이제 이 책은 우리의 손을 떠났다. 공부하는 사람에게 있어 자신이 쓴
책은 심한 배앓이를 하고 낳은 아이와 같은 존재이다. 부디 밖에
나가서 좋은 사람들을 많이 만나 사랑 받기를 기도한다.

1999년 2월
한가람역사문화연구소에서 이덕일·이희근

차
례

책머리에

1부 고대
비밀에 싸인 한국고대사를 찾아서

2부 고려
잊혀진 왕국, 고려사의 현장들

3부 조선
가깝고도 먼 나라, 조선의 진실

4부 근·현대
망국과 분단, 통일과 만주를 생각하며

고대

비밀에 싸인
한국 고대사를 찾아서

잃어버린 왕국, 나주 반남고분의 주인공은 누구인가

한국고대사 최대의 미스터리

나주 고분에서 받는 충격

경주나 부여·공주의 유적에 익숙한 사람들, 그래서 우리나라의 고대 유적은 신라와 백제, 그리고 가야가 전부인 줄 아는 사람들이 전남 나주 영산강 유역의 그리 잘 알려지지 않은 반남이란 작은 면 일대에 산재해 있는 고분(古墳)들을 본다면 커다란 충격을 받을 것이 분명하다. 그 만큼 전라남도 나주군 반남면 자미산 일대에 산재해 있는 30여 기(基)의 반남고분군(古墳群)은 한국 고대사에 남겨진 최대의 비밀이다.

이 지역이 백제 영토였으니 부여·공주의 고분보다는 작으리란 예상을 가지고 이 곳을 방문한 사람들은 일단 그 엄청난 규모에 놀라움을 금하지 못할 것이다. 예를 들어 덕산리 3호분의 경우 무덤의 남북 길이가 46미터이고 높이가 9미터에 달한다.

이런 엄청난 규모는 백제 왕실의 고분들보다는 훨씬 커서 통일신라나 가야 왕실의 고분들과 비교해야 할 것이다. 이 정도 고분을 조성할 수 있었던 정치권력이라면 적어도 고구려·백제·신라·가야에 뒤지지 않는 세력을 지니고 있었어야 한다.

도대체 이 거대한 고분군의 주인공은 누구일까?

유홍준은《나의 문화유산답사기》제1권의 1장에서 이 지역을 버스로 지나가며 마이크를 잡고 이렇게 설명한다.

"신촌리 제9호 무덤에서는 다섯 개의 옹관이 한꺼번에 나오면서 그 가운데 옹관에서는 금동관이 출토되었습니다. …그렇다면 이 금동관의 주인공은 누구일까요? 그것이 고고학과 역사학에서 매우 흥미로운 문제로 부각되고 있는데, 대체로 삼한시대 마한의 마지막 족장이 아닐까 추정되고 있습니다. 마한은 처음에 충청·호남지방에 근거를 두었는데 북쪽에서 내려온 백제에 밀려 충청도 직산에서 금강 이남인 전라도 익산으로 쫓겨갔다가 4세기 후반 근초고왕의 영토확장 때 이곳 영산강까지 밀리게 되며, 이후 백제가 공주·부여로 내려오면서 더욱 압박을 받게 되어 5세기 말에는 완전히 굴복하고만 것으로 추정되는 것입니다. 그러니까 반남고분군은 대개 5세기 유적으로 비정되고 있죠."

유홍준의 설명처럼 이 반남고분군을 마한의 유적으로 설명하고 있는 것이 현재 학계의 불완전한 추측이다. 그러나 이는 어디까지나 추측 차원이고 본격적인 설명은 못하고 있는 실정이다.

이 반남고분군은 매장방법도 한반도의 다른 지역에서는 찾아볼 수 없을 정도로 특이하기 때문에 관심의 대상이다. 이 고분들은 거대한 하나의 봉토(封土) 내에 수 개 혹은 수십 개 이상의 시신을 담았던 옹관(甕棺 : 항아리 관)이 합장되어 있는 것도 특이하며, 몇몇 고분 조사에서 밝혀지고 있듯이 봉토 주위에 도랑이 존재했던 점도 특이하다. 옹관 규모도 우리들을 흥분시키기에 충분한데, 큰 것은 그 길이가 3미터, 무게가 0.5톤이나 되는 것도 적지 않다. 그리고 그 안에는 금동관(金銅冠) 및 금동제(金銅製)의 호화로운 장신구와 환두대도(環頭大刀) 등 무기류들이 부장되어 있었다.

발굴보고서를 내지 않는 일본

처음 이 고분들을 주목했던 것은 일본인들이었다. 일본은 '고분시대(古墳時代)'를 하나의 시대로 시기 구분하는데, 반남고분군이 일본의 고분들과 겉모양이 유사했기 때문이다. 신촌리 9호분에서 발굴된 금동관 역시 일본 쿠마모토(熊本)현 후나야마(船山) 고분에서 출토한 것과 유사하다. 이러한 특이한 점들 때문에 반남고분군은 일제시대 초기 비상한 관심의 대상이 되었다.

나주시 반남면 덕산리 고분군의 전경. 이 일대에는 약 30여 기의 이런 고분이 있는데 이 웅장한 고분을 쌓은 주인공의 실체는 한국고대사 최대의 비밀로 남아 있다.

반남고분군을 최초로 조사한 기관은 조선총독부 고적조사위원회(古蹟調査委員會)인데, 1917~1918년에 곡정제일(谷井濟一), 소장항길(小場恒吉), 소천경길(小川敬吉), 야수건(野守健) 등 4명의 위원들이 나주군 반남면 신촌리, 덕산리, 대안리 일대 고분들 가운데 신촌리 9호분, 덕산리 1·4호분과 대안리 8·9호분 등을 발굴·조사하였다. 그러나 대대적인 발굴 조사와는 달리 이들은 곡정제일이 단 한 쪽짜리 보고서만 세상에 내놓는 것으로 발표를 갈음했다. 다음은 당시 내놓은 보고서 전문이다.

"반남면 자미산 주위 신촌리, 덕산리 및 대안리 대지 위에 수십 기의 고분이 산재하고 있다. 이들 고분의 겉모양은 원형(圓形) 또는

방대형(方臺形)이며 한 봉토 내에 1개 또는 여러 개의 도제옹관(陶製甕棺)을 간직하고 있다. 지금 조사 결과를 대략 말하면 먼저 지반 위에 흙을 쌓고 그 위에 도제의 큰 항아리를 가로놓은 뒤, 이에 성장(盛裝)한 시체를 오늘날에도 한반도에서 행해지고 있는 것처럼 천으로 감아서 판자에 얹은 뒤 머리 쪽부터 큰 항아리 속에 끼워 넣고 큰 항아리의 아가리에서 낮거나, 또는 아가리를 깨서 낮게 한 작은 단지를 가진 판자를 아래로부터 받친 뒤 약간 작은 항아리를 큰 항아리 안에 끼워 넣어서 시체의 다리 부분을 덮고, 크고 작은 항아리가 맞닿은 곳에 점토(粘土)를 발라 옹관 밖의 발이 있는 쪽에 제물(祭物)을 넣은 단지를 안치하여 흙을 덮는다. 여기에서 발견된 유물 중에는 금동관과 금동신발, 칼〔대도(大刀) 및 도자(刀子)〕과 도끼, 창, 화살, 톱이 있고, 귀고리, 곡옥(曲玉), 관옥(管玉), 다면옥(多面玉), 작은 구슬 등 낱낱이 열거할 겨를이 없을 정도다. 이들 고분은 그 장법(葬法)과 관계 유물 등으로 미루어 아마 왜인(倭人)의 것일 것이다. 그 자세한 보고는 후일 〈나주 반남면에 있어서의 왜인의 유적〉이라는 제목으로 특별히 제출하겠다."

이들이 훗날 내놓겠다던 〈나주 반남면에 있어서의 왜인의 유적〉이란 보고서는 끝내 나오지 않았다. 그러나 이 간단한 한 쪽짜리 보고서도 당시 고고학계를 흥분시키기에 충분한 정보를 담고 있었다.

그러나 이 보고서를 보고 먼저 움직인 것은 고고학계가 아니라 도굴꾼들이었다. 보고서 내용 중 '금동관, 금동신발, 칼과 도끼' '귀고리, 곡옥(曲玉), 관옥(管玉), 다면옥(多面玉)' 등은 이들의 모험심에 불을 붙이기에 충분했던 것이다.

1차 발굴 조사 20여 년 후인 1938년에 일제는 다시 신촌리 6·7호분과 덕산리 2·3·5호분 등 옹관고분 5기와 흥덕리 석실분(石室墳)을 발굴·조사했는데, 조사에 참여했던 유광교일(有光敎一)과

택준일(澤俊一)이 "도굴의 횡액(橫厄)으로 이처럼 유례가 드문 유적이 원래 상태를 거의 잃어버리게 되었다"고 회고할 정도였다. 이들은 대부분의 고분이 도굴 당해 완전한 봉토가 거의 없었다면서, "신촌리 6호분에서 겨우 2개의 옹관을 수습할 수 있었다"고 말했다.

그러나 이런 도굴은 사실상 일제가 조장한 셈이었다. 일제는 1차 조사 후 한 쪽짜리 보고서에서 '금동관, 금동신발' 등의 유물이 나왔음을 발표하고도 이 지역에 대한 아무런 보호조치도 취하지 않았는데, 이는 도굴꾼들에게 도굴 장소를 안내한 격이었다.

보고서의 "그 장법(葬法)과 관계 유물 등으로 미루어 아마 왜인(倭人)의 것일 것이다"라는 내용은 매우 중요한 의미를 담고 있는 구절이다. 그것이 사실이라면 일제가 시종일관 주장해 왔던 한반도 내 '임나일본부(任那口本府)'의 존재를 확인하는 것이기 때문이다.

당시 일제는 〈광개토대왕 비문〉의 왜 침략 기사와 《일본서기》 기사를 바탕으로 고대 일본이 한반도 남부를 식민지로 경영했다는 임나일본부설을 주장했는데, 그들은 이를 한반도 침략을 정당화하는 이론으로 둔갑시켰던 것이다.

일본의 입장에서 '아마 왜인'일 가능성이 있는 한반도 내 유물이 출토되었으면 침묵을 지키거나 도굴을 조장할 것이 아니라 임나일본부설이 타당함을 대대적으로 선전해야 했다. 그러나 일제는 한 쪽짜리 면피용 보고서만 내놓은 채 침묵을 지키며 도굴을 조장했다.

왜 그랬을까? 반남고분의 출토 유물들이 임나일본부설을 지지하기는커녕 임나일본부설을 뒤집을 수 있는 내용이기 때문이라는 것이 가장 합리적인 추측일 것이다. 다시 말해 반남고분군에서 출토된 유물은 고대 일본이 한반도 남부를 지배한 것이 아니라, 거꾸로 반남고분의 주인공들이 고대 일본열도를 지배했다는 사실을 말해 주기 때문에 덮어 버리고 도굴을 조장했다고 해석해야 할 것이다.

비밀에 쌓인 왜라는 국가

그러면 이 거대한 고분을 쌓은 주인공들은 누구일까?

먼저 일제의 한 쪽짜리 보고서의 '아마 왜인'이라는 구절에 주목해 고대 왜에 대해서 살펴보자. 진(晉)나라의 진수(陳壽, 232~297)가 편찬한 중국 삼국시대(220~265) 66년 간의 정사(正史)인 《삼국지(三國志)》위서(魏書) 한전(韓傳)은 한과 왜를 이렇게 설명하고 있다.

"한은 대방(帶方)의 남쪽에 있는데, 동쪽과 서쪽은 바다로 한계를 삼고, 남쪽은 왜와 접해 있으며[南與倭接], 면적은 사방 4,000리쯤 된다. (한에는) 세 종족이 있으니, 마한·진한·변진이며 진한은 옛 진국이다. 마한은 (삼한 중에) 서쪽에 있다. …지금 진한 사람 모두 납작머리이고, 왜와 가까운 지역[近倭]이므로 역시 문신을 하기도 한다. …(변진의) 독로국은 왜와 경계가 접해 있다[與倭接界]."

위 기사에서 주목할 점은 왜의 위치가 한반도 밖이 아니라 한반도 안쪽, 즉 삼한의 남쪽인 한반도 남부에 있다는 사실이다. 우리는 지금껏 '왜는 일본열도에 있다'는 고정관념 속에서 이 기사를 보아 왔으므로 이 기사가 말해 주는 위치 비정을 무시해 왔는데 이런 고정관념을 해체하고, '(한의) 남쪽은 왜와 접해 있다[南與倭接]'는 기사를 해석하면 왜는 도저히 일본열도 내에 있을 수 없게 된다. '접[接]'은 육지로 서로 경계하고 있을 때 쓰는 낱말이지 바다 건너 있는 지역을 말할 때 쓰는 단어는 아니기 때문이다. 만약 바다 건너 왜가 있었다면 '바다[海]'로 동쪽과 서쪽의 경계를 표시한 이 기록이 유독 남쪽 경계를 표시할 때만 바다를 생략할 이유가 없다.

또한 진한조에 '근처에 왜가 있다[近倭]'라는 구절과 변진 12개국 가운데 하나인 독로국도 '왜와 경계가 접해 있다[與倭接界]'는 구절도 왜가 일본열도 내가 아니라 진한과 독로국 근처의 한반도 내에 있었다는 사실을 말해 준다.

《후한서(後漢書)》동이열전(東夷列傳) 한조(韓條)에서 왜의 위치를 추측해 보자.

"마한은 (삼한 중에) 서쪽에 있는데 …남쪽은 왜와 접해 있다. 진한은 동쪽에 있다. …변진은 진한의 남쪽에 있는데, 역시 12국이 있으며, 그 남쪽은 왜와 접해 있다."

이 기록에 따르면 왜의 위치는 마한과 진한, 변진의 남쪽, 즉 한반도 남부이다. 따라서 왜는 적어도 중국의 삼국시대인 3세기까지는 한반도 남부에 위치하고 있었다는 말이 된다.

그런데 《송서(宋書)》왜국전(倭國傳)은, "왜국은 고려[고구려]의 동남쪽 큰 바다 가운데 있다"고 기록하고 있다. 이는 중국 남북조 송나라(420~479년) 때에는 왜가 한반도를 벗어나 일본열도에 자리하고 있음을 알려 준다. 이후에 발간된 중국측 문헌들은 모두 왜가 일본열도에 자리잡고 있다고 기록하고 있다. 이런 기록들은 왜의 중심지가 5세기의 어느 시점부터 한반도를 떠나 일본열도로 이동하는 변화과정을 설명하고 있는 것이다.

왜는 《삼국사기》등 우리나라 사료에도 빈번히 등장하는데 그중 가장 중요한 사료는 〈광개토대왕 비문〉의 기사이다. 한일 양국 사이에 수십 년에 걸쳐 논쟁의 대상이 되었던 구절은 유명한 신묘년(서기 391. 광개토왕 1년, 백제 진사왕 7년, 신라 내물왕 36년) 기사이다.

"왜가 신묘년 이래 바다를 건너와 백제를 파하고, □□와 신라를 신민으로 삼았다〔而倭以辛卯年來 渡海破百殘□□新羅 以爲臣民〕."

왜가 한반도 내에 있었다는 관점에서 바라볼 때 이 구절에서 문제가 되는 것은 '바다를 건너와서(渡海)'라는 구절이다. 여기에 대해서는 일본의 어떤 탁본들은 '渡海(도해)'라는 글자를 선명히 보여 주지만, 최근 광개토대왕비를 현지 답사한 이진희(李進熙)는 종래 '海(해)'자로 읽어 온 곳은 'Ⅲ'의 자획이며 '渡(도)'자도 확실치 않았다고 말하고 있다(이 책의 〈광개토대왕 비문은 조작되었나〉 참조).

일본사 연구자들에 따르면 신묘년, 즉 4세기 후반에 일본은 통일된 정권을 형성하지 못하고 있었다. 즉 4세기 후반에 일본열도 내에서 바다를 건너와 백제와 신라를 공격할 만한 정치세력은 존재하지 못했다는 것이 일본 학계의 연구결과이다. 그렇다면 신묘년에 백제와 신라를 공격한 왜는 한반도 내에 있었던 정치세력인 것이다.

당시 왜가 강력한 정치집단이었음은 김부식의 《삼국사기》에서도 확인할 수 있다. 《삼국사기》 백제본기 아신왕 6년(397)에 "왕이 왜국과 우호 관계를 맺고 태자 전지를 인질로 보냈다"는 기사 내용과 신라본기 실성왕 1년(402) 3월에 "왜국과 우호 관계를 맺고, 내물왕의 아들 미사흔을 인질로 보냈다"는 기사는 당시 왜가 백제와 신라를 자신의 영향력 아래 두었던 강력한 정치집단임을 보여 주는 것이다.

한반도에 있었던 왜는 백제와 신라를 영향력 아래 두고 고구려의 남하정책에 맞서 싸웠던 강력한 정치집단이었다. 그간 일본인들이 왜를 일본열도 내로 비정하면서 생겼던 모든 모순은 왜를 한반도 내의 정치집단으로 이해할 때 풀리게 된다.

일본 천황가가 대륙으로부터 한반도를 거쳐 온 기마민족이었다는 '기마민족설'을 주장하여 일본 국내외에 큰 충격을 던진 강상파부(江上波夫, 에가미 나미오)는 이렇게 설명한다.

"기마민족이 4세기 초에 바다를 건너 북규슈[北九州]에 한·왜 연합왕국을 수립"했다가 "4세기 말경에는 동북 기나이[畿內]지방에 대화(大和 : 야마토)정권을 수립하는데, 그 주인공인 16대 오우진[應神]천황이 한·왜 연합왕국의 주도자로서 남한지역에 군대를 보내서 신라를 제외한 남한 여러 나라와 연합하여 고구려의 남하에 대항하는 데 주도적인 역할을 하였다."

이는 4세기 말에 일본열도 내에 그런 일을 수행할 만한 정치집단이 없었다는 역사적 사실에 의해 부정되지만, 고구려의 남하에 저항했던 왜가 한반도 내에 있었다고 발상을 전환한다면 상당 부분 역사적 사실에 접근하게 되는 것이다.

한반도 내의 왜로 추정되는 정치세력은 《일본서기(日本書紀)》 신공(神功) 49년(369)에도 보이는데, 백제 근초고왕과 함께 가야 7국과 마한 잔존 세력을 정복한 사건은 한반도 내의 왜가 수행한 군사정복일 가능성이 있다.

일본열도로 쫓겨가는 왜 왕국

그러나 한반도 내의 왜는 〈광개토대왕 비문〉의 기사에 의하면, 400년과 404년 두 차례에 걸쳐 고구려와 대규모 전쟁을 벌었다가 패하여 그 세력이 결정적으로 약화된다. 고구려와 더 이상 싸울 여력을 잃은 왜는 한반도 남부를 포기한 채 일본 규슈 지방으로 건너가는 것이다.

그리고 《일본서기》의 동정(東征) 기사는 이들이 수행한 열도 정복사건을 묘사한 것이다. 5세기 이후의 중국 기록들이 이전의 기사와는 달리 왜의 중심지를 한반도 남부가 아닌 일본열도로 기록한 것은 이런 변화한 사정을 반영하는 것이다.

왜 관련 기사는 《삼국사기》에도 수없이 나타난다. 《삼국사기》 신라본기는 혁거세 8년(서기전 50)부터 소지왕 19년(497)까지 대략 550여 년 동안 49회에 걸쳐서 왜에 관해 기록하고 있는데, 그중 33회가 왜의 신라 침략 기사이다. 그후 약 160여 년 동안 왜 기사는 보이지 않다가 백제가 멸망한 문무왕 5년(665)에야 다시 나타난다.

백제본기에는 왜 관련 기사가 아신왕 6년(397)에 처음 등장하여 비유왕 2년(428)까지 7회에 걸쳐 나온다. 그후 180년 동안 보이지 않다가 무왕 9년(608)에 다시 나타나서 의자왕 때에 두 번 보인다.

백제 비유왕 2년(428)과 신라 소지왕 19년(497) 이후 왜 관련기 사가 《삼국사기》에서 오랫동안 사라지는 것은 이 무렵, 즉 5세기경 에 왜의 주도세력이 한반도를 떠나 일본열도로 들어간 사정을 보여 주는 것으로 이해하는 것이 합리적일 것이다.

왜와 백제의 관계는 신라의 경우와 달리 우호적이었다. 《삼국사 기》 문무왕 5년의 기사는 백제 부흥군의 부여융이 항복 후 당나라와 화친을 맹세하는 글인데, "(백제의 전 임금이) 왜와 내통하여, 그들과 함께 포악한 행동으로 신라를 침략하여 성읍을 약탈하니, 편안한 해 가 거의 없었다"라고 하여 왜가 백제와 함께 신라를 침범하는 상황 을 보여 주고 있다.

왜와 나주 고분의 상관관계

왜의 중심지는 중국측 기록과 《삼국사기》를 통해 추정할 수 있다. 《당서(唐書)》 지리지 고려[고구려]조에 의하면, 당나라는 백제를 멸 망시키고 그 지역에 웅진(熊津)·마한(馬韓)·동명(東明)·금련 (金連)·덕안(德安) 등 5도호부(都護府)와 대방주(帶方州)를 설치 하는데 바로 대방주가 과거 왜의 중심세력에 설치한 주(州)였다.

《삼국사기》 잡지(雜志) 지리(地理)조는, "본래 죽군성(竹軍城) 인 대방주의 여섯 개 현은 본래 지류(知留)인 지류현(至留縣)과 본 래 굴나(屈奈)인 군나현(軍那縣)과 본래 추산(抽山)인 도산현(徒 山縣)과 본래 반나부리(半奈夫里)인 반나현(半那縣)과 본래 두힐 (豆肹)인 죽군현(竹軍縣)과 본래 파로미(巴老彌)인 포현현(布賢 縣)이다"고 적고 있는데, 이 기사에 대해서 조선후기 학자 안정복 (安鼎福)은 《동사강목(東史綱目)》 지리고(地理考)에서 대방주의 지역을 밝히고 있다.

"김부식의《삼국사기》지리지에 있는 (당나라) 이적(李勣)의 보고서를 상고하면, 백제의 땅을 나누어 군현을 만들었는데, 대방주는 그중 하나로 여섯 개의 현(縣)을 통솔하였다. 그 주치(州治)인 죽군성은 본래 백제의 두힐이니, 지금의 나주 회진현이 바로 그곳이다. 나머지 연혁된 것을 알 수 있는 속현으로는, 반나현은 본래 백제의 반내부리로 지금 나주의 반남현(潘南縣)이다."

대방주의 중심지역이 나주 회진현이며, 반나현이 지금의 나주 반남면임을 밝히고 있는데 안정복의 이 설은 학계에서도 일반적으로 인정된다. 이로 보아, 왜의 중심지역은 오늘날 나주 일대로 비정할 수 있다. 안정복은 앞의 책에서 대방주 설치 이유를 '대방군이 본래 왜와 한을 통제하고자 설치한 것이기 때문에, 나주지역에 대방주를 둔 것이다'고 그 역사적 연원을 밝히고 있는데 이는 당나라가 옛 왜 지역을 통치하기 위해 대방주를 설치했음을 분명히 보여 주고 있다.

이처럼 국내외의 현존 문헌들은 왜의 중심지역이 나주 지역임을 보여 주고 있다. 이런 문헌 기록들의 타당성은 고고학의 연구성과와 배치되지 않는 지 검토해야 할 것이다.

현재 발굴조사 결과에 따르면, 나주 고분의 특징은 하나의 무덤 내에 여러 개의 옹관, 어떤 경우는 수십 개의 옹관이나 석실(石室)을 합장한 것이 특징이다. 일제 때에 발굴한 신촌리 9호분은 8개의 옹관을 합장한 것이고, 최근 국립문화재연구소와 전남대박물관이 합동 발굴한 복암리 3호분은 22기의 옹관과 11기의 석실 등 총 41기가 합장되어 있음을 보여 주고 있다.

신촌리 9호분은 일제시대 조사 위원이었던 소천경길(小川敬吉)이 결과 보고서 대신에 남겨 놓은 수기가 최근에 전해짐으로써 8개의 옹관이 합장되어 있었다는 사실을 알게 되었고, 복암리 3호분이 현재까지 전해질 수 있었던 것은 복암리 고분군 위에 어느 문중의 무덤이 있어서 도굴이 방지된 덕택이다.

어쨌든 이런 무덤 형태는 한반도 내에서는 유례가 없다. 다만 일본의 천황릉으로 추정되는 고분들에서 유사한 형태가 보일 뿐이다. 신촌리 6호분·덕산리 2호분은 전방후원형(前方後圓形 : 한 봉분의 앞부분은 방형이며 뒷부분은 원형인 형태)이라는 점, 덕산리 3호분, 대안리 9호분 등처럼 무덤 주위에 도랑을 조성한 점 등은 일본고분시대에 조성된 고분들과 형태가 유사하다. 일본 학계에서는 이 고분들의 조성 시기를 보통 4~7세기로 비정하고 있다.

1990년대 후반 발굴된 광주시 월계동 고분에서는 장식용 토기인 하니와(埴輪)가 다수 출토되었는데, 이는 일본 천황릉에서 나오는 것과 같은 것이다. 광주는 나주와 같은 문화권이라는 점에서 이는 이 지역과 일본 천황가의 삼각관계를 보여주는 유력한 증거의 하나이다.

나주 고분들의 정확한 조성시기는 학자들에 따라 견해가 다르나, 최근의 발굴조사 결과는 3세기에 조성되었음을 전해 주고 있다. 나주 고분과 일본 고분들은 한반도 내에 있던 왜의 중심세력이 일본열도로 건너가 일본 고분시대를 열었음을 말해 주는 좋은 증거인 것이다.

또한 신촌리 9호분에서 출토된 금동관과 형태가 비슷한 것이, 일본 후나야마 고분에서도 출토되었는데, 이 고분은 5세기~6세기 초에 조성된 것으로 추정하고 있다. 단순한 고깔 모양의 내관(內冠)과 복잡한 초화형(草花形)의 장식을 한 외관(外冠)의 이 금동관은 세부적인 면에서는 약간 차이가 있지만, 그 재질과 형태는 동일하다. 이런 형태의 관은 한반도에서는 아직 발견되지 않고 있는데, 이 역시 고구려와 전쟁에서 패배한 한반도 왜 세력이 5세기 이후에 일본열도로 건너갔다는 사실을 말해 주는 한 증거이다. 이런 사례는 금동제 신발, 환두대도 등 기타 유물에서도 찾아볼 수 있다.

이러한 고고학의 연구 성과들은 나주지역에 고대의 삼한이나, 삼국 및 가야와는 별개의 정치세력이 존재하고 있었음을 말해 주고 있다.

왜 사신은 중국에서도 큰소리를 쳤다

고구려에게 결정적 타격을 입고 일본열도로 이주한 왜는 과거에 한반도에서 차지했던 위상을 근거로 한반도 남부의 연고권을 주장했다. 중국 《송서(宋書)》에 따르면 왜왕(倭王)은 남송(南宋 : 420~479년)에게 보낸 외교문서에서 스스로 '도독왜·백제·신라·임나·진한·모한육국제군사〔都督倭百濟新羅任那秦韓慕韓六國諸軍事〕'라 칭하였다.

당시 남송은 백제와 외교관계를 맺고 있었으므로, 백제에 대해서는 연고권을 인정해 줄 수 없었다. 그래서 남송은 비록 형식적이지만 왜왕에게 '도독 왜·신라·임나·가라·진한·모한육국제군사'라는 작호(爵號)를 내려 주어 한반도에서 지녔던 과거의 위상을 인정해 주었다. 그리고 남송을 계승한 남제(南齊 : 479~502년)도 이 왜왕의 작호를 인정해 왜는 비록 형식적이나마 고구려를 제외한 한반도 남부의 주도권을 주장할 수 있었다.

그리고 과거부터 사이가 좋았던 백제와는 계속 정치·문화적 교류를 계속했다. 전남 나주 반남고분군은 고대 한반도 남부지역을 지배했던 왜라는 정치세력이 남긴 민족사적 유산이다.

일본을 건너온 충격, 비문조작설

1972년 10월 박정희 대통령이 느닷없이 일본의 메이지유신을 본 뜬 친위쿠데타인 10월유신을 선포해 우리 국민을 혼란에 빠뜨리고 전세계에 충격을 던졌을 무렵, 일본 동경의 길천홍문관(吉川弘文館)이라는 한 출판사에서 소리 없이 출간한 재일교포 사학자 이진희(李進熙)의 《광개토왕릉비의 연구(廣開土王陵碑の研究)》라는 책은 아무도 예상하지 못했던 놀라운 반응을 일으키고 있었다.

현재 만주의 집안현(集安縣)에 있는 고구려 19대 임금 국강상광개토경평안호태왕(國岡上廣開土境平安好太王 : 일명 호태왕), 즉 광개토대왕의 비문이 의도적으로 변조되었다는 것이 이 책의 내용이었는데, 이 책이 출간되자마자 한국의 언론들은 연일 책의 내용을 대서특필하였고, 두 나라 사이의 현안으로까지 대두되었다.

이진희는 이 책이 출간되기 6개월 전인 1972년 4월 일본의 《사상(思想)》지 575호에 〈광개토대왕비문의 수수께끼(廣開土大王碑文の 謎)〉란 논문과 같은 해 7월 일본의 《고고학잡지(考古學雜誌)》

만주 집안현에 있는 광개토대왕비. 이 비의 신묘년(391)조 내용을 둘러싸고 한·일 사학계에
비문조작 시비가 일었으며, 아직도 계속되고 있다.

58-1호에 〈광개토대왕연구사상의 문제점(廣開土大王究史上の問題點)〉을 실어 같은 의문을 제기했으나, 한국 언론의 주목을 받지 못하다가 이런 논지들이 책으로 묶여 나오자 폭발적인 반응을 보인 것이다.

이후 한국에서는 연일 이 책을 둘러싼 논쟁과 각종 발표회가 열리고 관련 논문과 서적이 쏟아져 나와서 이 책의 저자인 이진희씨가 의도한 바는 아니겠지만, 유신으로 쏠릴 국민들의 시선을 흐트러뜨리는 기능을 하기도 하였다. 일본군 참모본부가 비문을 조작했다는 이 책의 내용은 평소 반일감정으로 무장된 한국인들의 감정에 불을 지폈고 대부분의 학자들도 대체로 비문조작설에 동조해 일파만파의 파문을 일으켰다.

이 책은 조작설의 당사국인 일본학계에도 큰 충격을 주었는데 일부 일본인 학자는 이진희의 주장을 긍정적으로 받아들이면서 비문조작설을 일본 근대역사학의 왜곡된 체질에 대한 비판으로까지 연결시키기도 하였다. 즉 일본의 근대역사학이 군국주의 침략을 뒷받침하는 도구가 된 것이 아니냐는 반성이었다.

그러나 대다수 일본 연구자들은 비문조작설을 무시하면서 심지어 '공중에 지은 누각'이라고까지 비판했는데, 그들의 논리는 일개 위관급 포병 장교에 불과한 사까와〔酒勾景信〕 대위가 광개토대왕비가 있는 현장에서 비문을 조작할 만한 지식이 없으며, 더구나 일본군 참모본부에 의한 은폐작전이란 있을 수 없었다는 것이었다.

그럼 두 나라 역사학계를 떠들썩하게 만든 이진희의 《광개토대왕비의 연구》의 내용에 대해 살펴보자.

이진희의 주장은 대략 이렇다. 광개토대왕의 아들 장수왕이 이 비를 세운 것은 부왕이 죽은 2년 후인 414년이었다. 고구려와 발해가 멸망한 후 이 비는 요(遼)나라 황제의 비로만 알려져 오면서 세간의 기억에서 사라져 갔다.

1천여 년의 세월이 흐른 19세기 말 일본군 참모본부는 1880년에 사까와를 간첩으로 중국에 파견하였는데, 그는 북경에서 중국어를 배운 후 한의(漢醫)로 가장해 일본군이 눈독을 들이고 있던 만주 일대에서 정보를 수집했다. 이 과정에서 사까와가 1883년에 우연히 광개토대왕비를 발견했다는 것이다. 사까와는 이 비문이 일본의 한반도 침략에 이용가치가 큰 것을 알고 현지인을 시켜 탁본을 뜨게 했는데 이것이 쌍구본(雙勾本)이다. 사까와가 쌍구본을 일본에 가져온 시기는 1884년 2월 이전인데 쌍구본을 작성하면서 이미 비문의 일부 내용이 변조되었다는 것이다. 쌍구본을 분석한 일본군 참모본부는 이 비문의 내용 일부를 조작하면 한반도 침략의 명분으로 삼을 수 있다는 데 착안하여 많은 인원을 동원해서 비문에 대한 해독 작업을 실시했다.

이 작업을 마친 후 참모본부는 탁본을 천황에게 바쳤고, 그 결과를 1888년에 국수주의 단체의 기관지인《회여록(會餘錄)》5권에 발표했다.

일본군 참모본부는 1894년경에 다시 간첩을 통구(通溝)에 보내 비문을 탁본했는데, 이 탁본의 상당 부분이 사까와의 쌍구본과 다르다는 사실에 당황한 일본군 참모본부는 1900년을 전후해서 다시 사람을 보내 비문에 석회를 발라 필요한 글자의 자형을 만든 후 탁본을 떴다. 참모본부는 변조한 비문의 내용을 일본이 일찍이 한반도를 지배했다는 증거로 삼으려 했는데 이런 의도에 완전히 맞추기 위해 다시 사람을 보내 3차로 변조했다. 이렇게 변조된 부분이 문제의 신묘년조 기사의 '바다를 건너오다〔來渡海〕'는 글자 등 16곳, 25자에 달한다는 것이다.

일본군 참모본부가 한반도 침략의 명분으로 삼기 위해 광개토대왕

비문을 조작했다는 이 내용은 그 진위 여부에 관계없이 주장만으로도 두 나라에 상당한 충격을 주기에 충분했다.

하지만 중요한 것은 역시 진실이어서 비문조작설의 진위여부를 밝히는 데 가장 크게 심혈을 기울여야 했는데 이 내용에 가장 큰 관심을 갖고 있던 한국인들은 냉전체제 아래에서 비문을 직접 조사하지 못하는 현실적 어려움이 있었다.

중국에서 바라보는 광개토대왕비

비문조작설의 진위를 파악하는 데 가장 유리한 위치에 있던 나라는 중국이었는데 1984년에 중국학자 왕건군(王健群)이 1972년, 1979년, 그리고 1981년 세 차례에 걸쳐, 직접 광개토대왕비를 조사한 연구결과를 토대로 《호태왕비연구(好太王碑硏究)》를 출간해 많은 사람들의 비상한 관심을 모았다.

그는 이 책에서 일본군 참모본부의 의도적인 비문조작설은 부인하면서 비문의 석회는 참모본부의 소행이 아니라, 이 비문의 탁본을 판매했던 현지인 초천부(初天富)가 비문을 좀더 선명히 만들기 위해 바른 것이라는 주장을 펼쳤다.

왕건군의 《호태왕비연구》의 요지는 이렇다. 청나라 정부는 1876년에 회인현(懷仁縣)을 설치했는데, 그곳 관리에 의해 광개토대왕비가 발견되었다. 이후 중국의 몇몇 금석학자(金石學者)들은 사람들을 보내 탁본을 뜨기 시작했는데, 어느덧 비문 근처에 살던 초천부 부자가 탁본 뜨기를 독점하게 되었다. 비문의 이끼가 두꺼워 탁본 뜨기가 힘들자 말똥을 바른 후 불로 태웠지만 비문의 겉면이 여전히 울퉁불퉁해 탁본을 뜨기가 쉽지 않았다.

탁본의 수요가 계속 늘어나자 초천부는 탁본을 쉽게 뜨기 위해

1903년경부터 비면에 석회를 칠해 고르게 하고, 획이 분명하지 않은 글자는 쌍구본을 참고해서 석회를 발라 선명하게 만들었다.

이들 부자의 이런 행위는 역사의 조작이란 거창한 목적이 아니라, 울퉁불퉁한 비면에 종이를 대고 탁본해야 했던 기술적 어려움을 극복하여 보다 많은 탁본비를 얻기 위한 것이었다. 이런 방식으로 선명한 탁본을 쉽게 뜰 수는 있었으나 본의 아니게 이 과정에서 몇몇 글자가 바뀌는 일이 발생했다. 초천부는 비문을 해독할 수 있는 능력이 없었으나 쌍구본을 참고하는 과정에서 이런 결과를 초래했던 것이다. 초천부 부자는 일본인이 석회를 칠했다는 사실을 몰랐고, 역시 비문 주위에 살던 이청태(李淸太)도 이런 사실을 알지 못했다.

왕건군은 이런 대규모 비문 변조 작업이 비밀리에 진행된다는 것은 불가능하다며, 당시 청나라 정부가 나약했다고 해도 자국의 영토 안에서 이런 작업을 한다는 것은 불가능하다고 주장했다.

비문을 직접 답사했던 왕건군의 주장에 상당수 학자들이 동감을 표시한 것은 사실이지만 그의 주장 역시 완벽한 것은 아니다. 첫째 초천부가 참고한 쌍구본 자체가 사까와에 의해 조작된 것이라는 이진희의 설명인데 그렇다면 변조된 탁본을 보고 석회를 바른 비문 자체가 원 비문은 아니라는 점이 문제로 남는다. 두 번째 어떤 경로를 거쳤든 현재의 비문은 원래의 비문과 완전히 일치하지 않는다는 점에 문제가 있다.

이런 점들은 결국 광개토대왕비문의 자구 하나하나에 매달리기보다는, 그 전체적인 내용과 당시의 여러 시대상들을 종합적으로 검토할 때 의문을 밝혀낼 수 있다는 사실을 말해 준다.

광개토대왕의 아들 장수왕이 414년에 부왕의 업적을 후세에 알리려고 세운 광개토대왕릉비는 높이가 무려 6.39미터, 무게가 37톤에 달하는 거대한 응회암(凝灰巖)인데, 가공하지 않아 겉면이 울퉁불

통하다. 4면의 글자 총수는 원래 1,775자인데 이미 마모되어 판독할 수 없는 글자가 141자이다.

비문 내용은 대체로 세 부분으로 나눌 수 있다. 첫째 부분에서는 고구려 건국 신화와 왕가의 내력과 호태왕의 행장, 그리고 비를 세운 목적을 간단히 기록하였다. 둘째 부분은 호태왕 정복사업의 이유와 과정, 그리고 결과를 열거하고 있는데, 거란과 백제를 정벌하고, 신라에 침입한 왜를 격퇴시켜 신라를 구했으며 동부여 등을 멸망시켜 정복한 지역이 총 64성 1,400촌이라는 내용이다. 셋째 부분은 왕릉을 관리하는 수묘연호(守墓烟戶)에 대한 상세한 규정이다. 이런 사실들은 후대의 사서(史書)에는 거의 보이지 않는데, 1145년에 편찬된 우리나라 최고(最古)의 사서《삼국사기》보다 무려 731년이 빠른 당대의 1차 사료로 그 가치를 인정받고 있다.

과연 4세기말 왜는 신라를 공격했는가?

비문 내용 중 한일 두 나라 사이의 최대 쟁점은 왜(倭)와 삼국에 관한 기사를 어떻게 이해해야 하는가 하는 문제이다. 광개토대왕 9년(399. 백제 아신왕 7년, 신라 내물왕 43년)에 백제가 왜와 화통(和通)하자 광개토대왕이 몸소 평양까지 순행하는데, 이때 신라왕이 왜의 침략 사실을 알리고 구원을 요청하자, 다음해 5만의 기병과 보병을 보내어 왜를 무찔렀다. 4년 후인 광개토대왕 14년(404)에는 왜가 대방의 옛지역(지금의 황해도)을 침범하자 군사를 동원해 격파하였는데 이런 사실은 현재 비문조작설의 찬반론자 모두가 인정하고 있는 사실이다.

문제는 그 이전의 신묘년(391. 광개토대왕 1년, 백제 진사왕 7년, 신라 내물왕 36년)의 "왜가 신묘년 이래 바다를 건너와서 백제를 파하고, □□과 신라를 신민으로 삼았다〔而倭以辛卯年來 渡海破百殘 □□新羅 以爲臣民〕"는 유명한 구절에 대한 해석이다.

비문조작설을 최초로 제기한 이진희는 이미 '바다를 건너와서 (백제를) 파했다'는 '도해파(渡海破)'란 글자 자체가 조작되었다고 주장했는데, 왕건군의 책이 나온 다음해인 1985년에 현지 조사를 한 후에 '海'는 '皿'의 자획이며 '渡'자도 확실치 않았다면서 자신의 주장을 철회하지 않았다.

고대 왜가 바다를 건너 한반도를 공격했다는 사실을 굳이 부정하고 싶지 않았던 일인 학자들을 제외하고는 비문조작설을 인정하는 학자들은 물론 조작설을 부인하는 한국과 중국의 학자들까지 이 기사는 작은 사실을 과장한 표현일 뿐 역사적 사실은 아니라고 부정하고 있다.

4세기 후반 당시 일본은 통일된 정권을 형성하지 못하고 있었기 때문에 바다를 건너 한반도를 공격할 수는 없다는 것이 이 내용을 부정하는 근거이다. 이런 주장의 근저에는 왜(倭)를 현재의 일본과 동일시하는 전통적 사고가 자리잡고 있는데 만약 당시의 왜와 일본을 동일시하는 고정관념을 배제한 채 이 기사를 해석한다면 이 내용을 무작정 부정할 수는 없을 것이다.

이런 가능성은 《삼국사기》 기록을 통해서도 확인할 수 있다. 당시 신라의 가장 큰 골칫거리는 왜의 계속된 침략이었다. 왜의 침략 때문에 나라의 운명이 불분명해지는 상황까지 처하자, 실성왕은 왜에 자신의 아우를 인질로 보내면서까지 우호관계를 구축해야 했다. 국내 사학자들이 무시한 기록이지만 《삼국사기》 신라본기 실성왕 1년 (402) 3월에 "왜국과 우호 관계를 맺고, 내물왕의 아들 미사흔을 인질로 보냈다"는 기사는 이런 배경에서 나온 심각한 내용의 기사이다.

《삼국사기》에 따르면 백제도 역시 왜에 인질을 보내는데, 백제본기 아신왕 6년(397)에 "왕이 왜국과 우호 관계를 맺고 태자 전지를 인질로 보냈다"는 기사 내용이 그것이다. 태자 전지는 아신왕이 죽자 그 대를 이어 왕위에 오른 전지왕인데, 당시 백제는 태자를 인질로 보내서 우호를 도모해야 할 정도로 왜는 중요한 세력이었다.

광개토대왕 비문의 신묘년 기사 직후에 《삼국사기》에도 왜에 관한 이런 내용들이 집중적으로 실려 있는 것으로 봐서 비문의 신묘년 기사는 절대 역사적 사실이 아니라는 주장은 비현실적이며 현재의 정치적 상황에 대한 고려가 과거의 사실 판단에 영향을 미친 것이다.

광개토대왕 비문의 왜의 침략 기사가 사실이라고 해서 현재의 일본이 과거에 한국에 막대한 영향력을 끼쳤다는 것을 사실로 입증하는 것은 아니다. 비문의 왜가 현재 일본의 고대라는 뜻은 아니기 때문이다.

현재 일본학계에서는 일본에 통일된 국가권력이 형성된 시기를 6세기 말로 보는 학설이 통설로 자리잡고 있는데, 최근 일부 학자들이 그 시기를 7세기 말로 1세기 이상 늦추어 주장하여 점차 세를 얻어가고 있다. 따라서 4세기 후반인 신묘년에 백제와 신라, 그리고 당시 일본의 세력관계를 볼 때 백제나 신라가 일본을 속국으로 삼을 수는 있어도 일본이 백제나 신라를 속국으로 삼을 수는 없다.

서기 400년에 광개토대왕이 신라에 침입한 왜를 물리치기 위하여 보낸 병력은 보병과 기병을 합쳐 무려 5만 명이다. 이는 이런 정도의 대병력을 보내야만 왜를 물리칠 수 있었음을 뜻하는데, 당시 일본열도 내에는 이런 정도의 병력을 움직일 만한 국가 권력이 존재하지 않았다.

이는 다시 말해 광개토대왕 비문의 왜가 현재의 일본열도 내의 세력은 아니라는 사실을 말해 주는 것이다. 우리는 이 책의 〈잃어버린 왕국, 나주 반남고분의 주인공은 누구인가〉에서 광개토대왕 비문과

《삼국사기》에 자주 등장하는 왜가 나주 반남고분의 주인공이라고 추측했다.

광개토대왕 비문이 조작되었는지 여부에 매달리기보다는 이 '왜(倭)'의 실체에 대해서 연구하는 것이 비문 조작이라는, 어떻게 보면 지엽적일 수 있는 문제를 뛰어넘어 한국고대사, 나아가서 한일(韓日) 고대사의 가장 큰 비밀을 밝히는 핵심적인 과제일 것이다.

하늘에서 내려온 천손신화와
배타고 건너 온 기마신화

일본황족은 하늘에서 내려왔다?

일본인들에게 천황(天皇)은 신이자 최대의 수수께끼이다. 그러면서도 천황의 실체를 과학적으로 파악하고자 하는 그 어떤 노력도 안 하는 민족이 일본족이다. 왜냐하면 천황의 실체에 과학적으로 접근하는 것 자체를 불경스럽게 생각하기 때문이다. 일본인들은 교주의 말에 무조건적으로 복종하는 신도들처럼 천손(天孫)이 일본열도에 내려와 나라를 세우고 천황이 되었으며, 그 혈통이 만세일계(萬世一系)로 전해져 오늘의 일황에게까지 연결된다는 황국사관(皇國史觀)의 교리를 무조건적으로 신봉해 왔다.

이는 과학적으로 설명이 불가능하며, 설명 자체가 불필요한 사항이라는 것이 일본인들의 뇌리를 지배하는 사상이다. 일본에서는 결코 위대한 사상가가 나올 수 없는 근본 요인이 바로 이 천황의 존재일지도 모른다. 이 커다란 불합리를 의심하지 못하는 사람이 위대한 사상 체계를 세울 수는 없기 때문이다.

일본인들을 충격에 빠뜨린 기마민족설

1945년의 패전은 이런 신화를 과학적으로 분석해 볼 수 있는 좋은 기회였음에도 불구하고 일본인들은 또다시 인간 맥아더에게 패한 유인〔裕仁, 히로히도〕을 여전히 신으로 받들었다. 그러나 1948년 일본의 처참한 패배를 목격한 만철〔滿鐵 : 만주철도〕 출신의 강상파부〔江上波夫, 에가미 나미오〕가 발표한 한편의 논문은 천손교(天孫敎)의 충실한 교도였던 일본인들을 혼란과 충격 속에 빠뜨렸다.

에가미는 1948년에 열렸던 '일본민족과 국가의 기원에 관한 심포지엄'에서 '북방 기마민족에 의한 일본열도 정복설'을 발표했는데, 일본 천황가의 기원이 하늘에서 구름을 타고 내려온 천손이 아니라 배를 타고 바다를 건너온 기마민족이라는 이 주장은 당시 일본인들에게 커다란 충격을 주었다. 아마 전시였다면 그는 황실모독죄로 교도소 신세를 지거나 극우 수구주의자들에게 테러를 당했을지도 모른다. 에가미가 의도했는지는 모르지만 이는 기존의 황국사관(皇國史觀)에 정면으로 반기를 드는 것이었다.

천황가의 뿌리가 하늘이 아니라 일본 밖, 즉 한반도를 거친 대륙에 있었다는 이 기마민족설은 일본 사회에 커다란 파문을 던졌다. 에가미는 1958년에 출간한 《일본민족의 기원(日本民族の起源)》에서 자신의 주장을 한층 심화시켰으며, 1967년에 기마민족설의 결정판인 《기마민족국가(騎馬民族國家)》를 세상에

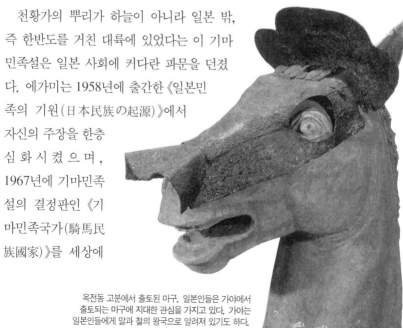

옥전동 고분에서 출토된 마구. 일본인들은 가야에서 출토되는 마구에 지대한 관심을 가지고 있다. 가야는 일본인들에게 말과 철의 왕국으로 알려져 있기도 하다.

내놓아 하나의 학설로 만들었다.

에가미의 기마민족설의 요지는 간단하다. 북방의 기마민족이 한반도를 거쳐 일본열도로 건너가 일본 대화(大和 : 야마토) 정권을 성립시킨 주역이 되었다는 것이다. 이 신비로운 기마민족은 내륙(內陸) 유라시아에서 동북아시아까지 존재했던 스키타이·흉노(匈奴)·돌궐(突厥)·선비(鮮卑)·오환(烏桓) 등 말 타는 유목민족을 가리킨다. 우리 고대의 부여족와 고구려족도 여기에 포함된다.

에가미는 '한반도'라고 써야 할 부분의 상당수를 '대륙'이란 애매모호한 말로 바꾸었음에도 일본인들은 천황이 하늘이 아니라 북방 대륙, 그것도 한반도를 거쳐 온 세력이었다는 사실에 충격을 받은 것이다.

강상파부는 부여와 고구려 계통에 가장 가까운 반(半) 수렵·반(半) 농업의 북방 기마민족의 한 세력이 말을 타고 새로운 무기를 지닌 채 한반도로 내려와 마한지역에 백제를 건국하였다고 설명한다. 에가미는 이들의 남하 시기를 대략 3세기 중엽 이전으로 비정하고, 이 세력의 수장(首長)을 진수(陳壽)가 지은 《삼국지(三國志)》〈위서(魏書) 동이전(東夷傳) 한(韓) 조〉에 나오는 진왕(辰王)으로 추정한다. 이들은 다시 남하를 계속하여 김해(金海)지방에 진출해 변한(弁韓 : 임나) 세력을 정복·지배하였다.

그런데 당시 김해지방에는 '임나일본부설'에 따라 이미 왜인이 진출해 있어야 하므로 진왕의 기마민족은 이들 왜인들도 정복한다.

3세기 말에서부터 4세기 초의 동아시아는 민족이동에 의한 격동기여서 만리장성 북쪽에 살던 흉노 등 5호족(胡族)이 장성을 넘어 화북지방을 침입하고, 고구려가 남쪽으로 진출하여 낙랑·대방을 점령하는데 이에 자극 받은 백제와 신라도 체제를 정비하면서 성장하게 된다.

한반도의 정세가 이렇게 바뀌자 불리함을 느낀 진왕의 기마민족은, 4세기 초에 바다를 건너 왜의 본거지인 북큐슈〔北九州〕 츠쿠시〔筑紫〕지방으로 이동하여 왜인 세력을 정복하였다. 이런 경로를 거쳐 이들 기마민족은 변한과 북큐슈 지방을 망라하는 한·왜 연합왕국을 수립하게 된다. 이것이 최초의 일본 건국인데, 이때의 주인공이 《일본서기(日本書紀)》에 나오는 10대 천황 슈진〔崇神〕일 것으로 에가미는 추측하는 것이다.

이때까지도 그 중심지는 경남 김해의 임나(任那)였는데, 북큐슈에 진출한 세력이 다시 동쪽으로 진출하여 4세기 말경 기나이(畿內)지방에 강대한 대화정권을 수립한다. 이것이 일본의 두 번째 건국인데, 그 주인공이 16대 오우진〔應神〕천황이라고 에가미는 설명한다. 오우진 천황은 한·왜 연합왕국의 주도자로서 남한지역에 군대를 보내서 신라를 제외한 남한 여러 나라와 연합하여 고구려의 남하에 대항하는 데 주도적인 역할을 하였다는 것이다.

기마민족설에 대한 반론들

에가미의 이런 기마민족설은 일본뿐만 아니라 한국에도 큰 충격을 주었다. 한국에서는 일본 천황의 뿌리가 한반도에 있었다는 사실에 식민지 시대의 쓰라린 경험에 대한 보상감을 느끼기도 하였다.

그러나 기마민족설은 일본의 한반도 침략의 역사적 전거가 되었던 임나일본부설에 대한 부정이 아니라, 연장선상에 있다는 사실을 알아야 한다. 임나일본부설은 3세기 중엽의 임나가라(任那加羅)에서 기원하여 4세기 후반부터 6세기 후반까지 200여 년 간 일본의 대화정권이 한반도남부를 지배했다는 것이 그 요지인데, 일제는 제국주의 시절 이를 한반도 정복의 타당성을 입증하는 역사적 전거로 사용했다. 지금도 일본의 일부 교과서들은 이를 사실로 적고 있다.

부여족 계통의 북방계 기마민족 일파가 한남도로 남하하여 마한지역에 백제를 건국하고 다시 낙동강유역으로 진출해서 변한(임나) 지역을 정복했으며, 왜한 연합정권이 고구려의 남하를 저지하는 데 주도적 역할을 했다고 주장하는 기마민족설은 어쨌든 한반도 남부를 일본의 대화정권이 정복했음을 인정하는 것이기 때문에 상황에 따라 한반도 정복을 합리화하는 제국주의적 이론으로 전용될 소지가 있는 이론이다.

기마민족설은 이 이론이 준 충격만큼이나 많은 반론을 낳아서 천관우(千寬宇)를 비롯한 여러 한국 학자들은 기마민족설이 지닌 문제점들을 반박해 왔다. 첫째 북방의 기마민족이 3~4세기에 대규모로 한반도 남부로 이동하였다는 사실을 어떤 문헌 기록을 통해서도 입증할 수가 없다는 것이다. 또한 한반도 남부의 진왕정권이 부여계의 기마민족이었다는 증거도 없다. 진왕의 실체에 대해서도 그 근거가 빈약하다고 부정하는 견해가 많다.

에가미가 진왕정권의 근거로 들고 있는 《삼국지》〈위서 동이전〉의 해당 항목을 보면, "(변진의 여러 나라 중) 12국(國)은 진왕(辰王)에게 신속(臣屬)되어 있다. 진왕은 항상 마한 사람으로 왕을 삼아 대대로 세습하였으며, 진왕이 자립하여 왕이 되지는 못하였다"고 되어 있다. 이 기록의 어떤 부분도 에가미의 주장처럼 기마민족이 세운 강력한 정복왕조를 상징하는 시사를 주지 못하고 있다. 이 기록은 에가미식으로 해석할 것이 아니라 진왕 자체가 마한 출신으로서 단독왕조를 유지할 만한 힘이 없는, 마한에 예속된 존재로 보아야 할 것이다.

이런 이유 때문에 진수(陳壽)는 이 사실을 기록하며 《삼국지》에, "그들은 [외지(外地)에서] 옮겨 온 사람들이 분명하기 때문에 마한의 제재를 받는 것이다"라는 배송지(裵松之)의 《위략(魏略)》을 주석으로 인용한 것이다. 이 주석은 이들이 에가미의 주장처럼 강력한 진왕정권이 아니라 마한의 통제 아래 있는 미약한 존재였음을 말해 준다.

같은 《삼국지》에는 진한의 노인들이 "진(秦)나라의 고역(苦役)을 피하여 한국(韓國)으로 왔는데, 마한이 동쪽 땅을 분할해 주었다"고 말했다는 기사가 있는데, 이는 진왕정권이 중국 북방의 유목민족이 아니라 중국 진나라나 그 주변 사람들이 세운 것임을 말해 주는 것이다.

이런 이유들 때문에 에가미의 기마민족설은 그 타당성을 공격받고 있으나, 한반도 남부와 일본열도에서 4~5세기경의 기마와 관련된 유물이 출토되는 근래의 현상에 대해서는 설명이 필요하다. 마구(馬具)와 같은 기마 관련 유물에 대한 해석 여부가 기마민족설의 진위 여부를 가늠하는 기준이 될 것이다. 즉 이들 기마 관련 유물을 민족의 이동과 정복의 결과로 파악해야 하는가, 아니면 기마 민족과 접촉의 결과물로 해석해야 하는가의 문제이다.

20세기 초에 풍미했던 '문화전파론'은 서로 다른 두 문화 사이에 나타나는 유사성은 곧바로 주민의 대규모 이동이나 정복의 결과로 보았다. 이 이론은 유럽 자본주의 세력이 아시아·아프리카 지역에 발전된 문명을 세례 준다는 제국주의 시대의 분위기를 반영하는 것일 뿐 사실에 있어서는 주민의 이동이나 정복보다는 상호 교류를 통해 문화의 유사성이 나타나는 경우가 훨씬 더 많았다. 따라서 유물·유적의 유사성만을 근거로 기마민족의 이동과 정복설을 주장하는 것은 논리상 많은 문제가 있다.

에가미는 고고학계의 일본 고분(古墳) 문화의 편년(編年)이나 고분의 출토 유물을 기마민족설을 입증하는 결정적인 근거로 삼았지만, 최근의 일본 고고학계의 연구 결과는 일본의 기마 풍습이 5세기 이전으로 올라가지 않는다는 사실을 말해 주고 있다. 즉 일본 고고학계의 연구는 3~4세기경에 기마민족이 일본을 정복하였다는 에가미의 기마민족설을 상상 속에 구축된 허구로 만들고 있는 것이다.

기마민족설의 또 다른 핵심 내용은 대화정권의 오우진〔應神〕천황이 한왜 연합왕국의 주도자로서 남한지역에 군대를 보내서 신라를 제외한 남한 여러 나라와 연합하여 고구려의 남하에 맞서는 주도적인 역할을 하였다는 것인데, 이도 역시 현재 일본 역사학계의 연구결과에 따라 그 근거를 상실하고 있다. 현재 일본학계는 일본에 통일된 국가권력, 즉 대화정권의 수립 시기를 6세기 말로 보는 것이 통설인데, 일부 학자들의 7세기 말이라는 주장이 점차 설득력을 얻어가고 있다.

이는 다시 말해 6세기 말에서 7세기 말 이전에는 한반도에 대규모병력을 파견할 정치세력이 일본열도 내에 존재하지 못했음을 말해주고 있다. 따라서 오우진 천황의 한반도 출병설은 그 근거가 박약하다고 할 수밖에 없다. 앞의 광개토대왕 비문에 기록된 광개토대왕 10년(400)에 신라를 공격해 5만의 병력을 보내 퇴각시켰다는 그 '왜'는 현재의 일본열도 내에 있는 세력은 아니다.

에가미의 기마민족설은 그 용어에도 문제가 있다. 그가 사용하는 기마민족은 유라시아 초원지대에 살았던 유목인을 말하는데 우리나라나 중국측 문헌에 따르면, 삼국시대 초기부터 나타나는 기마관계 기사는 국가의 군사조직을 의미하는 것이지, 유목민족 전부를 지칭하는 말은 아니다.

지금껏 살펴본 대로 기마민족설 자체는 허구지만 그의 이론은 한 중요한 연구과제를 우리에게 제시한다. 과연 일본천황가의 기원은 누구이며, 그들은 우리 고대사와 어떤 관계가 있는가 하는 점이다.

《환단고기》는 후세의 위작인가

《환단고기》라는 경계

한국고대사 분야는 역사전공자는 아니지만 웬만한 역사전공자 뺨치는 수준에 도달해 있는 일단의 연구자들이 있다. 역사전공자들이 이들을 '재야사학자' 라고 지칭하며 자신들과 차별화하자, 이들은 학계에 있는 역사전공 교수들을 '강단사학자' 라고 맞서고 있다. 유독 고대사 분야에 이런 연구자들이 집중되어 있는 것은 이 분야의 사료가 그만큼 적은 것이 일차적인 원인일 것이다.

그러나 보다 근본적으로는 한국고대사를 보는 시각에 문제의 핵심이 있다. 재야사학자로 불리는 연구자들은 일반적으로 한국사의 시기를 되도록 멀리 잡고 그 강역을 넓게 설정하려는 경향이 있는데 이런 연구 경향이 사료와 유물을 치밀하게 고증하려는 역사전공자들과 대립하는 것으로 나타나는 경우가 종종 있는 것이다.

이 양 세력의 견해가 맞서고 있는 사료의 하나가 《환단고기(桓檀古記)》라는 책이다. 이 책은 역사전공자는 거의 예외 없이 후세의 위작이라며 그 가치를 인정하지 않는 데 비해, 이른바 재야의 연구자들은 이 책의 내용을 사실로 받아들이고 있다. 실제로《환단고기》는 역사전공자가 무시하든 말든 한국사 관계 책들 가운데 스테디셀러의 하나이며 고대사 관련 책 중에서는 부동의 베스트셀러 자리를 차지하고 있다.

《환단고기》는 우리의 고대사를 찬란하게 기술해 놓아 이를 사실로 받아들이는 사람들에게 찬탄을 금치 못하게 하고 있는데, 그 기본 내용은 우리 민족이 고대 환웅(桓雄)의 신시(神市)시대에는 국력과 문화가 중국을 능가하였으며, 단군왕검시대에는 중국 동북의 대부분

지역과 한반도에 걸치는 방대한 영역을 다스렸다고 기록하고 있다.

　이런 사실은 지금껏 학교에서 배워온 내용과는 너무 다른 것이어서 기존 학계에서는 이 책을 조작된 책이라는 뜻의 위서(僞書)로 규정하며 무시해 왔다. 반면 상당수의 재야사학자들은 이 책의 내용을 근거 있는 것으로 믿으면서, 이런 영광스런 고대사를 부인하는 기존 학계와 국정교과서를 식민주의 사관의 잔재라고 공격하였다.

　과연 《환단고기》는 위서인가? 아니면 그 내용을 부인하는 기존 학계가 식민주의 사관의 잔재를 벗어나지 못한 것인가?

해질 무렵에 바라본 강화도 마니산 참성단. 멀리 서해 바다의 전경이 아름답다.

일본에서 역수입된 수수께끼 같은 우리 고대사 책

《환단고기》는 서문에 의하면 평안북도 선천 출신의 대종교도(大倧敎道) 계연수(桂宴壽)가 1911년 《삼성기(三聖紀)》상·하, 《단군세기(檀君世記)》, 《북부여기(北夫餘紀)》, 《태백일사(太白逸史)》라는 각기 다른 네 종류의 책을 묶어 하나로 만든 다음, 해학 이기(李沂)의 감수를 받아 묘향산 단굴암에서 필사한 후 인쇄한 것으로 전하고 있다.

그런데 편저자인 계연수가 만주에서 독립운동을 하다가 1920년에 사망하면서 혼란이 발생했다. 이때 계연수는 한 간지(干支) 후인 다음 경신년(1980)에 발표하라고 제자 이유립(李裕笠 : 1907~1986)에게 유언했다는데 이런 이유 때문인지 《환단고기》는 1979년에 수십 부가 영인되었다. 이때만 해도 국내에서는 별다른 반응이 없다가, 일본인 가지마 노보루〔鹿島昇〕가 이 영인본을 일본으로 가져가서 1982년에 일역(日譯)과 원문을 함께 실어 출판했는데, 이 책이 다시 국내에 역수입되면서 커다란 반향이 일어난 것이다.

지금 전하는 《환단고기》는 1982년판 발문에 의하면, 이유립(李裕笠)의 부탁에 따라, 1949년 오형기(吳炯基)가 강화도 마니산에서 정서(正書)한 것을 가지마가 출판한 것으로 전하고 있다. 이처럼 국내에서 쓴 책이 일본에서 먼저 출판된 후 다시 국내로 역수입되어 반향을 일으킨 것은 대단히 이례적인 일이라 할 것이다.

문제는 이런 출판 경로의 이례성보다 《환단고기》에 담긴 내용인데 이 책은 현재 학계에서는 위서로 규정하여 많은 비판을 하고 있다. 그러나 그 비판의 상당부분이 내용에 대한 충분한 검토 끝에 나온 본질적인 부분이라기보다는 자구(字句)의 사용례에 매달리는 지엽적인 부분에 얽매인 감이 없지 않다. 고대에는 사용하지 않았던 용어들이나 옛날에는 알 수 없던 사실들이 기록되어 있다는 것이다.

예를 들면《환단고기》에는 청나라 시조 전설과 관련하여 청나라 때에야 사용된 '영고탑(寧古塔)'이란 용어가 사용되었음을 들어 후세의 위작이라고 단정짓는 식이다. 이런 예는 적지 않은데 연개소문의 조부의 이름인 '자유(子游)'를 적고 있는 것도 그중 하나이다. '자유'가 연개소문의 조부라는 사실은 1923년 중국 낙양에서 연개소문의 아들 남생 묘비인 '천남생묘지(泉男生墓誌)'가 발견된 이후에 알려진 사실인데《환단고기》에 이런 내용이 실린 것은 후세의 위작임을 뜻한다는 것이다. 그리고 영혼, 각혼, 생혼의 성삼품설(聖三品說)이란 용어는 명나라에 파견된 예수회 선교사였던 마테오 리치(Matteo Ricci)가 기독교 교리를 중국어로 번역한《천주실의》에서 사용한 것인데《환단고기》에서도 사용되고 있는 것 등이 지적되고 있다.

사실《환단고기》는 20세기 이후에야 사용하기 시작한 용어들을 때때로 사용하고 있는데 〈단군세기〉에서 '문화'라는 용어를 사용하고 있는 것도 그중 하나이다. 문화는 서구의 'culture'라는 개념이 20세기 초 일본을 통해 우리에게 전해진 것으로서 고대에는 사용하지 않았던 용어이며, 'nation'에 해당하는 '국가(國家)'라는 용어와, '인류(人類)', '전세계(全世界)', '세계만방(世界萬邦)', '남녀평권(男女平權)', '부권(父權)' 등의 용어도 마찬가지다.

그리고《환단고기》에서는 1915년에 출판된 박은식(朴殷植)의《한국통사(韓國通史)》 기사를 인용한 것으로 생각되는 "나라가 형(形)이라면 역사는 혼(魂)이다. 형(形)이 혼(魂)을 잃고 보존될 수 있는가"라는 구절이 있는데 이런 점들이《환단고기》를 후세의 위작으로 비판하는 근거가 되고 있다.

위작과 가필은 같은 것인가?

그러나 후세의 용어들이 사용되었다는 이유만으로 《환단고기》의 내용 전부를 후세의 위작(僞作)으로 단정할 수는 없다. 이런 용어들이 사용되었다는 것은 후세에 가필(加筆)되었다는 '한정적' 증거는 될지언정 이 책의 모든 내용이 후세에 창작되었다는 '보편적' 증거는 될 수 없기 때문이다. 따라서 《환단고기》의 위서 여부를 판정하기 위해서는 그 내용에 대한 본격적인 검토가 필요하다.

《환단고기》의 각 권의 내용을 검토해 보자. 〈삼성기〉는 원래 안함로(安含老)가 지은 것과 원동중(元董仲)이 지은 두 종류가 있었다고 하는데 계연수 집안에서 소장하고 있던 것은 안함로의 저작이었다. 이 가운데 안함로 저작의 책을 〈삼성기전(三聖記全)〉 상편, 태천의 진사 백관묵(白寬默)에게 얻어 원동중이 저술한 것을 하편으로 엮어 〈삼성기전〉을 구성한 것이다. 삼성(三聖)이란 환인(桓因)·환웅(桓雄)·단군(檀君)을 말하는데 〈삼성기〉는 《세조실록》 3년(1457) 5월에 기록되어 있으므로 최소한 1457년 이전에 작성된 책이거나 이 책을 보고 지은 책이란 답이 나온다.

〈단군세기〉도 고려말 이암(李嵒)이 공민왕 12년(1363)에 지은 것으로 알려져 있는데, 이 책에는 47대 2096년에 이르는 단군조선의 임금 이름과 재위기간 및 치적 등이 기록되어 있다. 〈북부여기〉는 이암과 같은 시대를 산 범장(范樟)이 지은 것으로, 해모수부터 고주몽까지의 북부여 역사를 다룬 것인데, 여기에는 동부여의 역사를 쓴 〈가섭원부여기(迦葉原夫餘紀)〉가 붙어 있다.

〈태백일사〉는 이백(李陌 : 조선 단종~중종)이 지은 것으로, 이 책은 〈삼신오제본기(三神五帝本紀)〉, 〈환국본기(桓國本紀)〉, 〈신시본기(神市本紀)〉, 〈삼한관경본기(三韓管境本紀)〉, 〈소도경전본훈(蘇塗經典本訓)〉, 〈고구려국본기(高句麗國本紀)〉, 〈대진국본기

〈大震國本紀〉〉, 〈고려국본기(高麗國本紀)〉로 구성되어 있다. 〈삼신오제본기〉는 주로 우주 생성, 〈환국본기〉는 환인이 다스렸다는 환국의 역사, 〈신시본기〉는 환웅이 다스렸다는 신시시대의 역사를 기록하고 있으며, 〈삼한관경본기〉는 진한(진조선), 마한(막조선), 번한(번조선) 가운데 마한과 번한의 역사가 실려 있다. 〈고구려국본기〉는 고구려, 〈대진국본기〉는 발해, 〈고려국본기〉는 고려의 역사를 다룬 것이다. 〈소도경전본훈〉은 단군신앙과 관련된 경전, 교리를 다루고 있다.

〈태백일사〉는 고기류(古記類)를 자주 인용하고 있는데, 이중에는 세조가 8도 관찰사에 명하여 거두어들이게 한 20여 종의 비기(秘記)・참서(讖書) 중 〈표훈천사(表訓天詞)〉, 〈대변경(大辨經)〉, 〈조대기(朝代記)〉, 〈삼성밀기(三聖密記)〉 등이 들어 있는데, 이는《환단고기》가 조선초기까지 전했던 여러 서적들을 참고한 책이라는 점과 선교(仙敎) 계통의 서적이라는 것을 말해 주고 있다.

《환단고기》의 성립 배경을 알기 위해서는 이 선교에 대한 인식이 필요한데 선교는 최치원이 '현묘지도(玄妙之道)'라고 한 풍류도(風流道)의 계승이라 할 만하다. 최치원은 풍류도가 유불도(儒佛道)의 3교와 결합하여 작용하였다고 할 정도로 유불도보다 상위에 둔 우리 민족 고유의 사상이다. 즉 외래사상인 유교, 불교, 도교보다 먼저 존재했던 우리 민족 고유의 전통사상인 것이다.

선교는 유교 및 불교가 우리 역사의 주류 사상으로 등장하면서 점차 그 세력이 약화되는데 고려시대에는 도교와 결합하여, 새로운 역사인식 체계를 수립하기도 한다. 이는 기존의 유교적 역사인식에 대한 불만과 침체된 민족사에 동력을 불러 넣기 위한 목적에서 비롯되는데 이런 경향의 대표적인 역사책이《신지비사(神誌秘詞)》로서, 현재 전하지는 않지만《삼국유사》와《고려사》등에 단편적으로 인용된 것으로 미루어 단군조선을 다룬 것으로 여겨져 왔다.

《신지비사》나 세조가 수압령(收押令)을 내린 20여 종의 책이름을 보면, 도참서(圖讖書)적인 색채가 강하게 풍기는데 단순한 예언서라기보다는 우리 문화에 대한 강한 자부심과 사대주의에 대한 배척 의식이 그 저류를 형성하고 있는 것으로 보여지고 있다.

또 다른 문제서《규원사화》

조선시대에도 이 선교계열에서는 역사서를 저술하는데, 주목해야 할 책은 북애노인(北崖老人)이 숙종 원년(1675)에 지었다는《규원사화(揆園史話)》이다. 이 책도 사학계에서는 당시 사용하지 않았던 '문화의 계발'이나 '한글·한자 병용론' 등의 용어와 사상이 기록되어 있어 20세기에 저술된 것으로 비판하고 있는데 이 역시 그 내용을 살펴보면 단순히 후세의 창작품으로 단정짓기에는 무리가 있다.

《규원사화》는 자신의 저술 동기를 밝힌〈서문(序文)〉과 내용으로는〈조판기(肇判記)〉,〈태시기(太始記)〉,〈단군기(檀君記)〉와 저자의 인생관, 역사·문화의식, 그리고 조선이 부강한 나라가 되기 위한 방략을 서술한〈만설(漫說)〉등 다섯 부문으로 구성되어 있다. 중요한 점은 이 책에 인용된 서적들이 단순하지 않다는 것이다.〈고조선비기(古朝鮮秘記)〉,〈조대기(朝代記)〉,〈삼성밀기(三聖密記)〉,〈진역유기(震域遺記)〉,〈삼한습유기(三韓拾遺記)〉,〈사문록(四聞錄)〉등 고기류와《삼국사기》,《고려사》,《산해경(山海經)》,《사기》등 40여 종류에 이른다. 이런 책들은 세조가 수압을 명령한 책이름에 나오거나 17세기에 저술된〈청학집(靑鶴集)〉에 나오는 것으로 보아, 숙종 때까지는 존재했던 것이 분명하다.

〈조판기〉는 환웅이 천지를 창조하여 내려오는 과정을 그린 신화이지만, 〈태시기〉와 〈단군기〉는 다양한 문헌을 근거로 고증한 역사적 사실을 저술하고 있다. 그 단적인 예가 〈단군기〉 가운데 〈진역유기(震域遺記)〉를 인용하여, "발해왕자 태광현(大光顯)을 비롯하여 고려에 망명한 자가 많았는데, 그중에는 공후(公侯)·경상(卿相)과 강개읍혈(慷慨泣血)한 선비가 많았다"는 기사인데 이는 발해가 멸망하자 고려에 망명한 발해유민이 상당수 있었던 역사적 사실을 반영하는 기록이다.

선교의 역사서는 한말 국수주의적 민족주의 형성의 근거가 되기도 하는데, 나라의 운명이 누란의 위기에 처해 있던 때의 국수주의적 민족주의를 현재의 잣대로 비판하는 것은 무리가 있다. 우리 민족의 유구성과 문화에 대한 강렬한 자부심을 담고 있는 선교의 역사서들은 유교와 불교 사상이 지배하고 있던 민족의 장래에 심각한 우려를 반영하였는데, 이러한 선교의 국사인식은 1909년 나철(羅喆)이 창설한 대종교로 계승된다.

조직적인 한국사 서술 운동을 벌였던 대종교와 《환단고기》

사실상 1910년대에 한국사 서술을 주도한 것은 만주와 중국에서 활발한 활동을 벌였던 대종교였다. 대종교는 우리 고유종교를 다시 일으켜 세움으로써 민족을 보존하고 독립시키려던 종교단체였는데, 역사교육을 통한 애국심의 함양과 고취가 가장 효과적인 독립운동의 한 방편이라고 믿고 많은 역사서를 서술했다.

대종교도 계연수가 저술한 《환단고기》도 이런 독립운동의 일환으로 편찬된 책이다. 《환단고기》는 앞서 말했듯이 서문에서 1911년에 《삼성기》 등 네 권의 책을 하나로 묶었음을 밝히고 있다. 이런 점에서 《환단고기》에 대한 그간 학계의 비판은 과도한 것이란 비난을 받을 소지가 많다. 20세기에 편집했음을 서문에서 스스로 밝힌 책에 '20세기 용어들이 사용되었다'고 위서라고 비판하는 것은 설득력이 약하기 때문이다.

1910년대 이후 국사서 저술을 주도한 이상룡(李相龍), 박은식(朴殷植), 김교헌(金敎獻) 등이 모두 대종교도였다는 사실을 고려해 본다면 후대의 용어가 사용되었다는 사실만 가지고 《환단고기》를 후세에 조작된 책으로 규정할 수는 없는 것이다.

이상룡의 《서사록(西徙錄)》과 박은식의 《동명성왕실기》가 1911년에 저술되었다고 해서 후세의 '위작'이라고 비판받지는 않는 것이 정당하다면 《환단고기》가 위서라고 받은 비판은 부당한 것이다. 이상룡, 박은식, 신채호가 그랬던 것처럼 계연수도 우리 역사와 문화에 대한 자부심을 가지고 독립운동 사상을 고취시킬 목적의 하나로 선교 계열의 고서류를 참고해 《환단고기》를 저술한 것이다.

계연수는 당시까지 전해 내려온 고서류 가운데 〈삼성기〉, 〈단군세기〉, 〈북부여기〉, 〈태백일사〉 등을 수집하여 《환단고기》를 편찬했을 것이다. 이런 고서류들이 그때까지 완전한 상태로 전해졌으리라고 예상하는 것은 무리이다.

예를 들어 1363년에 편찬된 〈단군세기〉는 《환단고기》가 편집되는 1911년까지 550여 년이 흐르는 동안, 전란 등의 국난을 겪으면서 불탔거나 없어져 일부만 전해진 것을 여러 구전 등을 참고하여 재편집되었을 것이다. 이 과정에서 1911년 당시에 사용했던 용어들이 첨삭된 것이지 계연수가 의도적으로 소설을 쓴 것은 아니다.

또한 계연수는 이상룡이나 박은식, 김교헌이 그랬던 것처럼 《환단고기》를 의도적으로 조작할 필요는 없었다. 당시 이상룡, 김교헌 등이 그랬던 것처럼 자신의 사관에 따라 고서류를 참고하여 고대사를

우리 역사의 수수께끼

서술한 것처럼 하면 되지, 군이 전해진 책을 조작할 필요성은 존재하지 않았기 때문이다. 김교헌 등이 지은 고대사는 《환단고기》와 그 기본 논지가 일치하고 있음에도 위서란 비난을 받지 않고 있다는 사실이 그간 《환단고기》에 가해진 비난이 과도한 것임을 말해 주고 있다.

《환단고기》의 위서 여부를 비난하는 데 쓸 역량을 그 내용의 검토와 분석에 사용하는 것이 우리 역사학의 발전이나 고대사의 실체를 밝히는 데 필요할 것이다. 그것이 《환단고기》의 신봉, 비판 여부가 마치 전문연구가와 재야사학자를 가르는 기준으로 적용되는 듯한 현재의 폐쇄적·배타적이며 자기중심적인 학계의 연구풍토를 개방적인 것으로 바꾸는 한 방법이기도 하다.

《삼국사기》가 심어 준 고정관념

국립중앙박물관의 '원삼국실' 이란 방

국립중앙박물관에 가 보면, 전시실 안에 '원삼국실(原三國室)' 이란 방이 있다. 삼국은 많이 들어봤으나 '원' 삼국은 들어보지 못했으므로 고개가 갸우뚱해질 것이다. 그래도 일단 박물관에 왔고 원삼국실에 들어왔으니 무언가 알아내야 한다는 강박관념을 가지고 유물들을 살펴보자. 국내 최고의 전문가들이 붙였을 이름이 분명한 원삼국을 모르는 것은 인문 지식의 부족이라는 자성과 함께….

그러나 '원삼국이 뭐지?' 라는 의문을 가지고 유물을 뚫어지게 쳐다본 관람객도 원삼국이 무엇을 뜻하는지 알기 어렵다면, 그것은 분명 관람객의 잘못이 아니라 그런 이름을 붙인 사람의 잘못일 것이다. 이런저런 복잡한 학술적 문제를 떠나 원삼국실의 유물을 다 돌아보고도 원삼국이 무엇을 뜻하는지 알아차리기 힘들다면 어떤 전문용어로 변명하더라도 문제가 있는 것임은 분명하다.

도대체 원삼국이란 무엇인가? '삼국' 이면 삼국이고 아니면 아니지 '원' 삼국이란 도대체 무엇일까? 삼국이란 역사용어에 '원(原)'

자가 붙은 원삼국은 삼국이란 말인가, 아니란 말인가?

한국사 시기구분의 어려움

원삼국이란 용어는 특정시대에 대한 정확한 시기구분과 시대명을
붙이는 것이 얼마나 어려운 것인지를 보여 주고 있다. 원삼국이란
애매한 용어는 고고학적 편년인 초기 철기시대, 즉 역사상의 삼한시
대를 어떻게 부를 것인가라는 간단치 않은 고민의 산물이다.

이 용어를 가장 먼저 사용한 서울대학교 교수였던 고(故) 김원룡
(金元龍)은 《한국고고학 개설》에서 이 시대를 원초(原初) 삼국시대
와 원사시대(原史 : Protohistory, 선사와 역사시대의 중간)를 합한 약
자라 규정지으며 원삼국시대라고 규정했다.

간단히 말해서 본격적인 삼국시대가 전개되기 이전의 시대란 뜻인
데, 그의 설명에 따르면 "원(原)이란 영어로 '프로토(Proto : 원시의,
최초의)'라는 뜻이며 삼국은 삼국이되 완전한 왕국은 못 되었던 초
기 발전단계를 뜻하는 것"이라는 것이다. 그는 "원삼국이 생소한 이
름이기는 하지만 문헌사 측면으로나 고고학 측면에서 일단 받아들일
수 있는 성격의 것이 아닐까"라고 말해 자신이 고안한 원삼국이란
용어가 생경한 것임을 시인했다.

그는 "원삼국이 아니더라도 철기시대니 부족국가시대니 김해시대
니 하는 곤란한 이름 대신에 쓰일 타당성 있는 시대명이 고안되어 사
학계 전반에서 쓰게 되기를 바라는 바이다"(〈철기문화〉, 《한국사 연구
입문》, 1981, 112쪽)라고 말해 원삼국이 초기철기 시대를 표현하는
완전한 용어가 못 된다는 점은 인정했지만 '철기', '부족국가', '김
해' 시대 등의 용어보다는 정확한 용어라는 견해를 피력했다.

결국 원삼국시대란 용어는 초기 철기시대에 대한 김원룡 나름의

고민의 산물인 셈인데 이 용어의 타당성 여부를 살펴보자.

이른바 원삼국시대의 대표적인 유물, 즉 이 시기를 대표하는 표식적인 유물은 김해토기(金海土器)로서 기원전 1세기경 발생하여 신라토기의 이른 형식으로 바뀌기 전인 기원 후 3세기 중엽, 즉 서기 250년경까지 나타나고 있다. 바로 이 김해토기의 출현시기가 원삼국시대에 해당된다는 것이다.

이 시기의 토기는 와질(瓦質)토기와 도질(陶質)토기로 나누어지는데 회도(灰陶)라고도 불리는 일종의 연질(軟質)토기인 와질토기는 3세기 후반에서 4세기 초반에 경질(硬質)토기인 도질토기로 바뀐다. 경질토기로 바뀌기 전의 와질토기가 바로 원삼국시대의 표식적인 토기라는 주장이다. 그 외에도 철기생산의 보급, 벼농사[稻作]의 발전을 들 수 있고, 고인돌 대신 석관묘가 발달한 것 등도 이 시대의 한 특성으로 말해지고 있다.

김원룡에 이어 원삼국시대라는 용어를 사용하는 서울대학교의 최몽룡(崔夢龍) 교수는 〈도시, 문명, 국가 ─ 미국 고고학 연구의 일동향〉이란 논문에서 '무엇보다 중요한 것은 초기 철기시대[청동기시대 후기]와 원삼국시대는 인류학상 엘만 서비스(Elman Service)가 분류한 사회진화 발달단계, 즉 씨족(Band) ─ 부족(Tribe) ─ 족장(Chiefdom) ─ 국가(State)의 발달단계에서 족장과 국가단계에 해당된다'고 주장한다. 족장단계와 국가단계는 같은 계급사회이면서 전자는 혈연사회를 기반으로 하나 후자는 혈연사회가 아니라 중앙관료제의 확립과 무력의 합법적 사용을 기반으로 하는 진정한 국가의 단계에 이르렀음을 의미한다는 것이다.

미국고고학 연구의 일동향을 한국 고대사의 시기구분에 적용한 것이 얼마나 설득력을 갖는지는 모르겠으나, 서구사회의 국가 발전단계를 동양사회의 국가발전단계에 무비판적으로 적용하는 것이 얼마

원삼국시대의 대표적 토기로
분류되는 와질토기.
붉은 빛을 띠고 있다.

나 무모한 것인지는 이미 칼 마르크스의 역사발전단계론을 무비판적
으로 동양사회에 적용했던 한 시대의 오류를 지적하는 것만으로도
충분할 것이다.

　그러나 이는 역사연구에 있어서 정확한 시기구분과 시대명의 창출
이 얼마나 어려운 것인지를 보여 주는 한 예이기도 하다. 실로 정확
한 시기구분과 시대명은 모든 역사학자의 영원한 숙제이자 모든 역
사저술가의 고민일 것이다.

　이해를 돕기 위해 몇몇 국사 개설서의 이 시기에 대한 시기구분을

살펴보자. 일반인들이 가장 널리 읽는 이기백(李基白)의《한국사신론》은 원삼국시대 대신에 '제2장 성읍(城邑) 국가와 연맹왕국', '제3장 왕족 중심의 귀족사회'라고 시기 구분했다. 변태섭(邊太燮)의《한국사통론》은 '제1편 제2장 청동기문화와 군장(君長) 사회', '제2편 제1장 초기국가의 형성'이라고 시기 구분한 역사용어를 붙이고 있다. 한국민중사연구회에서 편찬한《한국민중사》는 '제1부 제2장 부족연맹사회, 제3장 삼국의 성립과 항쟁'이라고 시기 구분한 용어를 사용했다. 그런데《한국민중사》의 제1부 제3장 1절이 '삼국과 가야의 성립'인 것은 이 부분의 시기구분이 얼마나 어려운 작업인지를 말해 준다. '삼국의 성립과 항쟁'을 설명하는 제3장에서 느닷없이 '가야'가 튀어나오기 때문이다.

이것은 그만큼 이 시기에 대한 정확한 용어의 창출이 어렵다는 것을 반증하는 것이다. 김원룡은 원삼국이 김해시대라는 용어보다는 정확한 용어라고 말했는데, 다시 말해 이는 원삼국이란 용어가 삼국뿐만 아니라 가야를 포함하는 삼한(三韓), 그리고 초기 고구려·백제·신라 등이 함께 존재하던 시대에 대한 나름의 시대명임을 보여주고 있다.

《삼국사기》라는 고정관념

여기에서 생기는 한 가지 의문은 이 시기에는 고구려·백제·신라의 삼국 외에도 가야 등 많은 나라들이 있었는데 왜 원 '삼국'이라는 '삼국'의 틀 속에서 용어를 선택하는가 하는 점이다. 이것은 이런 용어를 사용하는 사람들의 머리를 지배하는 한 개념 때문이다.

한국 고대사에 대한 이들의 머리를 지배하는 개념은 비교적 간단하다. 즉 이들은 정도의 차이는 있지만 모두 김부식의《삼국사기》의 틀 속에서 우리 고대사를 설명하고자 하는 고정관념을 갖고 있는 것이다. '한국고대사 = 삼국시대' 라는 원초적인 고정관념 속에서 나온 산물 중의 하나가 '원삼국' 이란 애매모호한 용어인 것이다.

김부식의 《삼국사기》가 한국고대사에 대한 중요한 저작이라는 데에는 이론의 여지가 없지만 이 역시 이 시기를 다룬 하나의 저작이라는 상대적 가치를 부여할 수 있는 역사서에 지나지 않는 것이다. 그리고 《삼국사기》는 서기 전 1세기의 한국고대사부터 다루고 있는데 이는 《삼국사기》가 편찬된 고려 인종 23년(1145) 보다 1천 년 이상 과거의 일이다.

그보다 이른 시기인 서기 3세기경에 중국 진(晉)의 진수(陳壽)가 편찬한 《삼국지》〈위서(魏書)〉〈동이전(東夷傳)〉은 '삼국'이 아니라 '부여·고구려·동옥저·읍루·예(濊)·한(韓)'을 다루고 있으며, 5세기경에 편찬된 《후한서(後漢書)》의 〈동이열전〉도 '부여·읍루·고구려·동옥저·예(濊)·한(韓)'을 다루고 있으며, 같은 5세기 중엽 편찬된 《남제서(南齊書)》〈동남이(東南夷)열전〉도 삼국이 아니라 '고구려·백제·가라〔가야〕'에 관한 기사를 싣고 있다.

중국의 역사서가 '고구려·백제·신라', 즉 삼국의 기사만을 싣기 시작한 것은 7세기 중엽부터인데 이 시기에 편찬된 《양서(梁書)》〈동이열전〉과 비슷한 시기에 편찬된 《남사(南史)》〈이맥열전(夷貊列傳)〉이 한반도의 고대사를 '삼국'의 틀로 다루는 역사서들이다.

이는 당대의 중국인들이 한국고대사를 고구려·백제·신라의 삼국 구도로 바라본 시기가 7세기 중엽임을 의미한다. 그리고 이는 당시의 한반도 정세에 대한 정확한 인식이기도 했다.

고정관념 없이 고대사를 바라보면

김부식의 《삼국사기》라는 고정관념 없이 우리 고대사를 한번 생각해보자.

앞에서 설명한 대로 원삼국 시기의 대표적인 토기인 김해토기는 서기 250년경까지 나온다. 그러나 가야가 멸망한 때는 6세기 후반인 서기 562년이다. 그러나 가야는 최몽룡이 원삼국시대, 또는 삼국시대 전기라고 규정한, 기원 0년부터 기원 300년 이후에도 존재했다. 즉 가야는 원삼국론자들이 삼국시대라고 규정한 이후에도 무려 300~350여 년이나 더 존재했던 것이다. 이들은 가야라는 국가가 엄연히 신라와 대립해 가며 존재하고 있던 300~350여 년의 기간을 애써 무시하며 이 시기를 일본사 비슷하게 '고분문화(삼국시대 후기)'라고 주장하고 있는 것이다.

김원룡은 "이 시기는 국사에서는 성읍국가시대, 또는 원삼국시대로 불리며 …평양지방에는 낙랑과 대방군이, 압록강 유역에는 고구려가, 한강 이남에는 한족(韓族)이 각 지역에 소지역단위로 혈연 · 지연을 바탕으로 한 소국가를 형성하고 있으면서 점차 실질적인 고대왕국으로 발전해 가고 있었던 것으로 볼 수 있다"고 말했는데 이는 원삼국론자인 그조차도 이 시기에 삼국과 가야 이외에도 여러 국가가 존재하고 있었음을 시인하는 것이다.

원삼국이란 용어가 지닌 더 큰 문제는 만주지역인데 이 시기에 만주에서는 읍루와 부여가 존재하고 있었다. 특히 기원전 2세기경부터 존재했던 부여는 이미 기원전 1세기에 중국측 문헌에 등장한 이후 줄곧 존재하다가 서기 494년에야 고구려에 병합되었다. 즉 부여는 이른바 원삼국시기(기원 0~300년) 이후에도 2백여 년 이상 존재했으나 '원삼국→삼국'으로 이어지는 시기구분에 따르면 엄연히 존재했던 부여는 없는 것이 되는 것이다.

이런 문제제기는《삼국사기》의 가치를 부인하려는 것이 아니다. 백제 무령왕릉의 지석에서 입증되었듯이 어떤 부분에 대한《삼국사기》의 정확성은 동시대의 세계 어떤 역사서에도 뒤지지 않는다.

하지만 고구려, 백제, 신라 순인 삼국의 성립순서를 신라, 고구려, 백제로 서술한 데서 알 수 있듯이 삼국사기가 지닌 지나친 정치성은 일찍부터 비판의 대상이 되어 왔음도 사실이다. 그럼에도 불구하고《삼국사기》는 다른 모든 기록에 우선하는 '경전(經典)'적인 권위를 인정받고 있다.

주지하다시피 백제가 나당연합군에게 멸망한 것은 서기 660년이고 고구려는 그 8년 후인 668년에 멸망했다. 그러면 삼국시대란 앞서 설명한 대로 가야가 멸망한 서기 562년부터 서기 668년까지 정확히 106년에 지나지 않는다. 삼국시대는 이처럼 정확히 말해 불과 100여 년밖에 되지 않음에도 불구하고 우리는 고조선이 멸망한 기원전 108년 이후의 한국고대사를 김부식이《삼국사기》에서 심어 놓은 개념처럼 삼국시대라고 착각하면서 살아온 것이다.

대한민국 국립중앙박물관의 〈원삼국실〉에 해당하는 시기에 엄연한 우리 민족의 활동무대였던 만주와 한반도에는 '삼국' 이외의 수많은 국가들이 존재했다. 이 시기는 결코 '삼국' 이란 좁은 사고와 틀 속에서 설명될 시기가 아니다.

당연히 '원삼국' 이란 애매한 용어도 폐기되어야 할 것이다. 그러면 이 시기를 어떻게 불러야 할 것인가라는 문제가 남는다. 이는 그간의 연구성과에 대한 검토와 종합적인 의견 교환이 선행되어야 할 문제이지만 현재 몇몇 학자들이 시도하는 시기구분은 주목할 만하다. 단국대학교의 윤내현(尹乃鉉) 교수는 '열국(列國) 시대' 란 용어를 사용하는데 이 용어의 동의 여부를 떠나서 적어도 '원삼국' 이나 '삼국시대' 란 용어보다는 합리적이란 사실은 분명하다.

비밀에 싸인 한국고대사를 찾아서

그밖에 이 시기가 이런 여러 국가들 사이에 전쟁이 일상화된 사회
란 점에 착안해 '전국(戰國)시대'란 용어도 생각해 볼 수 있는데, 이
용어가 공자(孔子) 이래 중국에서 통용되어 온 '춘추·전국시대'와
같다는 점에서 피하고 싶으면 같은 의미로 '쟁국(爭國)시대'라는 용
어를 사용할 수 있을 것이다.

용어에 대한 이런 고민들은 우리 고대사가 그만큼 역동적이며 비
밀에 싸여 있다는 한 증거이기도 하다. 이런 역동적인 시대를 김부
식이란 한 역사가·유학자가 규정한 《삼국사기》에 갇혀 해석할 수는
없을 것이다.

김원룡의 견해대로 이 시기에 대하여 '철기·부족국가·김해시
대' 등의 용어가 부정확함은 분명하지만 원삼국도 이들 용어보다 나
을 것은 없다. 그럼에도 이런 용어가 나라의 얼굴인 국립중앙박물관
의 한 방을 버젓이 차지하고 있는 것은 학문의 실체적 진실보다는 사
제 사이의 학연(學緣)을 더 우선시 하는 전근대적인 우리 학문 풍토
와 관련이 있다고 하면 지나친 억측인가?

한사군은 한반도에 존재했는가

낙랑공주가 한사군 여인이라는 통설에 대하여

《국사》 교과서의 한군현

현재의 고등학교 《국사》 교과서 상권 30쪽은, "고조선이 멸망하자, 한은 고조선의 일부 지역에 군현을 설치하였으나, 토착민의 반발에 부딪쳤다. 그리하여 그 세력은 점차 약화되었고, 드디어 고구려의 공격을 받아 소멸되었다(313)"라고 기록하고 있다.

개정되기 이전의 교과서에는 '한사군(漢四郡)'이라고 명시되어 있어서 학생들은 한사군의 명칭인 낙랑(樂浪), 진번(眞番), 임둔(臨屯), 현도(玄菟) 등의 이름을 외우기도 했었다. 한사군(漢四郡)은 한나라 무제(武帝)가 기원전 108년에 위씨조선(衛氏朝鮮)을 정복하고 그 지역에 설치한 4개의 지방행정구역으로 그 중심지는 낙랑군이었는데 식민지 시절 일제가 편찬한 모든 한국사 책은 평양 대동강 유역에서 출발하는 한사군에서 시작했다. 한국사의 시작이 한의 식민지인 한사군이었으니 현재가 일제의 식민지인들 무엇이 어떠냐는 의식을 한국인들에게 심어 주기 위한 것이었다.

과연 한사군은 한반도에 있었을까?

비밀에 싸인 한국 고대사를 찾아서

한사군의 위치에 대하여 국내 사학계는 대체로 한강 이북의 한반도로부터 만주 남부에 걸쳐 있었다고 보았는데, 그 중심지인 낙랑군의 위치를 지금의 대동강 유역이라고 보고 있다. 이렇게 보면 한사군이 존재했던 것 자체는 사실로 보여지는데 그렇다고 해서 한사군이 수백 년 동안 존재했던 것이 아니라, 진번·임둔 두 군은 설치 20년만에 폐지되었고, 그 일부 지역은 기원전 82년에 낙랑·현도군에 통합되었으니 사실상 한이군이라고 해야 할 것이다.

더구나 현도군도 고구려의 공격을 받아 기원전 75년부터 유명무실해졌기 때문에 사실상 우리 역사에서 의미를 갖는 것은 낙랑군뿐이라고 해야 할 것이다. 낙랑군은 앞의 교과서에 나오는 대로 미천왕 14년(313)에 고구려가 낙랑을 쳐서 남녀 2,000여 명을 사로잡음에 따라 멸망하는 것이다.

낙랑군은 어디에

이는 분명한 역사적 사실이기 때문에 낙랑군의 위치를 확인하면, 한사군이 과연 한반도에 위치해 있었는지 여부를 알 수 있다. 나아가 지금껏 많은 쟁점이 되어 왔던 우리 고대사의 주요 활동 무대가 어디인가도 확인할 수 있을 것이다. 고조선, 위씨조선[위만조선], 한사군 등은 같은 지역에 시기만 달리하며 존재했던 정치세력으로 알려져 있기 때문이다. 따라서 한사군의 중심지인 낙랑군의 위치를 확인한다면, 논란이 끊이지 않는 고조선·위씨조선의 위치도 파악할 수 있는 것이다. 낙랑군의 위치가 바로 고조선·위씨조선의 위치이기 때문이다.

낙랑군의 위치가 현재의 평양지역이라는 통설을 먼저 검토해 보자. 이를 위해서는 우리가 무의식적으로 받아들여 왔던 '낙랑'이라는 정치세력에 대한 사고전환이 필요하다. 지금껏 낙랑은 '낙랑군'으로 기록되어 있든 '낙랑국'으로 기록되어 있든 모두 한군현의 하나인 낙랑으로 인식해 왔는데 양자가 같은 존재인가에 대한 검토가 필요한 것이다.

먼저 《삼국사기》의 낙랑 관련 기사를 보자. 그 유명한 호동왕자와 낙랑공주에 얽힌 이야기이다. 《삼국사기》 고구려본기 대무신왕(大武神王) 15년(서기 32) 조의 이야기이다.

"4월(대무신왕 15년, 서기 32)에 왕자 호동(好童)이 옥저 지방을 유람하고 있었는데, 마침 낙랑왕 최리(崔理)가 그곳에 출행(出行)하여 그를 보고, '그대의 얼굴을 보니 보통사람이 아닌데, 혹시 북국(北國 : 고구려) (대무)신왕의 아들이 아닌가'라고 묻고는, 마침내 그를 데리고 돌아와 사위로 삼았다."

이때 왕자 호동은 최리의 딸에게 울리는 북을 찢도록 요구해 그해(서기 32) 낙랑을 멸망시키는 것이다.

이 기사는 재미 외에도 중요한 사실 두 가지를 말해 준다. 하나는 최리가 낙랑군의 태수(太守)가 아니라 낙랑의 '왕'으로 나온다는 사실이다. 이어지는 기사도 낙랑을 '군(郡)'이 아니라 '나라(國)'로 기록하고 있는데 이는 낙랑을 무조건적으로 낙랑군으로 보는 현재까지의 시각에 문제가 있음을 말해 주는 것이다. 다른 하나는 이 낙랑국은 고구려 대무신왕 15년(서기 32)에 멸망한다는 사실이다. 이는 미천왕 14년(서기 313)에 고구려에게 멸망한 낙랑군과는 분명히 다른 정치세력임을 보여 준다.

《삼국사기》 신라본기 기림이사금(基臨尼師今) 3년조의 "3월에 우두주(牛頭州)에 이르러 태백산에 망제(望祭)를 지냈다. 낙랑과 대방 양국(兩國)이 귀복하였다"는 기사 역시 낙랑이 일개 군이 아니라 나라임을 말해 주고 있다. 《삼국사기》 신라본기 남해차차웅(南解次

次雄) 조에도 '낙랑을 신라의 이웃나라〔鄰國〕이다'고 하여 낙랑을 군이 아닌 나라로 불렀는데 이런 기사는 《삼국사기》에 여러 차례 등장한다.

즉 《삼국사기》에 따르면 낙랑은 낙랑군이 아니라 낙랑국인 것이다. 이는 낙랑이란 명칭의 정치세력이 두 개 있었다는 증거이다. 낙랑군과 낙랑국이 별개의 정치세력이라는 새로운 개념을 가지고 낙랑국의 위치를 찾아야 할 것이다.

이 낙랑국의 위치는 어디일까? 앞의 대무신왕조는 낙랑이 북국(北國), 즉 고구려의 남쪽에 있음을 말해 주고 있다. 《삼국사기》 신라본기의 초기 기록은 낙랑이 자주 신라를 침범한 기사가 나오는데 이는 신라와 낙랑이 국경을 맞대고 있는 이웃나라임을 말해 주는 것이다. 위의 남해차차웅조의 '이웃나라' 기사는 이런 배경에서 나온 것이다.

신라본기 유리이사금(儒理尼師今) 13년조의 "가을에 낙랑이 북변(北邊)을 침범하였다"는 기사는 낙랑이 신라의 북쪽에 있음을 보여 주고 있다. 즉 이 기록들만으로 낙랑국의 위치를 추정해 보면 고구려 남쪽과 신라 북쪽인데 정확한 위치를 파악하는 것은 쉽지 않다. 어쨌든 이 낙랑국은 한사군의 낙랑군과는 다른 정치세력이다.

그럼 현재 사학계의 통설인 대동강 유역 한사군의 낙랑군에 대해 살펴보자. 대동강 유역에 낙랑군이 있었다고 주장하는 학자들은 중국측 기록인 《구당서(舊唐書)》 동이열전(東夷列傳) 고(구)려전을 그 근거로 제시하고 있다.

"고(구)려는 평양성에 도읍하였는데, 이는 바로 한나라의 낙랑군 옛 땅으로 경사(京師 : 낙양)에서 동쪽으로 5,100리 떨어져 있다. (고구려의 도읍으로부터) 동쪽으로 바다를 건너 신라에 이르고 서북쪽으로 요수(遼水)를 건너 영주(營州)에 이르며 남쪽으로는 바다를 건너 백제를 이르고 북쪽으로는 말갈에 이른다."

즉 평양성이 낙랑군 옛 땅이므로 낙랑의 위치는 평양이 있었던 대동강 유역이라는 것이다. 《당서(唐書)》 동이열전 고(구)려전에도 비슷한 구절이 나온다.

"고(구)려는 본래 부여의 별종(別種)이다. (그) 땅은 동쪽으로 바다를 넘어 신라에 이르고 남쪽으로도 바다를 넘어 백제에 이르는데 서북은 요수를 건너 영주와 접하였고 북쪽은 말갈이다. 그 군주는 평양성에 거주하는데, 장안성(長安城)이라고도 부르며 한나라의 낙랑군이다."

이 기록도 낙랑군의 옛 지역이었던 평양성을 대동강 유역이라고 보는데 문제는 대동강과 신라·백제 사이에는 바다가 없다는 점이다. 따라서 《당서》에 나오는 평양성이나 한나라 낙랑군의 위치를 대동강 유역이라고 비정하는 것은 전거가 약하다. 더구나 상당수의 고대사 연구자들은 위 인용문의 전문을 제시하기보다는, '낙랑군＝대동강 유역'이란 자신들의 견해를 뒷받침해 주는, "고(구)려는 평양성에 도읍하였는데, 바로 한나라의 낙랑군 옛 땅이다"와 "그 군주는 평양성에 거주하는데 장안성(長安城)이라고도 부르며 한나라의 낙랑군이다"라는 제한된 구절만을 인용하면서 낙랑군이 대동강 유역의 평양에 있었다는 낙랑군의 한반도 내 존재설을 주장하고 있다.

《당서》의 낙랑군 옛 땅에 있었던 고구려의 평양성에서 "동쪽으로 바다를 건너면 신라에 이르고 남쪽으로 바다를 건너면 백제에 이른다"는 낙랑군의 위치를 만족시킬 수 있는 지역은 대동강 유역이라기보다는 발해만 서북부라고 보아야 할 것이다.

그런데 앞의 낙랑국과 한사군의 낙랑군을 혼동한 것이 지금까지 낙랑군의 정확한 위치 비정에 결정적 장애 요소로 작용했다.

낙랑국과 낙랑군의 차이

《삼국사기》신라본기 혁거세 30년(B.C. 28) 조에 처음 나타나《삼국사기》초기 기록에 자주 등장하는 신라와 백제를 침범한 낙랑은 고구려 남쪽과 신라 북쪽 사이에 있었던 낙랑국인데, 이를 미루어 볼 때 낙랑국은 최소한 서기 전 28년 이전에 건국되어 고구려에 의해 멸망한 서기 32년 동안 존속한 것이다. 그리고 그 위치는 고구려 남쪽과 신라 북쪽 중에서 대동강 유역이라고 보아야 할 것이다.

그 근거는 낙랑국이 고구려에 의해 멸망한 지 12년이 지난 대무신왕 27년(서기 44)에 후한(後漢) 광무제(光武帝)가 이 지역을 정복하여 군현을 설치했다는 기록에서 찾을 수 있다.《삼국사기》고구려본기 대무신왕 27년조의, "가을 9월 (후) 한의 광무제가 병사를 파견하여 낙랑을 정벌하고, 그 땅을 취하여 군현을 만드니 살수(薩水) 이남은 (후) 한에 속하게 되었다"는 기사가 그것이다. 즉 살수는 현재의 청천강이므로, 낙랑국은 그 강 남쪽 대동강 유역에 위치했음을 알 수 있다. 실제 청천강 이남 대동강 유역에는 후한과 관련된 많은 유적과 유물이 발견되고 있다.

바로 이 낙랑국에서 나오는 후한 관련 유물을 한사군의 낙랑군 관련 유물과 혼동하면서 낙랑군의 위치를 대동강 유역이라고 보는 그릇된 견해가 통설이 된 것이다.

이런 그릇된 견해를 제일 먼저 전파시킨 사람들은 일제 때 일본인 학자들인데 이들은 대동강 유역의 유적과 유물을 근거로 한사군의 낙랑군이 이 지역에 존재했다고 주장하였다.

하지만 연대를 확인할 수 있는 유물 가운데 한사군을 설치한 전한(前漢 : B.C. 206~A.D. 24)의 것은 없고, 후한 광무제가 이 지역을 정복한 이후의 유물들인 후한(後漢 : A.D. 25~219) 때의 것만 출토되는 것은 이 지역이 전한 때의 한사군 지역이 아니라, 후한 때 광무제에 의해 일시 정복되었던 지역임을 뜻한다.

출토 유물 가운데 연대가 확인되는 것 중 가장 이른 시기의 것은 1920년대 조선총독부에서 발굴한 대동강 유역의 제1호 고분(古墳)에서 출토된 화천(貨泉)인데, 화천은 왕망(王莽) 때 주조된 청동제 화폐이다. 왕망은 전한(前漢) 원제(元帝)의 황후(皇后)의 일족이었다가 서기 8년 황위를 빼앗아 신(新)을 건국하였지만, 15년만인 서기 23년에 망했는데, 이 화폐가 한반도에 유입되어 통용되다가 무덤에 들어가기까지의 시간을 고려하면, 전한의 무제가 고조선을 멸망시키고 한사군을 설치한 B.C. 108년 무렵의 일이라기보다는 후한 광무제가 이 지역을 점령한 서기 44년 이후의 일로 보는 것이 타당할 것이다. 따라서 옛 고조선 지역에 설치되었다는 한사군의 낙랑군은 대동강 유역에 있지 않았다.

만약 대동강 유역의 낙랑국이 한사군의 낙랑군이라면 후한 광무제가 이 지역을 공격해 군현을 설치할 까닭이 없는 것이다. 그리고 낙랑군은 각종 문헌에 고구려에 멸망하는 313년까지 존속하므로 분명

대동강 유역에서 출토되는 유물 가운데 가장 이른 시기의 것인 왕망 때 주조된 청동제 화폐인 화천. 한반도와 중국대륙의 밀접했던 관계를 보여준다.

낙랑국과 낙랑군은 다른 것이다.

문제는 후한 광무제의 낙랑국 공격 기사를 어떻게 해석해야 하느냐의 문제인데 이는 대동강 유역에서 있었던 특정한 사건으로 이해하는 것이 옳을 것이다. 서기 32년에 고구려에게 멸망한 최리(崔理)의 낙랑국 유민들이 자신들의 조국을 재건하기 위해서 10여 년 후 후한의 힘을 빌렸을 가능성이 있다. 후한으로서는 동쪽에서 강력한 세력으로 등장하고 있던 고구려를 견제하기 위해 고구려의 남쪽에 낙랑국이란 우방을 존속시킬 필요가 있었기 때문에 양국의 이해 일치로 광무제의 대동강 유역 공격이 있게 된 것이다.

그런데 후한의 도움으로 재건된 낙랑은 《삼국사기》 신라본기 기림 이사금 3년(서기 300년)에 의하면 대방(帶方)과 함께 신라에 자진해서 투항한다[歸服]. 이는 낙랑국이 고구려의 공격을 받아 대동강 유역을 빼앗기고 남하한 것을 뜻한다. 이때도 낙랑군이 아니라 낙랑국으로 표현되는 것으로 보아 이 낙랑 역시 후한 광무제의 정벌 이후로도 후한의 군현이라기보다는, 예전처럼 독자적인 나라로 존재하였음을 보여 주는 증거이다.

이상과 같이, 서기전 28년 이전에 건국되어, 서기 37년 동안 존속했던 대동강 유역의 낙랑국은 한사군의 낙랑군과는 별개의 정치세력이었다.

따라서 한 무제가 설치한 낙랑군은 《당서》의 기록대로 대동강 유역이 아니라 발해만 서북부 지역에 위치한 것으로 보아야 한다. 그리고 짧은 기간 동안 존속한 진번, 임둔, 현도의 3군도 한반도 내에 설치되었다는 근거는 없다고 보아야 할 것이다.

이를 정리하면 한사군은 한반도 내가 아닌 만주 지역에 설치되었다가 다른 세 군은 곧 사라지고 발해만 서북부 지역에 있던 낙랑군은 서기 313년 고구려에 의해 멸망하였다는 사실을 알 수 있다.

백제와 원수 사이였던
선화공주의 아버지 신라 진평왕

1400년 전 경주 아이들이 부른 노래

"선화공주님은/남몰래 시집가서/서동이를/밤이면 몰래 안고 간
다."

지금으로부터 1400년 전 신라 서라벌 아이들이 불렀다는 '서동요
(薯童謠)' 라는 노래이다. 귀한 신분의 공주가 남몰래 시집갔다는 재
미있는 내용을 담고 있다. 선화공주는 신라 26대 진평왕(眞平王 : 재
위 579~632) 의 셋째 딸인데 미천한 서동(薯童)과 남몰래 정을 통했
다는 것이 서동설화의 내용이다. 서(薯) 란 마를 의미하니 '서동'이
란 '마를 캐어 먹고살던 아이' 란 뜻이다.

이 재미있는 신분상승 설화는 《삼국유사》에 실려 있는데 그에 따
르면 마를 캐던 서동은 사실 미천한 신분이 아니라, 훗날 백제 30대
무왕(武王 : 재위 600~641) 으로서 이름은 장(璋) 이었다. 그는 여러
면에서 신비로운 인물인데, 먼저 그의 아버지는 29대 법왕(法王 : 재
위 599~600) 이 아니라는 점이다. 그의 어머니는 왕비가 아니라 서
울 근교 남지(南池) 란 연못가에 살던 홀어미인데 그 못의 용과 정을

통하여 아들을 낳았는데 그가 바로 마를 캐어 생계를 이어가던 서동이다.

서동은 신라 진평왕(眞平王)의 셋째 딸인 선화공주가 예쁘다는 소문을 듣고 공주와 결혼하기 위해 신라 서울에 가서 먼저 아이들을 포섭한다. 아이들에게 마를 나눠주면서 앞의 서동요를 가르쳐 부르게 했는데, 이 노래는 얼마 안 가 서울 안에 잔뜩 퍼져 마침내 대궐에까지 들어갔다. 공주가 외간 남자와 사통(私通)했다고 생각한 신하들이 공주를 내쫓을 것을 요구하자 진평왕은 그녀를 먼 지방으로 귀양 보내는데 이때 왕후는 순금 한 말을 노자로 준다.

공주가 귀양을 가는데 서동이 갑자기 나타나 절하면서 호위하겠다고 하자, 공주는 자신도 모르게 서동에게 끌려 따라오는 것을 허락하였다. 남몰래 관계를 가진 후에야 그가 서동이라는 사실을 안 공주는 노래가 맞았음을 깨닫게 되었다.

백제로 온 두 사람이 살아갈 길을 논의할 때 공주가 왕후가 준 금을 내놓으며 "이것으로 한 평생 부자로 살 수 있소"라고 말하자, 서동은 놀라면서 어릴 때 마를 캐던 데에 같은 것이 많다고 하였다. 공주가 크게 놀라면서 금을 부모님 계신 궁전으로 보내자고 하자, 이에 동의한 서동은 용화산(龍華山) 사자사(師子寺)의 지명(知命) 법사에게 산더미 같은 금을 보낼 방법을 물었다. 법사가 하룻밤 사이에 귀신의 힘으로 신라 궁전으로 날라주었다. 진평왕이 이를 신기하게 여겨 존경하면서 늘 편지로 안부를 물었더니 서동이 이로 인해 인심을 얻어 백제 무왕이 되었다.

익산에 미륵사지를

무왕이 하루는 왕비와 함께 사자사로 가는 길에 용화산 아래의 큰 못에 이르자, 미륵삼존(彌勒三尊)이 못 속에서 나타나 수레를 멈추고 치성을 드렸다. 왕비가 이곳에 큰 절을 지을 것을 부탁하자, 허락한 왕은 지명법사에게 못을 메울 방법을 묻자 지명법사는 역시 귀신의 힘으로 하룻밤 사이에 산을 무너뜨려 못을 메워 평지로 만들었다.

무왕은 미륵삼존을 모실 전각과 탑과 회랑[랑]을 세 곳에 따로 짓고 미륵사(彌勒寺)라는 이름을 붙였다. 이때 진평왕이 장인(匠人)들을 보내 도와주었다. 백제 국사(國史)에서는 이 미륵사를 왕흥사(王興寺)라 하였다.

선화공주가 신라 진평왕의 딸인지를 알기 위해서는 먼저 서동, 즉 백제 무왕에 대해서 살펴보아야 할 것이다. 대체적으로 서동이 《삼국유사》의 기록처럼 무왕으로 보는 견해가 주류를 이루고 있지만 다른 견해도 있기 때문이다. 일연 자신도 이 설화를 실으면서 맨 끝에 "삼국사기에는 법왕의 아들이라고 했는데 여기에 전하기는 홀어미의 자식이라 했으니 모를 일이다"라고 적어 과연 서동이 백제 무왕이 맞는지에 대해 의문을 제기하고 있다.

먼저 서동이 무왕이 아니라 동성왕(東城王 : 재위 479~501)이라는 주장이 있는데, 이는 《삼국사기》의 국혼(國婚)기록을 근거로 삼는 주장이다. 《삼국사기》 동성왕 15년(493)에, "동성왕이 신라에 사신을 보내어 혼인을 청하니, 신라 소지왕(炤知王 : 재위 479~500)이 이찬(伊湌) 비지(比智)의 딸을 시집보냈다"는 기사를 들어 무왕이 아닌 동성왕이라고 주장하는 것이다. 그러나 동성왕은 무왕보다 약 100여 년 전의 사람이니 동성왕의 부인을 선화공주라고 보기에는 무리가 있다.

또한 서동이 무령왕(武寧王 : 재위 501~523)이라는 설도 있는데, 이는 《삼국유사》에서 일연이 무왕을 설명하며, "무왕을 옛 책에서 무강왕(武康王)이라고 한 것은 잘못이다. 백제에는 무강왕이 없다"

라고 부인한 것을 거꾸로 인정하는 견해이다. 일연의 해석과는 달리 무강왕은 무령왕의 오기(誤記)일 가능성이 크고, 또한 강(康)과 녕 (寧)이 소리는 다르나 의미는 같기 때문에 무강왕이 무령왕이므로, 무왕을 무령왕으로 보아야 한다는 것이다.

그러나 이 견해 역시 무령왕은 진평왕보다 최소 50년에서 최대 100년 이상 이른 시기의 인물이므로 설득력이 약하다. 그리고 무령 왕은 미륵사가 있는 익산과 아무런 관련이 없는 임금이다.

그러면 무왕은 대체 누구인가?

백제는 고구려 장수왕 63년(475)의 공격으로 한성(漢城)을 빼앗 기고 개로왕이 전사하자 문주왕이 즉위하며 서울을 지금의 공주인 웅진(熊津)으로 천도하였다. 이후 백제는 여러 차례의 위기를 극복

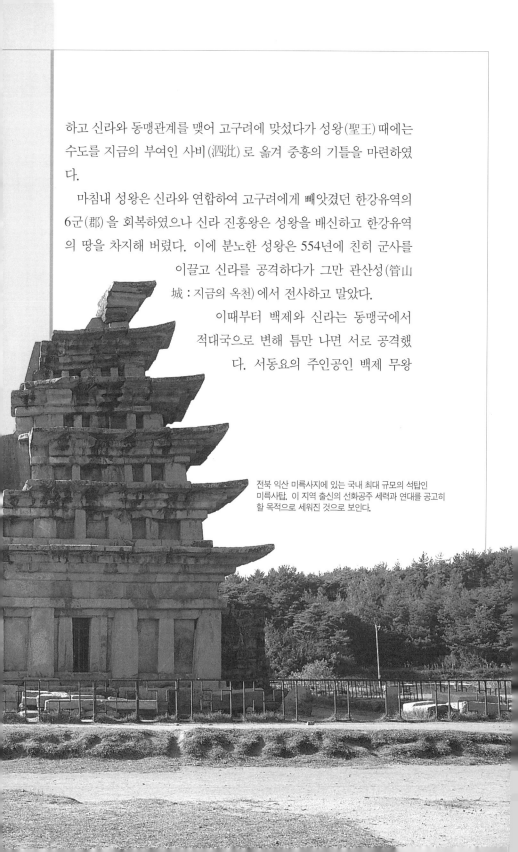

하고 신라와 동맹관계를 맺어 고구려에 맞섰다가 성왕(聖王) 때에는 수도를 지금의 부여인 사비(泗沘)로 옮겨 중흥의 기틀을 마련하였다.

마침내 성왕은 신라와 연합하여 고구려에게 빼앗겼던 한강유역의 6군(郡)을 회복하였으나 신라 진흥왕은 성왕을 배신하고 한강유역의 땅을 차지해 버렸다. 이에 분노한 성왕은 554년에 친히 군사를 이끌고 신라를 공격하다가 그만 관산성(管山城:지금의 옥천)에서 전사하고 말았다.

이때부터 백제와 신라는 동맹국에서 적대국으로 변해 틈만 나면 서로 공격했다. 서동요의 주인공인 백제 무왕

전북 익산 미륵사지에 있는 국내 최대 규모의 석탑인 미륵사탑. 이 지역 출신의 선화공주 세력과 연대를 공고히 할 목적으로 세워진 것으로 보인다.

과 신라 진평왕 때도 장인과 사위 사이라면 있을 수 없는 무수히 많은 공격이 있었다. 《삼국사기》에 따르면 무왕이 3년(602)에 군사를 보내 신라의 아막산성을 공격한 것을 비롯 재위 42년 동안 총 13차례에 걸쳐 공방을 계속하는데 이것은 다른 왕이 재위에 있을 때에 비해 월등히 많은 것이었다. 싸움의 형태도 백제가 주로 공격하는 것이었다. 만약 신라가 장인의 나라로서 막대한 금까지 보낼 정도의 감정이라면 이럴 수는 없는 것이었다. 무왕과 진평왕은 객관적으로 원수 사이였고 백제와 신라는 객관적으로 적국이었던 것이다.

만약 이 혼인이 사실이라면 두 나라는 동성왕과 소지왕이 맺었던 것처럼 국혼에 의한 결혼동맹을 맺은 것인데 그렇다면 《삼국사기》가 기록하지 않았을 리가 없다. 백제 동성왕(東城王)이 공주도 아닌 단지 신라왕족인 이찬 비지의 딸과 결혼한 사실을 기록한 《삼국사기》가 왕과 공주의 결혼을 적지 않았을 리는 없는 것이다.

그렇다면 서동설화를 어떻게 해석해야 할 것인가? 당시 두 나라 사이의 관계와 백제의 내부 사정을 감안해 볼 때 선화공주가 신라인이 아닐 수 있다는 추측이 가능하다. 그러면 설화의 주인공인 무왕의 왕후 선화공주는 누구일까.

선화공주가 누구인지 밝혀내기 위해서 일연이 서동설화를 《삼국유사》에 기록한 이유를 먼저 알아보자. 일연이 이 설화를 《삼국유사》에 실은 이유는 이 설화가 미륵사 창건과 관련된 연기전설(緣起傳說 : 사원이 창건된 유래와 관련이 있는 전설)이기 때문이다.

미륵사는 현재 전북 익산군 금마면의 해발 430미터의 미륵산 아래에 있는 큰 절로서 대대적인 발굴조사 결과, 설화 내용과 같이 전각과 탑과 회랑이 각각 세 곳에 따로 만들어져 있음이 확인되었다. 즉 3탑 3금당의 가람 배치였는데 이 3탑과 3금당을 합쳐 각각 서원(西院), 중원(中院), 동원(東院)이라 불렀고, 그 각각의 주위에는 회랑이 둘러 있었다.

3개씩을 따로 지은 이유는 무왕 앞에 나타난 미륵이 한 분이 아니라 미륵삼존(彌勒三尊), 즉 세 분이었기 때문이다. 미륵삼존이 나타난 이유는 미래불인 미륵이 3회의 설법으로 미래의 중생을 모두 구한다는 용화삼회설(龍華三會說)에 따른 것인데 무왕은 이곳에 미륵사를 지음으로써 자신이 모든 중생을 구제하는 주체가 되려 한 것이다. 당시가 고구려·백제·신라로 나뉘어 있던 삼국시대임을 감안하면 용화삼회설에 좇음으로써 삼국을 통일하려는 의지도 있었던 것이라는 해석도 가능하다.

절의 크기 역시 설화의 내용대로, 동서의 길이가 172미터, 남북 길이가 148미터로 장대한 규모인데, 이런 발굴조사 결과는《삼국유사》의 서동설화가 미륵사에 관한 한 사실임을 확인해 주고 있다. 나아가《삼국사기》백제본기 무왕조 35년에 미륵사의 다른 이름인 왕흥사를 준공했다는 기록이 있는 것도 설화의 사실성을 말해 주는 것이다.

선화공주가 미륵사지를 지어 달라고 한 이유

문제는 이곳에 미륵사를 지어 달라고 요청한 인물이 바로 선화공주라는 사실이다. 선화공주는 왜 이곳에 미륵사를 지어달라고 요청했을까?

서동설화에 따르면 무왕의 어린 시절은 불우했다. 그가《삼국사기》의 기록대로 법왕의 아들인지는 더 연구해 봐야 하겠지만, 적어도 왕위 계승권에 가까운 왕족이었던 것만큼은 확실할 것이다.

당시 백제는 부여의 토착귀족세력이 정치를 주도하는 바람에 왕권은 심각한 위협을 받고 있었다. 실제로 그의 앞 임금 법왕과 혜왕(惠

王)은 왕위에 오른 지 2년도 안 되어 죽었다. 그 죽음의 자세한 내막은 알 수 없지만, 귀족들과 임금 사이의 권력 투쟁의 결과일 가능성이 크다. 이런 죽음과 관련해 무왕도 어린 시절 신분을 숨기고 마를 팔아 연명해야 했던 것인지도 모른다.

불우한 시절을 보내던 무왕이 정국의 중심이 되고 국왕으로 즉위할 수 있었던 것은 바로 선화공주와 결혼하고 난 다음인데 이는 선화공주의 집안이 상당한 세력임을 뜻한다. 이런 사정과 미륵사 창건을 연결시켜 보면 선화공주는 익산지역에 상당한 세력을 가진 토착세력임을 뜻하는 것이 된다. 무왕은 이 세력의 도움을 얻어 임금으로 즉위할 수 있었던 것이다. 과거에 공주라는 칭호는 국왕의 딸에게만 쓸 수 있는 용어가 아니었다는 점도 이런 추론을 뒷받침해 준다.

무왕은 이 세력의 지지에 대한 보답도 할 겸, 이 세력과 굳게 연결되었음을 내외에 과시해 왕권도 강화할 목적으로 익산에 미륵사를 창건한 것이다. 이 미륵사를 지금은 전하지 않는 백제 국사에서 '왕이 흥하는 절'이란 뜻의 왕흥사(王興寺)라 부른 것도 이 절이 왕권의 강화와 밀접한 관련이 있기 때문일 것이다.

따라서 선화공주는 당시 백제와 신라의 양국관계로 보아, 신라출신일 수 없다면, 익산의 토착세력가 출신으로 파악하는 것이 타당하다.

아버지도 바꾸는 세월

문제는 익산 토착세력 출신인 선화공주가 어떤 경로를 거쳐 당시 적국이었던 신라 진평왕의 딸로 변화되었는가 하는 점이다. 신화나 설화는 세월이 흐르면서 많은 내용이 사라지고 덧붙여지는 것이 보통이다. 서동설화도 마찬가지일 텐데 선화공주가 진평왕의 딸로 둔

갑한 데는 백제를 멸망시킨 신라의 적극적인 의지가 개입되었을 것이다. 신라와 백제 사이의 공방이 가장 치열했던 진평왕과 무왕을 장인과 사위로 만들고, 신라의 도움을 받아 왕위에 오르는 것으로 바꾸어 멸망 직전 백제의 중요 지역이었던 익산과 백제 유민들의 마음을 달래려 한 것이다.

이 사건이 있은 후 약 600여 년 뒤에《삼국유사》를 지은 일연은 이미 여러 차례 변화된 미륵사 창건에 얽힌 연기설화인 서동설화를 기록한 것으로 생각되는 것이다. 이와 비슷한 사례는 고려시대에서도 보인다. 고려가 후삼국을 통일한 후 왕실차원에서 옛 신라·백제 지역에 많은 사찰을 세우는데 이는 망국의 유민들을 통합하기 위한 정치적인 이유 때문이었다.

즉 고구려의 수도였던 서경(西京 : 평양)에 9층탑을 건립하고, 신라의 수도였던 경주에 있던 황룡사 9층 목탑을 중수(重修) 했으며, 후백제군을 격파한 곳에 개태사(開泰寺)를 세운 것 등은 모두 망국의 유민들을 위로하기 위한 것이었다.

서동설화 역시 수백 년의 세월이 흐르면서 선화공주가 진평왕의 딸이라는 내용으로 변화된 것으로 추측할 수 있는 것이다.

용의 아들 처용과 아랍인 처용

우리나라 최초의 아랍 사람으로 추측되는 처용은 누구인가? 그의 기사 역시 일연의 《삼국유사》에 나오는데 처용설화의 내용은 이렇다.

신라 49대 헌강왕(재위 : 875~885)이 동해안의 개운포(지금의 울산 부근)에 나갔다가, 돌아오는 길에 갑자기 구름과 안개가 자욱하게 끼어 길을 잃어버렸다. 이상하게 여긴 왕이 물으니 천문을 맡은 관리가 "이는 동해 용의 짓이니, 좋은 일을 하여 풀어야 한다"고 답했다. 왕은 용을 위하여 근처에 절을 세우라고 관리들에게 명령하자 곧 구름과 안개가 걷혔다. 이 때문에 이곳을 '구름이 개인 포구'란 뜻의 개운포(開雲浦)라고 이름지었다. 동해 용이 기뻐하여 일곱 아들을 데리고 왕이 탄 수레 앞에 나타나 왕의 덕행을 노래하면서 춤을 추었다. 용의 아들 하나가 왕을 따라 서울로 와서 왕을 보좌하였는데, 그가 바로 처용이었다.

헌강왕이 그를 잡기 위해 미인에게 장가들이고, 제9등 관등인 급간(級干)을 수여하였다. 그러나 그 아내의 아름다움을 탐낸 역신(疫

神 : 질병을 옮기는 귀신) 이 사람으로 변하여 밤이면 몰래 데리고 잤다. 하루는 처용이 집에 돌아와서 두 사람이 누워 있는 것을 보고 노래를 부르고 춤을 추면서 물러 나왔다.

서울 밝은 달에 밤 이슥히 놀고 다니다가,
들어와 자리를 보니 다리가 넷이어라.
둘은 내 것인데 둘은 누구 것인가
본디 내 것이건만 빼앗긴 걸 어찌하리오.

이때 역신이 처용 앞에 나타나 무릎을 꿇고, "당신의 아내를 탐내어 범했는데도 노여워하지 않으니, 감격하고 아름답게 여깁니다. 앞으로는 당신의 모습을 그린 그림만 보아도 문안에 들어가지 않겠습니다"라고 말했다.

일연은 이런 까닭에 고려시대에도 사람들이 처용의 모습을 문에 그려 붙여서 나쁜 귀신을 쫓고 복을 맞아들인다고 기록했다. 왕이 돌아온 후 영취산(靈鷲山) 동쪽에 좋은 자리를 잡아 망해사(望海寺) 또는 신방사(新房寺)라 부르는 절을 지었는데, 이 절은 약속대로 용을 위해 지은 것이다.

《삼국유사》에 의하면 처용은 용의 아들이다. 그러나 현실적으로 용의 아들이 있을 수 없기 때문에 당시 울산 지방에 있었던 호족의 아들이라고 추측하기도 하며, 아랍인으로 추측하기도 한다.

만약 처용을 아랍인으로 추측할 경우 한 가지 전제조건이 필요한데 그것은 신라 헌강왕 당시에 일단의 아랍인들이 신라에 정착해서 살았어야 한다는 점이다. 지금으로부터 약 1천 년 전인 9세기 말에 신라에 정착한 아랍인들의 존재를 확인하지 못하면, 자연히 처용이 아랍인이라는 근거는 희박해진다.

고려에 온 아라비아 상인들

현재까지 우리측 자료에는 신라 시대에 아랍·무슬림들이 한반도에 와서 활동했다는 근거를 찾을 수가 없다. 하지만《고려사》는 고려 초기에 아라비아 상인들이 고려에 왔었음을 기록하고 있다. 이 자료에 따르면, 한꺼번에 100여 명이나 되는 아라비아 상인들이 여러 가지 교역품과 특산물을 가지고 고려에 와서 활동했다는 사실을 확인할 수 있다. 이렇게 많은 상인들이 집단적으로 고려에 와서 무역 활동을 하였다는 것은 그 이전부터 우리나라와 여러 가지 형태로 관계를 맺어 왔음을 시사해 준다.

따라서 통일신라시대에도 이미 이와 비슷한 양측의 무역 등 관계가 있었음을 가정해도 크게 무리가 없을 것이다. 또한 헌강왕 재위 시대와 고려의 건국(서기 918)은 불과 30여 년 차이밖에 나지 않으므로 그 가능성은 충분하다.

아랍인들이 신라에 정착해 살았다는 기록이 우리나라에는 없지만 아랍권에는 남아 있다는 사실도 이를 증명해 준다. 이슬람제국의 전성기에 활약한 저명한 역사학자이자 지리학자인 알 마스오디(Al-Masaudi : ?∼965년)는 신라에 대한 기록을 남긴 인물이다. 그는 실제 바그다드를 떠나 페르시아만을 경유해 인도 각지를 둘러본 다음 중국 남해안까지 여행하는 등 이슬람 주변세계 각지를 여행한 경험이 있었는데, 그의 여행견문록이자 역사서인《황금초원과 보석광(寶石鑛)》에서 이렇게 기술했다.

"바다를 따라가면 중국 다음에는 신라국과 그에 속한 도서(島嶼)를 제외하고는 알려졌거나 기술된 왕국이란 없다. 신라국에 간 이라크 사람이나 다른 나라 사람은 공기가 맑고 물이 좋고 토지가 비옥하며, 또 자원이 풍부하고 보석이 일품이기 때문에 극히 소수의 사람을 제외하고는 그곳을 떠나지 않았다."

이는 분명 신라를 떠나지 않고 정착한 아랍인의 존재를 보여 주는 기록이다.

또한 알 마스오디보다 앞선 시기에 활동한 아랍 지리학자 이븐 쿠르다지바(Ibn Khurdadhibah : 820~912년)도 자신의 저서 《도로 및 왕국 총람》에서 "중국의 맨 끝에 있는, 금이 많은 신라라고 하는 나라에 들어간 무슬림은 이 나라의 훌륭함 때문에 정착하였으며 절대로 떠나지 않았다"고 하면서 많은 아랍인이 신라에 정착한 사실을 기록하였다. 이런 아랍측 기록들은 신라에 아랍인들이 정착해 살았음을 말해 주는 명백한 증거이다.

우리 문헌 기록에는 나타나지 않지만 경주 괘릉의 무인석(武人石)은 신라인과 다른 모습의 사람들이 신라에 있었음을 말해 주는 유물이다. 우람한 체격에 높은 코, 파마를 한 듯한 턱수염, 곱슬머리 등은 아랍인의 형상과 아주 비슷한데 이 무인석이 무덤의 호석(護石)으로까지 등장하는 것은 이들이 신라에 정착해 살았음을 말해 주는 것이다. 뜨내기 장사꾼을 호석으로 삼을 리는 없기 때문이다.

《삼국사기》 헌강왕 조에도 정확하지는 않지만 외국인의 존재를 알려주는 기록이 있는데 헌강왕 5년(879) 3월에 왕이 나라 동쪽지방의 주군(州郡)을 시찰하는데, 어디서 왔는지 모르는 4명이 왕의 가마 앞에 나타나 노래하고 춤을 추었다는 기록이 그것이다. 그 모양이 해괴하고, 옷차림새도 괴이하여 당시 사람들이 '산해의 정령〔山海精靈〕'이라 하였다는 것이다.

이 기사는 설화가 아니라 역사적 사실인데 《삼국유사》의 처용설화와 비슷한 부분이 있다. 처용과 관련된 왕은 헌강왕이고, 왕 앞에서 나타난 인물이 노래와 춤을 하였으며, 특히 그 인물의 용모와 의복이 신라인과 다른 이방인이라는 점이다. 이처럼 두 문헌에 실린 인물은 동일한 인물일 가능성이 크고, 더구나 그 인물은 외국인임이 분명한 것이 밝혀졌다.

설화를 해석하는 방법

모든 설화는 특정한 시대의 역사적 배경 속에서 발생하여 해당 사회와 현실을 굴절적으로 반영하는데, 《삼국사기》의 '모양이 해괴하고, 옷차림새도 괴이한 산해의 정령'이 《삼국유사》에는 용으로 굴절되어 나타났을 수 있는 것이다.

처용이 나타난 곳이 개운포[울산]라는 것도 통일신라의 교역로와 관련하여 주목된다. 우리나라의 가장 오래된 지리지인 《경상도지리지》와 《세종실록》 지리지 등에도 나타나는 개운포, 즉 울산은 통일신라 때에 경주를 배후에 둔 산업·상업의 중심지로서, 신라의 최대 국제무역항이었다. 또한 개운포는 아랍 상인들이 많이 와서 살던 당나라 양주(揚州)로 가는 바닷길의 신라측 출발지였다. 당시 신라와 교역하고 왕래하던 중국인과 일본인들은 물론, 동서교역의 주역인 아랍인들도 이 국제항을 이용했던 것이다.

《삼국사기》에는 골품에 따라 사용할 수 없는 고급 물품들의 목록이 나오는데 여기에는 에메랄드, 알로에, 페르시아산 카펫 같은 많은 서역제품이 들어 있다. 이것들은 장보고 같은 국제무역상에 의해 간접 수입된 것도 있을 수 있으나, 앞의 아랍측 문헌들에서 보았듯이 아랍 상인들에 의해 직접 수입된 것도 있을 것이다. 이런 물건들은 아랍인들과 같은 외국인들이 국제항구인 울산에서 활동하는 것을 자연스럽게 만들어 준다.

이런 여러 가지 점들을 종합해 볼 때 중국인이나 일본인과 달리 이방인으로 묘사된 이들은 아랍인일 가능성이 충분하며 처용은 신라에 정착한 아랍인 중 한 명일 것이다.

한편 처용을 지방 호족의 자제로 보는 견해도 있는데, 그 근거는 《삼국유사》에는 처용설화뿐만 아니라 많은 용이 등장한다는 데서 찾는다. 이런 용들에는 대개 두 종류가 있는데, 하나는 국왕을 비롯한 중앙귀족 세력이며, 다른 하나는 중앙권력으로부터 떨어져 나갈 수도 있는 지방호족 세력을 상징한다.

이렇게 볼 경우 처용은 동해 용으로 상징된 울산 출신 호족의 아들로 해석할 수 있다는 것이다. 헌강왕이 처용에게 장가를 보내 주고 관직을 준 것은 통일신라 말 취약한 중앙권력을 유지하기 위해 지방 세력을 포섭하는 한편, 그 자제를 경주로 불러 들여 견제수단으로 삼으려고 한 사실을 반영하는 것이 아니냐는 주장이다.

그러나 이 경우 왜 울산 출신 호족만 용모가 신라인과 다른지를 설명할 수 없다는 문제점이 남는다. 관직 수여를 신라인이란 근거로 사용하는 것도 마찬가지로 논리가 빈약하다. 당시 최치원이 당나라에서 벼슬하는 데서 알 수 있는 것처럼 신라도 외국인들에게 관직을 수여했을 수 있다.

경주 괘릉의 아랍인 형상의 무인석은 그가 관직을 수여받지 않으면 세워질 수 없는 것이다. 능 좌우에 세운 문신상(文臣像)과 무인상은 생전에 고인을 모셨던 관리들이 사후에도 보필하기를 바라는 사후 사상의 반영인 것이다. 즉 괘릉의 무인석은 그가 괘릉의 주인공으로부터 관직을 하사 받은

아랍인의 형상이 뚜렷한 경주 괘릉의 무인석. 아랍인은 고려와 조선시대에는 회회인(回回人)이라고 불렸다.

인물임을 보여 주는 것이다.

　이런 여러 가지 정황을 종합해 볼 때 처용은 국제도시 울산에 정착했던 아랍인으로서 어떤 특별한 재능 때문에 헌강왕에게 발탁되어 벼슬했던 인물임이 확실하다 할 것이다.

2부

고려

잊혀진 왕국, 고려사의 현장들

서희는 말로 강동육주를 지켰을까

외교통상부 장관은 누구를?

자신을 대통령이라고 생각하고 조각(組閣)을 한번 해 보자. 이른 바 공동정권은 반밖에 조각할 수 없지만 공동정권의 대통령이 아니라, 단독정권의 대통령이라고 생각하고 조각을 해 보자. 외교통상부 장관은 누구를 시킬 것인가?

허황된 공상 같지만 조선시대 사대부들은 이런 놀이를 즐겼다. 이른바 〈벼슬도〉라는 것으로 어느 벼슬엔 누가 가장 적격인가를 그려 넣는 것이다. 이것과 비슷한 것으로서 〈종경도(從卿圖)〉가 있었는데 이것은 윷놀이판 비슷한 것에 벼슬 이름을 써 놓고 가장 먼저 영의정에 오르는 사람이 이기는 놀이였다.

〈벼슬도〉와 현재 조각의 차이가 있다면 당시에는 생존인물이든 이미 사망한 인물이든 상관이 없었다는 점이다. 영의정엔 황희, 삼도수군통제사엔 이순신 등을 시공을 초월해 적는 것이다. 요즘말로 하면 내각의 드림팀을 뽑는 셈이다.

이때 오늘날의 외교통상부 장관인 예조판서로 가장 빈번히 오르

내리는 인물이 바로 서희(徐熙)이다. 거란의 적장 소손녕(蕭遜寧)과 담판을 통해 강동육주를 획득했다는 역대 최고의 혀를 가진 인물이 서희이다.

그러나 정말 "말로 영토를 획득하는 것이 가능할까?"란 의문이 떠오른다. 서희는 과연 냉혹한 이익추구가 최고의 선으로 통하는 국제관계에서 말로써 영토를 넓힐 수 있었을까?

그가 과연 세 치 혀로 고려의 강역을 지키고 넓혔는지 살펴보자.

강동육주의 주인은 누구

우리나라의 북방 영토와 깊은 관련이 있는 민족은 중국의 한(漢)족과 여진족, 그리고 거란(契丹)족과 몽고족 등이다. 이중 퉁구스와 몽고의 혼혈족인 동호(東胡) 계통의 거란족은 예로부터 요하(遼河) 상류 지역에 살고 있었는데 고려 개국 초부터 고려와 갈등을 빚어 왔다.

북방 유목민족들은 서로 통합하지 못했을 때에는 다른 나라에 복속된 존재에 지나지 않지만, 일단 부족통합을 이루게 되면 당대에 거대한 제국(帝國)을 건설하는 특징을 지니고 있기도 하다. 거란족도 마찬가지여서 여러 부족으로 흩어져 있을 때는 별 힘을 지니지 못해서, 그 일부인 출복부(出伏部)가 장수왕의 고구려에게 예속된 적이 있었고, 8세기에는 당나라의 위구르[回鶻: Uighur]에 복속되기도 하였다.

그러나 거란족은 중국 당나라 말기의 혼란기를 틈타 10세기 초에는 추장 야율아보기(耶律阿保機)가 여러 부족들을 통일하면서 거란 제국을 수립하고 신책(神冊)이란 연호를 사용했다. 고려가 건국되기 2년 전인 서기 916년의 일이었다.

우리 민족은 국가를 수립하면 중국의 역대 왕조와 친선을 도모하는 데 비해 북방민족들은 일단 부족통합을 이루면 반드시 중국을 정복하려는 야심을 품는다는 특성이 있는데 야율아보기도 거란족의 통합군주답게 중원 진출을 꿈꾸었다. 우리 민족은 중국의 문물을 본받으려 하는 데 비해 북방의 유목민족들은 중국의 문물을 소유하려 하는 것이다.

이런 야심을 지닌 북방민족이 중원 정복을 꿈꿀 때 반드시 먼저 처리해야 할 현안이 한반도와 만주 문제였다. 야율아보기가 중원을 공격하기 전에 먼저 만주지역의 발해를 공격해 멸망시킨 것(926)도 발해가 목적이기보다는 중원이 목적이었던 것이다.

발해를 멸망시킨 거란은 화북(華北)의 연운(燕雲) 16주를 획득하는 등 점차 영토를 중국 북부로 확대시키다가 드디어 947년에는 나라 이름을 요(遼)로 바꾸고 중국을 포함하는 대제국을 수립하겠다고 선포했다. 그러나 그 13년 후인 960년에 후주(後周)의 절도사였던 조광윤(趙匡胤)이 당말(唐末) 오대(五代)의 혼란을 수습하면서 송(宋)을 건국하는데, 이로써 동아시아 정세는 중원의 송과 북방의 요, 그리고 한반도의 고려가 병존하는 이른바 정족(鼎足)의 대치상태가 되었다.

고려는 송과 외교관계를 맺고 있었으므로 거란족의 요로서는 중원을 정복하기 위해서는 고려를 자신들의 편으로 끌어들이든지, 아니면 속국으로 만들든지 양자택일을 해야 했다. 군사를 일으켜 송나라를 침입했는데 고려가 배후에서 협공하면 양쪽에서 공격을 당하기 때문이다. 요나라는 먼저 고려를 자신들의 편으로 만들기 위해 노력했다. 고려 태조 25년(942)에 거란의 태종이 사신과 낙타 50두를 보내 온 것이 이를 말해 준다.

그러나 거란이 발해를 멸망시킨 사실에 분개해 있던 태조 왕건은,

"거란은 하루아침에 발해를 멸망시킨 무도(無道)한 나라이므로 국교를 맺을 수 없다"면서 사신 30명은 섬으로 유배 보내고 낙타는 개성의 만부교(萬夫橋) 아래 매달아 굶어 죽게 했다. 고려 태조가 발해의 멸망에 이토록 분개한 것은 그가 국호를 고구려의 후예란 뜻의 고려로 한 데서도 알 수 있듯이 발해를 자신의 영토로 생각했기 때문이다.

태조는 훈요십조의 제4조에서 "거란은 금수(禽獸)의 나라로서 풍습과 말이 다르니 의관제도를 본받지 말라"고 유훈하여 거란과의 단교를 외교정책으로 삼게 할 정도였는데 이에 따라 고려와 거란은 계속 적대관계에 있었다.

당시 압록강 하류지역에는 빈해여진(濱海女眞)이 있었으며, 그 중류지역에는 발해의 유민이 세운 정안국(定安國)이 자리잡고 있었는데 이들 중 특히 정안국은 송(宋) 태종과 손을 잡고 거란을 협공하려는 움직임을 보이고 있었다.

이에 거란, 즉 요(遼)의 성종(聖宗)은 고려를 친다는 명분으로 빈해여진과 정안국을 멸망시켜 버렸다. 때마침 송은 화북의 연운 16주를 되찾기 위해 군사를 일으켰다가 대패하고 나서, 지금까지의 적극적인 대요(對遼) 공격 정책을 소극적인 방어 정책으로 전환하게 되었다.

이렇게 되자 요나라는 고려를 직접 공격할 기회가 왔다고 판단하여 요 성종 11년(993), 고려 성종(成宗) 12년에 장수 소손녕(蕭遜寧)을 보내 압록강을 넘게 한 것이다.

소손녕이 침입하자 고려는 박양유(朴良柔), 서희, 최량(崔亮) 등을 보내 싸우게 하였으나 패배해서 봉산군(현 청천강 이북 지역)을 빼앗기고 말았다. 할 수 없이 고려의 성종은 이몽전(李蒙戩)을 청화사(請和使)로 보내 화의를 표명하였으나, 소손녕은 "만약에 항복하지 않으면 80만 대군이 쳐서 멸할 것이니 군신(君臣)은 빨리 나와서 항복하라"며 거듭 항복만을 요구했다. 이몽전이 침공의 이유를 묻자 소손녕은 "너희 나라가 백성을 돌보지 않으므로 천벌을 주러 온 것이다"라는 이치에 닿지 않는 말만 할 뿐이었다.

"땅을 떼 주자"와 서희의 판단

이몽전의 보고를 들은 고려 조정은 혼란에 빠졌다. 안락에 젖은 일부 지배층들은 한심한 주장을 늘어놓기 시작했다. 일부 중신들은 "투항하자"고 주장하고 다른 중신들은 "서경(西京 : 평양) 이북 땅을 떼어 주자"는 이른바 할지론(割地論)을 주창했다. 소손녕의 '80만' 이란 기세에 놀란 성종마저 할지론에 동조해 서경 창고의 쌀을 백성들에게 나누어주고 남은 쌀은 소손녕의 군용으로 전용될 것을 염려해 대동강에 버리라고 명령했다.

이처럼 서경 이북의 땅을 포기하는 것으로 국론이 정해지려는 찰나에 이에 전면 반대하고 나선 인물이 중군사(中軍使) 서희였다.

"식량이 넉넉하면 성을 지킬 수 있고 싸움에서 승리할 수도 있습니다. 전쟁의 승패는 병력이 강하고 약한 데만 달린 것이 아닙니다. 적의 약점을 잘 알고 행동하면 승리할 수 있습니다. 그런데 어찌 갑자기 쌀을 버리려고 합니까? 하물며 식량이란 백성의 생명을 유지하는 물건인데 비록 적에게 이용될지언정 어찌 헛되이 강물에 버릴 수 있겠습니까? 이는 하늘의 뜻에도 맞지 않습니다."

서희는 이처럼 세상의 이치로 할지론의 불가피성을 역설했지만, 그가 오직 하늘의 뜻만으로 자신의 주장을 편 것은 아니었다. 그는 요가 침입한 이유를 냉철하게 분석했다. 그 결과 서희는 요가 침입한 목적이 영토가 아니라 고려와의 화의에 있다는 결론을 내리게 되었다.

"거란이 고구려의 옛 땅을 찾겠다고 주장하며 기세를 펴고 있으나 실상은 우리를 두려워하고 있습니다. 그들의 목적은 거란의 동경(東京)에서부터 우리나라 안북부(安北府)까지 수백 리에 이르는 생여진(生女眞)이 차지하고 있던 땅을 우리 광종께서 다시 찾고 가주(嘉州), 송성(松城) 등의 성을 쌓았는데 이것을 취하려는 데 불과합니다. 그런데 지금 저들의 병력이 많은 것만 보고 서경 이북을 떼어준다면 삼각산(三角山) 이북은 모두 고구려의 옛 영토인데 저들이 한없는 욕심으로 강요한다고 해서 다 줄 수 있겠습니까?"

전 민관(民官) 이지백(李知白)도 서희에게 동조하자 성종은 그들의 주장을 옳게 여기게 되어 땅을 나누어주려던 생각이 달라졌다.

한편 소손녕은 이몽선이 돌아간 후 즉각 회답이 없자 청천강 이남의 안융진(安戎鎭)을 공격하다가 중랑장(中郎長) 대도수(大道秀)와 낭장(郎將) 유방(庾方)에게 패해 기세가 꺾이고 말았다. 남진이 막힌 소손녕은 고려에게 항복만 독촉했다. 고려에서는 합문사인(閤門舍人) 장영(張瑩)을 화통사(和通使)로 거란에 보냈으나 소손녕은 장영과 회담하기를 거부하면서 다른 대신을 보내라고 요구했다.

장영이 돌아온 후 성종이 중신들에게 물었다.

"누가 거란 영문(營門)으로 가서 말[口舌]로써 적병을 물리치는 만대의 공을 세울 자가 있는가?"

이 물음에 아무도 응답하고 나서지 않는데 오직 서희가 일어나서 말했다.

"신이 비록 불민(不敏)하나 감히 왕명을 받들지 않겠습니까?"

성종은 강가까지 나아가 서희의 손을 잡고 위로하며 전송했다. 서희가 국서(國書)를 가지고 소손녕의 영문에 가자마자 둘 사이에 기(氣) 싸움이 시작되었다.

소손녕은 "나는 대국의 귀인이니 그대는 뜰에서 내게 절해야 한다"는 엉뚱한 주장을 폈다.

그러나 서희의 대답은 침착하고도 당당했다.

"뜰에서 절하는 것은 신하가 임금에게 하는 예절이다. 두 나라의 동등한 대신이 서로 만나는 자리에서 어찌 그럴 수 있겠는가?"

소손녕이 고집을 꺾지 않고 뜰에서 절할 것을 주장하자, 서희는 크게 화내며 숙소로 돌아와 꼼짝도 하지 않았다. 그러자 한풀 꺾인 소손녕이 서로 대등하게 만나는 예식을 수락하였다. 일차 기싸움에서 서희가 승리한 것이다. 소손녕과 서희가 마주서서 읍한 후 당상으로 올라와 각각 동쪽과 서쪽에 마주 앉아 강화회담을 시작했다.

소손녕이 먼저 입을 열었다.

"그대의 나라는 옛 신라 땅에서 건국하였고 고구려의 옛 땅은 우리 것인데 어째서 당신들이 침범하였는가?"

소손녕의 주장은 고려는 신라의 경순왕을 이은 신라의 후예라는 것이었다. 자신들이 옛 고구려 땅을 차지한 발해를 멸망시켰으니 옛 고구려 땅은 요(遼)의 것이라는 주장이었다. 고려가 신라의 후예로 인정될 경우 대동강 이북의 땅에 대한 소유권은 주장할 수 없는 것이었다. 서희가 대답했다.

"그렇지 않다. 우리나라는 바로 고구려의 후예이다. 그러므로 나라 이름을 고려라 하고 평양을 국도(國都)로 정했다. 국경으로 말하면 귀국의 동경이 우리 영토 안에 들어와야 하는데 어찌 침범했다고 말할 수 있겠는가?"

소손녕은 이제 속마음을 털어놓았다.

"고려는 우리 요나라와 인접해 있으면서 왜 바다를 건너 송나라를 섬기고 있는가? 이런 까닭에 정벌하게 된 것이니 만일 땅을 떼어 바치고 국교를 회복한다면 무사하리라."

서희는 요의 침범 목적이 고려의 영토 획득이 아니라, 국교 수립에 있다는 자신의 판단이 맞았음을 깨달았다. 요는 고려와 전면전을 벌일 형편이 아니었던 것이다. 고려와 전면전을 벌이는 와중에 송(宋)이 배후를 공격하면 두 개의 전쟁을 치러야 하는데, 그럴 정도의 군사력은 없었다. 서희는 소손녕의 이런 약점을 간파했다.

"압록강 안팎은 우리 경내인데 여진족이 그 중간을 강점하고 있으면서 간악하게 교통을 차단했으므로 귀국에 가기가 바다 건너 송(宋)에 가기보다 곤란한 형편이니 귀국과 국교가 통하지 못함은 우리 탓이 아니라 여진족 탓인 것이다. 만일 여진족을 내쫓고 우리의 옛 땅을 회복하여 거기에 성과 보(堡)를 쌓고 길을 통하게 한다면 어찌 국교가 통하지 않겠는가."

서희의 이 말은 대책 없는 싸움터에 투입된 소손녕에게 명분 있는 철군을 단행할 수 있는 의미 있는 메시지였다. 서희는 덧붙였다.

"장군이 만약 나의 의견을 귀국 임금에게 전달하기만 한다면 어찌 가납하지 않으시겠는가?"

소손녕이 회의 내용을 자국의 임금에게 고하자 요나라 성종은 고려가 이미 화의를 요청했으니 철군하라고 회답했다. 나아가 고려가 압록강 동쪽 280여 리의 영토를 개척하는 데에도 동의한다는 글을 보내왔다. 서희는 융숭한 대접을 받은 후 소손녕에게 낙타 10두, 말 100필, 양 1,000마리와 비단 500필의 선물까지 받아 돌아왔다.

다음해인 고려 성종 13년에 서희는 직접 군사를 이끌고 여진족을 몰아내면서 홍화진(興化鎭 : 의주), 용주(龍主 : 용천), 통주(通州 : 선천), 철주(鐵州 : 철산), 귀주(龜州 : 귀성), 곽주(郭州 : 곽산) 등의 강동육주에 성을 쌓아 이 지역을 고려의 영토로 편입시켰다. 신라의 삼국통일 이후 급격히 축소되었던 민족의 강역을 넓힌 것이다.

경기도 여주군 금사면에 있는 서희 장군의 묘. 그는 국제정세에 대한 정확한 판단력과 국가를 위해 자신을 버리는 애국심으로 외침이란 위기를 영토확장의 기회로 전환시켰다.

위기를 기회로

요(遼)의 일차 침입은 고려에게 분명 위기였으나 서희는 냉철한 판단력과 담력으로 이 위기를 영토 확장이란 기회로 전환시켰다. 서희는 요의 침범 구실인 '고구려의 옛 땅 침범' 운운은 하나의 명분에 지나지 않으며, 본래의 목적은 고려와 송의 관계를 끊게 하고 요와 국교관계를 수립하는 데 있다는 점을 간파하고 있었던 것이다. 서희는 이러한 요의 속셈과 당시의 국제정세를 적절히 이용하여 고려와 요 사이의 국교가 단절된 것을 여진족의 탓으로 돌림으로써 영토를 확장할 수 있었던 것이다.

소손녕의 침입으로 봉산군을 빼앗겼을 때 고려 중신들이 주장한 것처럼 항복하거나 성종의 판단대로 서경 이북의 영토를 내주었으면 요나라는 이 망외(望外)의 소득에 벌린 입을 닫지 못했을 것이지만, 국제정세를 파악하고 냉철하게 대응을 한 한 대신의 판단과 용기가

우리 역사의 수수께끼

막대한 국익을 지켜냈던 것이다.

　서희의 이런 업적은 현재 대한민국의 외교능력 수준에 큰 시사점을 주는 거울이라 하지 않을 수 없다. 이른바 고시(考試)란 봉건적 제도를 두어 우수한 인재들을 고시낭인으로 만들면서도 막상 국운이 걸린 IMF 협상 하나를 수행할 관료 한 명이 없어서 외국인 변호사를 고용하고 훈장까지 주어 세계의 망신을 샀던 우리에게 적군의 심장부에 당당히 들어가 담판한 서희의 판단력과 용기, 그리고 애국심은 아무리 되새겨도 지나치지 않다.

고려 금속활자와 구텐베르크 금속활자

세계 최초의 의미

한국인들은 식민지시대의 민족적 상처가 있어서인지 유독 '세계 최고', '세계 최대'라는 수식어에 자부심을 갖는데, 어린 시절 이런 자부심을 채워 준 소재 중의 하나가 바로 고려의 금속활자가 '세계 최초'라는 것이었다. 그것이 그렇게 위대한 것인지는 별로 중요하지 않았다. 다만 '세계 최초'라는 최상급 수식어가 중요한 것이었다.

과연 고려가 세계 최초로 금속활자를 사용했는지, 그리고 그것이 그토록 중요한 사건인지 알아보자.

고려에서 금속활자를 사용했다는 기록은 고려 고종 21년이고 서기로는 1234년이다. 인종 때 재상(宰相) 최윤의(崔允儀) 등이 지은 50권의 〈상정고금예문(祥定古今禮文)〉을 주자(鑄字 : 금속활자)로써 인쇄했다는 기록이다. 이는 독일인 구텐베르크가 금속활자를 발명한 1450년보다 무려 216년이나 앞선 때이다.

그러나 속 좁은 서양인들은 고려라는 아시아의 작은 국가가 금속활자를 세계에서 가장 먼저 발명했다는 사실을 쉽사리 인정하려 하지 않았다. 그 표면적인 이유는 '물증'이 없다는 것이었다. 즉 금속활자를 사용했다는 기록만 있지 금속활자 자체나, 그 금속활자를 이용해 찍은 인쇄물이 없지 않느냐는 것이 서양인들이 고려인의 금속활자 발명을 부정하는 주장의 근거였다.

고종 때 〈상정고금예문〉을 찍었다는 기록은 이규보(1168~1241)가 지은 《동국이상국집(東國李相國集)》 후집(後集) 권11에 실려 있는데, 이는 이규보가 당시의 실권자인 진양공(晋陽公) 최우(崔瑀)를 대신해서 쓴 〈신인상정고금예문(新印祥定古今禮文跋文)〉에 나오는 말이다.

이에 따르면 최우의 아버지 최충헌이 기존의 《상정고금예문》에 수정을 가해 2부를 만들어서 1부는 예관(禮官)에게 보내고, 다른 1부는 자기 집에 보관했다는 것이다.

고종 19년(1231) 몽고의 침입을 당해 강화도로 서울을 옮길 때 최충헌의 집에 보관했던 것은 가져왔으나 예관이 보관했던 것을 가져오지 않은 것을 발견한 최우는 한 부 남은 《상정고금예문》마저 잃어버릴까 염려하여 "주자(鑄字)를 써서 28부를 만들어 여러 기관에 나누어 간직하게 하였다"는 것이다.

고려가 이 무렵에 금속활자를 사용했다는 기록은 이것뿐만이 아니다. 현재 목판본으로 된 《남명천화상송증도가(南明泉和尙頌證道歌)》라는 책이 남아 있는데, 그 권말(卷末)에 진양공 최우가 오래 전하기 위해 고종 26년(1239)에 주자로 책을 만들었다고 기록하고 있다. 결국 고종 21년, 아니면 늦어도 고종 26년에는 금속활자로 책을 인쇄했다는 이야기이다.

그러나 고종 26년은 물론, 21년도 가장 늦게 잡은 해일 뿐이다. 왜냐하면 이때는 고려가 몽고의 침입을 당해 서울을 강화도로 옮긴 극도의 혼란기였다. 이런 절체절명의 국난기에 금속활자를 발명했다고 볼 수는 없으므로 고려가 강화도로 천도하는 고종 19년(1232) 이전에 이미 금속활자가 존재했다고 보아야 하는 것이다.

김원룡(金元龍), 손보기(孫寶基), 윤병태(尹炳泰) 같은 학자들은 저서와 논문을 통해 이 시기에 금속활자가 존재했음을 주장했는데 윤병태는 그 기원을 13세기 중엽인 고종 21년보다 훨씬 이른 11세기 말이라고 주장하기도 했다.

그러나 한국 학자들의 이런 주장들에도 불구하고《상정고금예문》의 실물이 전해 오지 않는 것을 빌미로 서양인들은 한국 학자들의 주장을 내심 무시해 왔었고 우리도 실물이 없으므로 아쉬움을 갖고 있었다.

그러다가 1972년 의외의 곳에서 고려가 세계 최초의 금속활자 발명국이라는 증거를 찾게 되었다. 프랑스 파리에 있는 국립도서관에서 우왕(禑王) 3년(1377)에 간행한《직지심경(直指心經)》이 발견된 것이다. 원명이《백운화상초록불조직지심체요절(白雲和尙抄錄佛祖直指心體要節)》이라는 긴 이름의 이 책은 서양인들에게 고려가 최초의 금속활자 발명국이라는 사실을 인정하지 않을 수 없게 했다. 고종 21년보다는 143년이나 뒤이긴 하지만, 구텐베르크의 금속활자보다는 73년이나 빠른 것이었다. 이것이 국내가 아닌 프랑스 파리에서 발견된 것은 아마도 대원군 시절 프랑스 함대가 침입한 병인양요(고종 3년 : 1866) 때 약탈해 간 3,000여 권의 장물(臟物) 가운데 한 권일 것이다.

그러나 그후 국내에서도 충렬왕 23년(1297)에 간행한《청량답순종심요법문(清凉荅順宗心要法門)》이 발견되어 서양보다 최소한 153년은 빠르게 금속활자를 사용했다는 증거물을 갖게 되어 논란에 종지부를 찍었다. 아마 고려 고종 때 간행했다는《상정고금예문》이 발견되면 국보로 지정될 것이 확실하지만, 아쉽게도 이 책이 아직 발견되지 않는 것은 잇단 외침에 잠잠할 날이 없었던 우리 역사의 수난사와 관련이 있을 것이다.

　일본이 '기록 국가'라는 명예스런 호칭을 듣는 데에는 일본 국민들의 기록 습관이 가장 주요했겠지만, 섬나라라는 지리적 요건 때문에 외침을 당하지 않은 역사적 배경이 더 큰 작용을 한 것으로 보아야 할 것이다. 이런 일본도 발명하지 못한 금속활자를 고려에서 먼저 만들었다는 사실은 우리 민족 문화의 우수성을 세계에 보여 주는 자랑스러운 일례이다.

고려의 금속활자와 구텐베르크의 금속활자의 차이

　그러나 여기에서 한발 더 나아가 고려의 금속활자 발명이 과연 세계사적 사건인가를 질문해 보면, 그리 쉽게 '그렇다'라고 말하기 곤란한 점이 발견된다. 세계사'적' 사건이라고 부르려면 그 사건이 세계사적인 의미를 가져야 한다. 즉 그 사건이 고려뿐만 아니라 여타 다른 문화권에 지대한 영향을 끼쳐야 세계사적인 사건이라고 부를 수 있는 것이다.

　서양사에서 구텐베르크 금속활자의 사용이 중요한 것은 그것이 중세 봉건사회를 해체시키고 근대사회를 형성하는 데 지대한 영향을 끼쳤기 때문이다.

　구텐베르크의 금속활자를 세계사적인 사건으로 만드는 데 결정적 기여를 한 인물은 바로 종교개혁가 마르틴 루터(Martin Luther : 1483~1546)이다. 그는 당시 유럽인들의 사상을 지배하고 있던 교황에 맞서 교회의 개혁을 주장했다. 당시 로마 교황은 예수의 수제자 베드로의 계승자라는 우월적 지위를 이용해 교황청 경비의 많은 부분을 면죄부 발행으로 채워 왔다. 면죄부는 돈을 지불하면 죄로 인해 현세에서 받아야 할 징벌의 일부를 면제하는 기능을 하는 것이 었는데, 그 구체적인 내용은 고백성사 때 신부가 부과하는 고행을 면제받는 것이었다.

1476년에 교황 식스투스 4세는 연옥의 영혼들에게도 면죄부를 팔 게 했는데, 부모 등 조상들의 죄를 사해줄 수 있다는 이런 면죄부는 인간의 권한을 넘어서는 일이었음이 분명하지만 아무도 여기에 공개적으로 이의를 제기하지는 못했다. 로마 교황청은 급기야 더 많은 특권을 부여하는 희년(禧年) 면죄부를 판매했는데, 그 표면적인 목적은 성베드로 대성당의 중수 자금 마련에 있었지만, 현실적으로는 판매 대금의 절반이 마인츠의 대주교인 젊은 알베르트에게 흘러갔다. 그는 막대한 자금을 뿌려 젊은 나이에 고위 성직으로 진급했는데 이 과정에서 많은 빚을 지게 되었으니 면죄부 판매 대금의 절반은 그의 손에 들어갔다. 연옥에서 신음하는 인간의 영혼은 승진에 눈이 어두운 한 젊은 성직자의 빚을 갚아주는 대가로 천국에 갈 수 있었던 것이다.

이런 불합리한 상황에 대해 도전하고 나선 인물이 마르틴 루터였다. 그는 1517년 '오직 신앙〔sola fide〕'과 '오직 성서'를 주된 내용으로 하는 유명한 〈95개조 명제〉를 작성해 비텐베르크의 만인성자 교회의 정문에 붙였다.

이 글에서 그는 교황의 면죄부 판매에 대한 특권을 부인하지는 않았다. 그러나 고난의 길을 통하지 않고도 하늘에 들어갈 수 있다는 생각들은 거짓 평화이자 거짓 평안이라고 공격했는데, 이것은 값싼 면죄부를 통해서는 하늘나라에 갈 수 없다는 주장이었다.

만약 구텐베르크가 발명한 금속활자가 없었다면 〈95개조 명제〉는 순진한 한 신부가 일으킨 작은 소동으로 끝났을지도 모른다. 그러나 구텐베르크의 금속활자는 〈95개조 명제〉의 사본을 신속하게 대량으로 인쇄해 먼 지역까지 유포시키는 것을 가능하게 했다. 문제의 이 문서는 금속활자 덕분에 국지적 논쟁에서 벗어나 광범위한 지역에서 공개적인 쟁점이 될 수 있었던 것이다.

성직을 박탈당한 루터는 1522년에 바르트부르크에서 그리스어로 된 《신약성서》를 독일어로 번역해 냈는데 이 책 역시 금속활자의 도움으로 널리 유포할 수 있었다. 당시 성서는 신부를 비롯해 일부 사람들만 읽을 수 있는 라틴어와 히브리어로 되어 있어서 대다수의 신자들은 실제 성경에 어떤 내용이 실려 있는지를 알 수 없었고 오직 신부의 입을 통해서만 성서의 내용을 접할 수 있었다. 신부들은 이를 이용해 많은 일반 농민들의 영혼을 자의대로 지배할 수 있었던 것이다.

루터의 독일어 성서는 신부들의 이런 사상 독점에 종지부를 찍고 일반 농민들의 영혼을 신부의 해석에서부터 해방시켜 성서를 직접 접할 수 있게 해 주었던 것이다. 루터는 1534년에는 히브리어로 된 《구약성서》를 독일어로 번역하는데 이 두 권의 독일어 성서는 종교는 물론 독일 민족의 언어와 생활에 지속적으로 깊은 영향을 미쳤고, 나아가 당시 유럽인들의 갇힌 사상을 해방시키는 데 지대한 공로를 한 기념비적인 역작이 되었다. 그리고 그 배경에는 구텐베르크의 금속활자가 있었다.

그러나 고려의 금속활자로 인쇄되었다는 《상정고금예문》이나 《직지심경》, 《청량답순종심요법문》은 당시 고려의 정치 상황을 개선시키는 데 도움이 된 서적들은 아니었고, 일반 민중들이 볼 수 있는 책도 아니었다.

《상정고금예문》은 고려 인종 때 최윤의 등 17명이 왕명으로 고금의 예의를 수집, 고증하여 50권으로 엮은 전례서(典禮書)이다. 현존하지는 않지만 해설이 남아 있는 《해동문헌총록(海東文獻總錄)》

에 의하면, 이 책은 역대 조종(祖宗)의 헌장(憲章)과 고금예의, 그리고 당나라의 예의를 참작해서 만든 예의에 관한 책이었다. 즉 철저하게 집권자의 의도에 맞추어 기획·간행된 왕실용 책이었던 것이다.

《직지심경》은 고려의 조계대선사 백운(白雲) 경한(景閑)이 엮은 책으로 대교과(大敎科)를 마친 학승들이 다음 단계인 수의과(隨意科)에서 배우는《염송(念誦)》과《전등록(傳燈錄)》등에서 발췌해 두 권으로 엮은 책이다. 파리의 국립박물관에서 발견된《직지심경》은 이중 권하(券下) 1책으로서 역시 일반 민중들의 삶과 연관이 있는 것은 아니었고, 대중들에게 필요한 내용도 아니었다.

프랑스 파리 국립도서관에 소장된 《직지심경》, 선광 7년(1377)에 청주목 외 흥덕사에서 금속활자로 인쇄해 반포했다는 내용이 좌측에 선명하다.

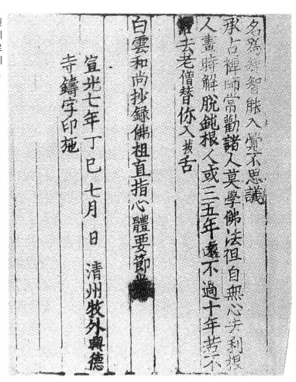

이중 핵심적인《직지심체(直指心體)》는 참선에 의해 도를 깨우치는 것을 근본으로 하는 선종(禪宗)의 근본 상징인 '직지인심(直指人心) 견성성불(見性成佛)'이라는 어귀에서 따온 것으로 우리나라 선종사에 있어서는 기념비적인 저작이지만, 역시 중세 민중들의 삶이나 고려의 정치상황을 개선하는 데 긍정적 영향을 끼친 저작물은 아니다.

물론 이런 이유들로 고려의 금속활자 발명의 의미를 축소할 수는 없지만, 고려의 금속활자와 구텐베르크의 금속활자는 그 시대적 상황과 사용하는 사람들의 활용에 따라 그 의미가 전혀 달라진다는 역사적 교훈을 주고 있다.

구텐베르크의 금속활자와 한글

구텐베르크의 금속활자와 비슷한 예를 우리역사에서는 한글에서 찾을 수 있을 것이다. 한글은 세종 25년(1443)에 탁월한 언어학자였던 세종이 여러 집현전 학자들과 고심 끝에 만든 민족사적 역작이지만 최만리의 한글 창제 반대상소에서 볼 수 있듯이 창제 당시에는 그다지 큰 의미를 갖지 못했다.

창제 당시는 물론 수백 년이 흐른 조선 후기에 들어서도 공식문서에는 모두 한자를 사용했고 한글은 안방의 부녀자들 사이에서나 사용되는 언문(諺文 : 상말)으로 천대받는 신세에 지나지 않았다. 숙종 때 한글로 된 상소가 올라오자 숙종이 읽기 어려워 다시 한문으로 번역한 다음에 읽었다는 일화가 있을 정도로 한글은 조선 후기에도 거의 잊혀진 문자였다.

상대적으로 한문이 짧았던 아전(衙前)이나 중인(中人)들도 국한문(國漢文)을 함께 섞어 쓴 것이 아니라, 이두(吏讀)를 사용해 적었다. 일례로 조선 후기 숙종 때의 국옥(鞫獄) 자료 중의 '직위소여중(直爲所如中)'을 해석해 보자. 한자 자체로는 도저히 해석이 안 될 것이다.

이를 당시의 국어로 옮기면 '곳흔바다해'라는 뜻인데 현대말로 옮기면 '곧한 바에 대하여', 또는 '바른 대로 하면'이란 뜻이다. 곧을 직(直)자의 훈을 따 '곧'을 쓴 것이고 할위(爲)자의 훈을 따 '한', 바소(所)의 훈을 따 '바'를 쓰는 식이다. 여(如)자는 조선시대에 '다우니·다운' 등으로 쓰였는데 여기에서 첫 음절 '다'만을 취한 것이며 중(中)자는 우리 옛말의 '해'의 뜻으로 곳이나 자리를 이르는 말로 사용되었는데 이두에서는 '해'로 나는 소리는 대개 중(中)으로 적었던 것이다.

일례로 '洪吉童(홍길동)이 말한 바에 따르면'이라고 국한문을 혼용하면 간단한 문제를 '홍길동직위소여중(洪吉童直爲所如中)'이라고 헷갈리게 쓴 것이다. 여기에는 양반들이 잘 모르는 이두를 사용하여 자신들의 직업적 기득권을 유지하려는 조선시대 중인(中人)들의 간교한 지혜가 담겨져 있기는 하지만 탄식하지 않을 수 없는 노릇이다.

이처럼 천대 받던 한글이 본격적으로 겨레의 글이 된 때는 양반사대부 지배체제가 무너져 가고 우리 것에 대한 민중의 자각이 본격적으로 싹튼 조선말~대한제국기이다. 대한제국이 성립되기 1년 전인 1896년 창간한 〈독립신문〉이 순 한글을 사용한 것은 당시로서는 혁명적인 것이었다. 세종이 창제한 지 무려 400년이 넘어서야 한글은 명실상부한 우리의 겨레글이 되었고 우리 문화와 민주주의의 발전에 물과 공기 같은 역할을 하게 된 것이다.

사족을 덧붙이면 '직위소여중(直爲所如中)'이 극단적 사대주의의 전형이라면 우리 민족이 수천 년 동안 사용해 온 한자를 전면 폐지하자는 극단적인 한글전용론은 반대로 수구주의의 한 전형일 수밖에 없다. 우리 민족에게 한자는 수천 년 동안 표기수단의 역할을 해온 그 자체로 하나의 역사이다. 그 안에는 주옥같은 글들도 셀 수 없이 많은데 그것은 모두 우리 민족문화에 속하는 것이지 한자로 되어 있다고 중국문화인 것은 아니다. 일부 부작용이 있다고 모두를 부정하는, 그야말로 빈대 잡기 위해 초가삼간을 태우는 우를 범해서는 안 된다.

그리고 현실적으로 현재 우리 언어생활의 문제는 한글에 무차별적으로 침투하고 있는 영어이지 한자가 아니다. 지식인들일수록 영어를 섞어 쓰는 것이 자신의 유식함을 과시하는 것으로 착각하는 미국문화 식민지가 이 나라의 현실이다. 문제를 직시하자.

일본정벌을 위한 조선소를 파괴한 삼별초

삼별초의 다양한 의미

우리 역사에서 삼별초(三別抄)만큼 다양한 의미를 가진 조직을 찾기도 쉽지 않을 것이다. 세계 최강대국 원나라에 맞서 끝까지 대몽항쟁을 벌였던 자랑스런 이름으로 기억되기도 하고 때로는 무신정권인 최씨 정권의 사병으로 평가절하 되기도 한다.

삼별초는 좌별초(左別抄)·우별초(右別抄)·신의군(神義軍)을 합친 이름인데 그 출발은 고려 무신정권기의 집권자 최우(崔瑀)의 사병(私兵)이었다. 당시 나라 안에 도둑이 들끓자 최우는 건장한 사내들을 모아 매일 밤 순찰을 돌게 했는데 이를 야별초(夜別抄)라 불렀다. 그러나 도둑이 계속 늘자 야별초를 확대해 좌별초와 우별초로 나누었는데, 여기에 몽고에 잡혀갔다가 탈출한 사람들로 구성된 신의군을 합쳐 삼별초가 된 것이다.

삼별초는 최우의 사병이었지만 당시는 최씨 집권기였으므로 단순한 사병의 성격을 넘어 전투와 경찰, 그리고 형옥(刑獄)의 임무를 지니는 사법기관의 임무도 수행했다. 일종의 외인부대의 성격도 있었던 삼별초는 고려의 정규군대보다 훨씬 용감했기 때문에 고려의 권신들은 이들을 자기편으로 만들기 위해 무척 애를 썼다.《고려사》에 의하면 권신(權臣)들은 "(삼별초에) 사적인 은혜를 베풀며, 죄인의 재물을 빼앗아 그들에게 줄" 정도로 삼별초를 우대했던 것이다. 이처럼 때로는 권신들의 사병 노릇을 하기도 했던 삼별초는 몽고의 침입이 없었다면 무신정권의 종말과 함께 역사 속으로 사라졌을 것이다.

몽고의 침입과 삼별초

몽고가 고려에 처음 침입한 것은 고종 18년(1231)이었는데 칭기즈 칸(成吉思汗)의 뒤를 이어 제3자 오고타이(窩闊台)가 태종으로 즉위했을 때는 이미 세계의 대제국이 되어 있었다. 고종 18년 원 태종의 명을 받은 사르타이(撒禮塔)가 별군(別軍)을 이끌고 침입했으나 고려군의 강력한 저항에 부딪쳐 고전하다가 전국 각지에 72명의 다루가치를 설치하고 매년 공물을 납부하는 조건으로 강화에 합의하고 귀국하고 말았다.

그러나 몽고의 공물 요구량이 계속 늘어나자 분개한 최우는 고종 19년 여름에 개경에서 강화도로 수도를 옮겼는데 이는 몽고가 수전(水戰)에 약한 점을 이용해 끝까지 싸워 보겠다는 항전 의지의 표출이었다.

사르타이가 강화도에 사신을 보내 개경 환도를 요청했으나 최우가 거부하자 그는 그해 9월 다시 군사를 이끌고 침입했다. 그러나 몽고군은 처인성(處仁城 : 용인)을 공격하다가 사르타이가 승려 김윤후(金允侯)가 쏜 화살에 맞아 전사했기 때문에 철수할 수밖에 없었다.

고려에게 일격을 당한 몽고는 고종 22년(1233)부터 26년까지 장장 5년에 걸친 3차 침입을 단행했는데 이때 몽고군은 닥치는 대로 전국을 휩쓸었다. 경주의 황룡사(皇龍寺) 9층탑도 이때 불탔다. 고려 조정에서 장군 김보정(金寶鼎)을 몽고에 파견해 철군을 호소하자 몽고는 국왕의 친조(親朝 : 국왕이 직접 몽고에 가 조공하는 것)를 요구하면서 철군 요구에 응해 군사를 철수시켰다.

이후 고려와 몽고 사이에 임금의 친조와 개경환도를 둘러싸고 분쟁이 계속되는데 최우의 뒤를 이은 승려 출신 최항(崔沆)은 이 모든 것을 거부하며 항전의 의지를 불태우고 있었다. 이런 와중인 고종 41년(1254)에 쟈랄타이〔車羅大〕가 침략한 것을 비롯 전후 아홉 번에 걸쳐 몽고군은 고려 강토를 완전히 짓이겨 놓았다.

고종 44년(1257) 최항이 집권 8년만에 병사하고 최항이 여종에게서 난 최의(崔竩)가 교정별감이 되었는데, 그는 이듬해 3월 자신의 가노(家奴) 출신인 별장 김준(金俊)과 대사성 유경(柳璥) 등에 의해 제거되고 말았다. 이로써 4대 60여 년에 걸친 최씨 무신정권은 막을 내렸는데 이런 정변에서 전세를 결정 짓는 주요 변수는 누가 삼별초를 장악하는가에 있었다.

김준과 유경 등이 최의를 살해하는 와중에 쟈랄타이의 침략이 계속되자 드디어 고려는 개경 환도(還都)와 태자 입조를 결심하게 되었고, 고종 46년(1259) 4월에는 태자 전(倎)이 약속대로 원나라로 향하였다. 이로써 장장 29년에 걸친 고려와 원나라의 무력 충돌은 일단 종지부를 찍게 되었다.

태자가 원제(元帝)를 만나기 위해 고려를 떠난 두 달 뒤 고종이 갑자기 세상을 떠나고 말았다. 원에 갔던 태자가 다음해(1260) 3월 고려에 돌아와 강안전(康安殿)에서 즉위했으니 그가 바로 문제의 인물 원종(元宗 : 재위 1260~1274)이다. 중원에서 태자를 만난 쿠빌라이〔忽必烈 : 원 세조〕는, "고려는 만리 밖의 나라로서 당(唐) 태종

이래로 친히 정복했으나 굴복시키지 못했는데, 지금 그 세자가 스스로 내게 돌아왔으니 이는 하늘의 뜻이다"라며 고종의 부음을 듣고는 즉시 환국시켜 주었던 것이다.

원종 즉위년부터 약 10여 년 동안은 개경환도를 둘러싸고 고려의 내부 정세가 복잡하게 얽혀 있었다. 무신정권기의 국왕은 형식적인 존재에 불과했고 실권은 무인정권의 교정별감(敎定別監)에게 있었는데, 여기에 원(元)이라는 새로운 힘이 작용함으로써 권력구도의 변화가 불가피해진 것이다.

원나라에 기운 원종은 개경환도를 주장했는데 새로 교정별감이 된 김준은 이를 거부했다. 김준이 거부한 이유는 개경으로 환도하면 원나라가 무신정권의 존재를 묵인할 리가 없었기 때문이다. 이런 와중에 원나라가 원종 5년(1264) 국왕의 친조(親朝)를 요구했는데 이때 원종이 김준의 반대를 무릅쓰고 직접 원경(元京)으로 감으로써 양자 사이의 관계는 더욱 소원해졌다.

원이라는 후원군을 얻은 원종은 원나라의 힘을 이용해 무신정권을 무너뜨리고 친정하려 하는데 결국 재위 9년(1268) 12월 원종은 무장 임연(林衍)과 손을 잡고 군사를 일으켜 김준을 제거하고 만다. 임연은 평소 김준을 아버지라 부르며 따랐다는 데서 권력의 비정함을 느끼게 한다.

다음해 6월 임연은 원종을 마음대로 폐위시키고 왕의 동생 안경공(安慶公)을 옹립하였으나 태자의 요청에 의해 원이 적극 개입하여 실패하고 말았다. 이후 원종은 원으로 다시 가서 태자와 원 공주의 결혼을 제의하는 한편, 무신정권을 제거하고 개경으로 환도하기 위한 군사원조를 요청하였다. 원으로서는 국왕의 파병 요청을 거절할리 없어서 즉각 병력을 파병했는데 교정별감 임연은 이런 사태를 맞아 울분 끝에 등에 난 등창으로 사망했고 아들 임유무(林惟茂)가 뒤를 이었다.

원의 군사와 함께 귀국한 원종은 임유무를 비롯한 모든 백성들에게 개경으로 돌아올 것을 명령했다. 이때 원종은 말을 듣지 않는 자는 당사자뿐 아니라 처자식까지 모두 포로로 잡아내겠다는, 고려의 임금인지 원의 앞잡이인지 모를 명령을 내렸다.

임유무는 이런 출륙(出陸) 명령을 거부하다가 원종 11년(1270) 삼별초를 이끌고 온 그의 자부(姉夫) 홍문계(洪文系)와 송송례(宋松禮) 등에 의해 제거되고 말았다.

원의 사신 주자(周者) 등이 강화도에 와서 고려 백성들을 동원해 성곽을 파괴하자, "이럴 줄 알았으면 성을 쌓지나 말 것을"이라는 탄식이 무성했고, 성벽이 무너지자 아낙네와 아동까지 모두 슬피 울었다고 《고려사》는 기록하고 있다.

출륙을 거부하는 삼별초

임유무가 제거됨으로써 순조롭게 진행될 듯싶던 개경환도는 그러나 예상 밖의 복병을 만났다. 삼별초(三別抄)가 개경환도를 반대하면서 봉기했기 때문이다. 개경환도에 반대하는 삼별초의 명부를 강제로 압수하자 삼별초는 장군 배중손(裵仲孫)과 야별초 노영희(盧永禧)의 지도 아래 군사를 일으켜 저항한 것이다. 이들이 강화도에 사람들을 파견해, "몽고가 침입하여 백성을 살륙하니 나라를 도우려는 사람들은 다 모여라"라고 외치자 사람들이 순식간에 구름같이 몰려들었다 한다.

삼별초는 원종을 폐하고 왕족인 승화후(承化侯) 온(溫)을 새 임금으로 추대하면서 대장군 유존혁(劉存奕), 상서좌승 이신손(李信孫)을 좌우승선(左右承宣)으로 삼아 새 정부를 조직하였다. 새 정

진도의 용장산성. 승화후 온을
국왕으로 추대한 진도정부는
일본에 국서를 보내 연합전선을
펼 것을 제의하기도 했다.

용장산성 안에 있는 우물.

부의 진용을 갖춘 삼별초는 개경환도를 저지하기 위한 실력행사에
돌입해서 우선 개성으로 가려는 백관들의 출륙을 막고, 나라의 부고
(府庫 : 창고)를 열어 군자금을 마련했다.

삼별초는 원종이 몽고에 항복한 이상 더 이상 강화도를 기반으로
싸울 수는 없다고 생각했다. 원종이 수전(水戰)에 약한 몽고군을 강
화도에 실어 나를 경우 승산이 없다고 보았기 때문이다. 삼별초는
봉기 3일 뒤에는 거병에 동조하는 관리·군인과 그 자녀는 물론 인

고
려
왕
국
,
잊
혀
진
역
사
의
현
장
들

질로 잡은 귀족·고관과 그 노비까지 모두 배에 싣고 남쪽의 진도(珍島)로 향했는데 구포(仇浦)부터 항파강(缸破江)에 이르는 어간에 무려 1,000여 척이나 되는 배가 서로 꼬리를 물었을 정도였다. 진도에 도착한 삼별초가 석축(石築)으로 쌓은 용장성(龍藏城)은 그 둘레가 3만 8,740여 자〔尺〕였다.

대몽항전을 주장한 삼별초의 호소에 30여 년 간 몽고의 침략에 시달렸던 영·호남 백성들의 호응이 잇따랐다. 삼별초의 위세에 놀란 지방 수령들은 앞다투어 삼별초에 합류하기도 했으며, 스스로 진도에 찾아가 새로운 왕을 알현하기도 하였다.

1270년 9월 조정에서는 추밀부사 김방경(金方慶)을 전라도 추토사로 임명하여 삼별초를 토벌하게 하였는데 이때 원의 원수 아해(阿海)도 동행하여 삼별초를 반드시 토벌하겠다는 원의 의지를 보여 주었다. 여원연합군(麗元聯合軍)의 집중적인 토벌로 삼별초는 타격을 입기도 했으나, 그 기세는 꺾이지 않아 전라도 지방의 도서와 해안은 물론 경상도의 남해·거제·합포(合浦 : 마산)·동래·김주(金州 : 김해) 등지가 삼별초의 영향권에 들어가게 되었다.

11월에는 탐라(耽羅 : 제주도)까지 정복하여 삼별초의 진도정부는 남해안을 지배하는 실질적인 해상왕국이 되었다. 삼별초는 전라도 안찰사(按察使)에게 '고려 황제'의 명령서를 내려 징세를 독려하고 백성들을 섬으로 옮겨 살게 할 정도로 위세를 떨쳤다.

그러나 진도 정부는 세계 제국인 원은 물론 고려로부터도 고립되어 있었다. 비록 배후에 제주도가 있다지만 이 역시 세계제국 원과 싸워 국체를 보존할 만한 장소는 못 되었다. 이렇게 고립된 진도 정부가 연합할 수 있는 유일한 나라는 일본이었다. 고려를 손아귀에 넣은 원나라는 일본 정벌을 계획하고 있었으므로 일본으로서도 대몽항쟁에 나선 진도정부와 손을 잡을 수밖에 없었던 것이다.

삼별초가 일본에 보낸 국서

1970년대 일본의 동경대학(東京大學) 사료편찬소에서 발견된 삼별초의 〈대일본교섭문서〉는 삼별초가 대몽 연합전선 결성을 위해 일본에 국서를 보냈음을 보여 준다. 이우성 교수가 국내에 소개한 이 국서는 삼별초가 개경환도를 거부하면서 봉기한 다음해인 1271년에 가마쿠라〔鎌倉〕 막부를 거쳐 경도(京都)의 일본 조정에 전달된 것이다. 모두 12개조로 된 이 국서를 받을 당시만 해도 일본은 고려의 정확한 정세에 대해서 알지 못했기 때문에 3년 전인 1268년 고려 사신 반부(潘阜)가 가져온 국서와는 다른 내용에 크게 당황했다.

이전의 국서에는 몽고의 덕을 찬양하는 구절이 있었는데 이번의 국서는 오히려 '가죽이나 털옷을 입는 북방 미개족'이라며 비판했으며, 이전에는 원의 연호를 썼으나 이번에는 쓰지 않았기 때문이다.

진도정부는 이 국서에서 강화도에 자리잡은 지 근 40년에 몽고의 압력에 굴하기 싫고, 머리칼을 풀어 내리고 옷깃을 왼쪽으로 하는 몽고의 야만적 습속에 동화되기 싫어 다시 진도로 천도했다고 밝혔다. 이는 진도정부가 우월한 고려의 문명과 문화를 야만적인 몽고문화로부터 지킨다는 문화자존의 의식이 있었음을 보여 주는 것이다. 국서는 또 일본의 표류민들을 진도 정부가 일본으로 보호 환송시켰음을 보여 주는데 이는 진도정부의 일본에 대한 우호적인 감정의 표현이었다.

삼별초는 이 국서에서 고려가 삼한(三韓)을 통합한 대국임을 밝혔는데 이는 원에 항복한 원종의 고려조정이 아닌 진도정부가 고려의 후계자라는 자부심의 표현이었다.

당시 일본 정벌에 지대한 관심을 갖고 있던 원나라는 이를 위해 먼저 남해안을 장악하고 있는 삼별초 문제를 해결하기 위해 군사를 동원했다. 원은 1271년 5월 홍다구(洪茶丘)를 지휘관으로 임명해 김방경 등과 함께 진도에 집중적인 공세를 가했는데 이 공격으로 진도 정부의 국왕인 승화후 온과 배중손은 전사했으며, 남녀 1만여 명이 포로가 되었다.

주요 지휘관들이 모두 사망했음에도 삼별초는 좌절하지 않고 다시 김통정(金通精)을 수령으로 삼아 제주도로 퇴각해 계속 저항했다. 1272년 11월에는 삼별초가 멀리 안남도호부(安南都護府 : 경기 부천)를 공격해 부사와 그 처를 납치하기도 했으며, 합포를 공격하여 정박 중인 전함 20척을 불태우고 일본 정벌에 쓸 전함을 건조 중인 조선소를 불태우기도 하였다.

이처럼 대륙을 평정한 원나라가 일본 정벌에 선뜻 나서지 못한 이유는 바로 삼별초에 있었다. 원나라는 1272년 8월 고려에 사신을 보내 탐라의 삼별초를 진압할 것을 강력히 촉구했고, 이에 따라 다음해 2월 김방경과 홍다구 등이 지휘하는 1만여 명의 여원연합군이 탐라를 공격했다. 이 대공세에 밀려 김통정은 산중으로 피신했다가 죽었고 나머지 1,300여 명이 포로가 되고 말았다. 장장 3년간에 걸친 항쟁이 무위로 끝나는 순간이었다.

삼별초란 소수의 병력이 이처럼 3년간에 걸쳐 끈질기게 저항할 수 있었던 것은 삼별초 자체가 우수한 전투집단이라는 점 외에도 고려 민중들의 적극적인 지지가 있었기 때문일 것이다.

삼별초가 진압되자마자 원나라는 일본 원정을 서둘러 원종 15년 (1274) 6월에는 그 진용을 완비했는데 때마침 원종이 세상을 떠났기 때문에 늦추어졌다가 충렬왕 즉위년인 그해 10월 합포를 떠나 일본을 향하게 되었다. 원의 도원수 홀돈(忽敦)과 부원수 홍다구 지휘하의 원군(元軍 : 몽고족+漢族) 2만 5,000명과 고려도독사 김방경 휘하의 고려군 8,000여 명과 전함 900여 척이 동원된 대규모 여원연합군이었다. 이들은 곧바로 대마도와 이키〔壹岐〕두 섬을 정복하고 일본 본토에 상륙했다가 다시 승선했으나 이날 밤에 불어닥친 태풍으로 치명적인 타격을 입는 바람에 실패했다.

6년 후인 충렬왕 6년(1280)에 제2차 일본 원정에 나섰으나 이번에도 때마침 몰아닥친 태풍 때문에 실패하고 말았다. 일본에서는 이를 신풍(神風 : 가미카제)이라고 불러 오늘날까지도 일본 왕조가 하늘로부터 선택받았다는 증거의 하나로 삼는다.

그러나 신풍의 효험이란 미신적 사실을 떠나 역사상 한때 고려의 진도정부와 일본이 연합하였다는 사실은 오늘날의 한일관계를 돌이켜볼 때, 역사에서는 영원한 적도 영원한 동지도 없다는 사실을 보여 준다.

운주사 천불천탑의 비밀

구름도 머물다 가는 절

"우리나라는 전 국토가 박물관이다"고 유홍준은 《나의 문화유산 답사기》에서 말했다. 이 말은 우리 역사와 문화의 유구함과 다양함을 한 마디로 간추린 말이지만, 그중에서도 운주사만큼 다양한 모습을 지닌 박물관을 찾기는 쉽지 않을 것이다. 얼마나 볼거리가 많았기에 그 이름이 '구름도 머물다가는' '운주사(雲住寺)'였겠는가?

운주사는 국토의 남단 전라남도 화순군 도암면 대초리 천불산(千佛山) 기슭에 자리잡고 있는 사찰인데, 다른 사찰들과는 달리 보통 '운주사' 하면 법당이나 요사채보다는 천불천탑(千佛千塔)의 성지(聖地)라 일컬어지는 돌부처와 돌탑을 가리킨다는 특이성을 지닌다. 무려 1,000개의 불상과 1,000개의 탑이라 전해져 오는 수많은 돌부처와 돌탑은 도대체 누가, 왜 조성한 것일까?

운주사의 천불천탑은 예전부터 여러 기록에 전하고 있는데 조선 중종 23년(1528)에 간행한 《신증동국여지승람(新增東國輿地勝覽)》에도 "천불산은 능성현(陵城縣) 서쪽으로 25리 떨어져 있는데

전남 화순의 운주사 경내 초입에 있는 미륵상들. 지금 100여 기가 넘게 남아 있는
이 불상을 쌓은 세력은 그 동안 우리 역사에서 커다란 수수께끼의 하나였다.

그곳에 운주사가 있다. 절의 좌우 산기슭에는 석불과 석탑이 각각
1,000개나 있다"고 적어 석불과 석탑이 각각 1,000개씩이나 있었다
고 전해 주고 있다.

　보통 천불천탑이라 전해지고 있는 운주사의 불적(佛蹟)은 신라말
의 도선(道詵) 국사가 하룻밤 사이에 1,000개의 부처와 1,000개의
불탑을 만들어 세웠다는 설화에서 비롯된 것인데, 우리나라의 많은
유적지가 그러하듯 임진왜란 때 법당과 석불, 석탑이 크게 훼손되어
그 원형을 찾아보기는 어렵다.

　현재의 석탑과 석불 무리는 대웅전과 요사채〔승려들이 거처하는 방
이 있는 건물〕등 부속건물들 앞 남쪽으로 길게 골짜기를 이룬 가운데
의 평지와 좌우 산비탈에 배치되어 있다. 그 숫자는 1980년 전남대
박물관의 조사에 따르면 석탑이 18기(基), 석불이 70구(軀)였으나,
이후 1991년까지 같은 조사단이 네 차례에 걸쳐서 조사한 결과에 의

하면 석탑은 20여 기, 석불은 100여 구로 늘어났다.

비밀에 싸인 유적지

문제는 이 수많은 석불과 석탑의 배치 양식이 삼국시대의 가람배치 형식과는 물론, 선종이 수용되고 밀교가 성행하면서 다변화되어간 고려시대 이후의 일반적인 가람형태와도 다르다는 점이다. 그야말로 비밀에 싸인 유적인 셈인데 그래서 그런지 석불과 석탑의 모습 또한 각양각색이다.

이처럼 수많은 유적이 창건자 및 건립시기, 신앙성격 등 어느 것 하나 밝혀지지 않은 채로 비밀에 싸여 있는 연유로 그간 운주사는 일부 문학가나 외국인에 의해 끊임없는 상상의 대상이 되어 왔다.

그중에는 미륵의 하생에 의한 혁명신앙을 믿는 천민·노비들의 미륵공동체라는 생각에 세계역사상 유례가 없는 천민·노비들의 해방구 유적지라고 해석한 것까지 있었다. 실제로 1980년 광주민중항쟁 직후에는 수많은 사람들이 이곳 운주사에서 울분을 삭이기도 했던 데서 알 수 있듯이 운주사의 수많은 미륵불은 불평등한 현실에 불만을 가진 이들을 위로해 주기도 하였다.

이런 상상은 현장조사나 문헌고증을 통해서가 아니라, 미륵신앙에 대한 일반적인 이해와 운주사에 얽힌 설화에서 비롯된 것인데 운주사 설화는 보통 두 가지 유형이 전해져 내려오고 있다. 그 하나는 신라 말의 고승 도선(道詵)에 얽힌 것이다. 도선은 고승으로서보다는 명풍수가로서 더 많이 알려져 있는데 운주사에 얽힌 설화도 풍수에 관한 것이다. 1743년에 중간(重刊)된 《도선국사실기(道詵國師實記)》등 조선후기 문헌에 근거하여 이루어진 설화의 내용은 이렇다.

우리 역사의 수수께끼

도선이 중국 유학 후 돌아와서 나라의 기틀을 공고히 하고 민생을 안정시키려고 했는데 그가 우리나라의 지형을 보니 배와 같았는데 뱃머리에 해당하는 호남이 영남보다 산이 적으므로 배가 한쪽으로 기울 것을 염려하여, 운주사에 천불천답을 세워 한반도라는 배를 안정시켰다는 것이다.

이는 과학적 근거는 찾기 어려운 설화지만 현재의 극심한 지역감정을 치유하는 한 재료는 될 수 있을 것이다. 영·호남이 균형을 이루어야 나라가 발전한다는 균등발전 설화이기 때문이다.

다른 설화 내용도 도선과 관련되어 있다. 귀국 후 도선이 새 나라를 건설하려 하면서 운주사에 서울을 세우려고 했는데, 측근의 배신 때문에 실패하였다는 혁명실패 설화이다. 도선이 하룻밤 사이에 인근 바위를 다 몰고 와서 천불천탑을 세우면 혁명이 성공하는데, 상좌가 '날이 샜다'고 소리쳐 마지막 와불을 세우지 못하는 바람에 새 나라 건설이 실패로 돌아갔다는 설화이다.

이 설화는 운주사의 불상에 도선과 상좌를 대입시켜 그 사실성이 더하는데 도선이 와불 옆에 누운 입상이고 상좌는 와불 처소 입구에 있는 입상이라는 것이다. 그러나 이 설화는 그럴듯하지만 역사적 사실이라고 보기엔 무리가 있다. 도선이 새 나라의 서울 터로 잡은 것은 개경이고, 실제로 그는 자신이 왕이 되려 하기보다는 왕건을 도와 고려 건국에 기여한 인물이었다.

새 나라에 관한 이런 혁명 설화들은 신라말 고려초부터 전래된 것이라기보다는 조선 후기에 들어서 농민들이 만들어 낸 것이다. 조선 후기 농민들은 삼정(三政)의 문란으로 일컬어지는 지배층의 수탈과 잇단 자연재해에 의한 흉년, 그리고 말기에 이르면 외국의 침략 위협 등으로 불안한 생활을 겨우 이어가고 있었다. 그들은 누군가가 나타나 이런 비참한 상황을 타개하고 농민이 주인이 되는 새 나라를 건설해 주기를 간절히 바랐는데, 이들의 바람을 실현시켜 줄 메시아가 하생설화의 미륵이었다. 실로 미륵은 한국 불교에서 기독교의 예수 같은 메시아인 것이다.

조선 후기 농민들은 운주사의 와불 등을 미륵불로 여겨 신앙의 대상으로 삼았는데, 이런 신앙이 하나의 설화가 되어 입에서 입으로 전해진 것이다. 이런 신앙행위는 현실세계와 사후세계를 막론하고, 억압과 수탈이 없는 새로운 세상에 대한 열망을 반영한 것이다.

그러나 도선과 관련된 이런 설화들은 조선 후기 음택풍수설(陰宅風水說)이 유행하고 명풍수에 대한 추앙이 심해지는 것과 함께 농민생활이 피폐해지면서 양자가 결합해 민담화하는 과정에서 생겨난 것이고 실제 운주사의 석불, 석탑의 양식이나 가람터의 발굴 결과를 보면 도선이 활동했던 9세기의 유적이라고 보기에는 무리가 있다.

그보다는 고려 때의 승려 혜명(惠明)과 관련된 기록이 운주사의 조성과 관련해 더 신빙성이 있다. 《동국여지지(東國輿地志)》에 따르면, 고려 때에 승려 혜명(惠明)이 1,000여 명의 대중과 함께 천불천탑을 세웠다고 하는데, 이 기록이 창건자와 공사 참여집단의 성격에 따른 소박하고 거친 조각양식으로 보아, 각종 창건설화보다도 역사적 사실에 가까운 것으로 생각된다. 혜명(惠明)은 은진 관촉사의 은진미륵을 세운 혜명(慧明)과 동일인으로 추측하기도 하는데 거대한 은진미륵과 천불산의 수많은 불상, 석탑은 동일한 의미를 지닌 불사(佛事)라는 추측이 가능하다. 이런 점을 종합해 볼 때 운주사 불상, 석탑의 건립, 조성시기는 대체로 고려 중엽이라고 보는 것이 합리적일 것이다.

고려시대는 왕건의 훈요십조에 연등회, 팔관회 등의 불교행사가 유언에 남는 데서 알 수 있듯이 국가종교, 왕실불교로서 많은 불사가 이루어졌다. 삼국시대 왕실불교, 귀족불교로 시작했던 불교는 고려시대에 이르면 민간의 신앙으로 확고히 자리잡아 왕실이나 중앙귀족뿐만 아니라 지방호족과 일반 민중들도 석불이나 석탑 조성에 대거 참여하게 된다. 현재 고려 때의 석불, 석탑이 전국적으로 분포되어 있는 것은 여기에서 비롯된 것이다.

불국사, 석굴암 등에서 보여지는 통일신라시대의 웅장하고 권위적인 가람과 불상 등은 고려시대에 들어 각 지방민들의 특징을 반영한 다양한 양식을 보여 주고 있다. 운주사 천불천탑은 이런 시대적 변화의 반영인 것으로 보여지는데 운주사의 미륵불은 당시의 귀족불교에 대한 지방 호족과 민중들의 반발인지도 모른다.

운주사에 세워진 수많은 석불, 석탑은 그간 무시되어 왔으나 현재는 운주사 9층석탑(九層石塔)이 보물 제796호, 석조불감(石造佛龕)이 보물 제797호, 원형다층석탑(圓形多層石塔)이 보물 제798호로 지정 받고, 운주사지 일대는 사적(史蹟) 제312호에 각각 지정되어 우리 문화사의 한 장으로 당당한 대접을 받고 있는 것이 아직도 시원히 밝혀내지 못한 운주사의 비밀에 대한 대접이라면 대접일 것이다.

고려의 공녀는 어떻게 원나라의 황후가 되었을까

원의 황실을 장악한 고려 출신 내시와 황후의 일대기

원나라에 끌려가는 고려 여인들

13세기 세계사는 몽고의 역사라고 해도 지나친 말이 아닐 정도로 이 시기 몽고는 세계사의 주역이었다. 중국은 물론 전 유럽이 몽고 기병의 말발굽에 변변한 대항 한 번 못하고 무너지는 판에 고려는 고종 18년(1231)에 몽고의 침입을 받은 이래 장장 30여 년이란 기나긴 기간을 맞서 싸웠다.

고려의 항쟁은 세계 어느 곳에서도 유례를 찾아볼 수 없는 장렬한 것이었지만 이 기간 동안 고려가 입은 피해는 엄청났다. 한 예를 들면 고종 41년(1254)의 6차 침략 때 불과 한 해 동안에 무려 2만 6,800여 명의 남녀 고려인이 사로잡혀 간 것을 들 수 있다. 이때 대부분의 성인 남자들은 살해되고, 남자아이와 여자들만이 살아 남았으니 그 참혹한 피해 정도를 짐작할 수 있다. 결국 고려는 고종 46년(1259)에 일단 몽고와 강화 조약을 맺고 몽고군을 철수시켰으나 비극은 끝나지 않았다. 오히려 이때부터 고려 여인들의 비극이 본격적으로 시작되었다.

고려가 항복하자 원나라는 고려의 국체(國體)를 유지시켜 주는 대신 막대한 공물을 요구했는데, 그중에는 막대한 금은보화·인삼 외에 사람, 특히 여자가 많이 포함되어 있었다. 이들은 공물(貢物)의 일종으로 원나라에 바쳐진 존재이므로 '공녀(貢女)'라고 불리었다. 이들 공녀들 중에는 왕족이나 귀족의 딸도 포함되었으나 이들은 정치적 목적의 인질이었고, 대다수는 '동녀(童女)'라 불린 힘없는 백성들의 어린아이들이었다.

원종 15년(1274)에 원나라가 고려에 사신을 보내 140명을 요구한 것이 공녀의 시초인데 원의 요구에 시달린 고려는 어쩔 수 없이 '결혼도감'이라는 임시관아를 설치하고 공녀를 선발해 보냈다. 이들은 마지막까지 원에 저항하다 투항한 남송 출신 관리들의 처가 되었는데 이후에도 원나라에서 계속 공녀를 요구하자 고려에서는 '과부처녀추고별감'이라는 관아를 설치해 조직적으로 과부와 처녀를 뽑아 원나라에 보냈다.

고려 여인에 대한 원의 요구가 점점 거세지면서 충렬왕 13년(1287)에는 '양가(良家)의 처녀는 먼저 관아에 신고한 다음 혼인하라'는 왕의 명령이 내려질 정도로 고려는 공녀 요구에 몸살을 앓았다. 이런 요구 때문에 고려의 혼인 풍습은 결혼 적령기 이전의 어린 나이에 혼인시키는 조혼(早婚) 풍습을 낳았으며, 딸을 낳으면 그 사실을 숨겨 이웃이 찾아와도 보여 주지 않는 현상이 일반화되었다.

이런 현상 때문에 여자 부족이 일반적인 현상이 되자 박유(朴楡)는 축첩(蓄妾)을 주장하기도 하는데, 축첩을 허용하여 자식을 많이 낳아 여성 부족을 상쇄하자는 논리였다. 원의 공녀 요구가 고려인들에게 비극 중의 비극이었다는 사실은 고려말 대학자 이색(李穡)의 아버지 이곡(李穀)이 원 황제에게 올린 다음의 상소문에서 잘 나타나 있다.

"공녀로 뽑히면 부모와 친척들이 서로 한 곳에 모여 곡을 하는데, 밤낮으로 우는 소리가 끊이지 않습니다. 공녀로 나라 밖으로 떠나 보내는 날이 되면, 부모와 친척들이 옷자락을 부여잡아 끌다가 난간이나 길에 엎어집니다. 울부짖다가 비통하고 분하여 우물에 몸을 던져 죽는 사람도 있고, 스스로 목을 매어 죽는 사람도 있습니다. 근심 걱정으로 기절하는 사람도 있고 피눈물을 흘리고 실명하는 사람도 있습니다. 이런 사례는 이루 다 기록할 수가 없습니다."

공녀에서 황후로

그러나 세상사는 새옹지마(塞翁之馬)여서 음지가 있으면 양지도 있는 법이었다. 공녀로 끌려갔다가 원나라 권력자의 총애를 받아 출세하는 경우가 그러했다.

그 대표적인 인물이 바로 원나라의 마지막 황제 순제(順帝)의 황후가 된 기황후(奇皇后)이다. 원 간섭기 고려인들은 대개 원의 정치적 간섭을 어쩔 수 없는 현실로 받아들였으나, 고려가 독자적인 국체와 문화전통을 유지해야 한다고 생각했다.

그러나 한말의 친일파처럼 일부 세력은 고려가 원나라의 일부가 되어야 한다고 주장했다. 이들은 대개 원나라와 관계를 맺어 개인적 이익을 취했던 인물들인데, 이들은 '친원파(親元派)' 또는 '부원배(附元輩)'라고 부른다.

이미 몽고와 전쟁을 시작할 때부터 부원배가 생겨났는데, 이들은 고려인들이 몽고의 침략에 맞서 목숨 걸고 싸우는 동안 몽고의 앞잡이 노릇을 하였다. 가장 대표적인 인물이 홍복원(洪福源)인데, 그는 몽고의 1차 침략 때 몽고군의 안내자가 되어 고려 침략을 도왔다. 그는 이 공로로 몽고에서 관직을 얻었는데, 그 아들 다구(茶丘) 등은 대를 이어 고려에 반역 행위를 일삼았다. 이들 부원배들은 정치 요직과 경제 이익을 독점하면서 고려말에는 권문세족이란 특권층을 형성하기도 했다.

부원배들이 고려의 실력자로 부상하면서 고려의 관리들 중에는 자신의 딸을 원나라의 실력자에 바쳐 출세의 발판으로 삼으려는 이들까지 나타났다. 원나라는 공녀뿐만 아니라 환관도 요구했는데, 이를 원 황실에 접근하는 좋은 방법으로 생각해 스스로 거세하는 부류까지 생겨났다. 특히 고려에서 정쟁에 패배한 후 원나라로 도망가 부원배로 변신한 부류도 있었는데, 이들은 고려를 원의 영토에 편입시키려는 책동까지 자행하였다.

그러나 이들 부원배들은 원나라에서는 같은 고려 출신이란 동질성을 가지고 서로의 이익을 위해 힘을 합치기도 했는데, 행주(幸州) 출신 기자오(奇子敖)의 막내딸인 기씨가 원의 황후가 될 수 있었던 배경의 하나가 바로 이들의 도움이었다.

그녀는 충숙왕 복위 4년(1333)에 순제(順帝 : 재위 1333~1368)에게 다과를 시중하던 궁녀가 되었는데 그녀가 궁녀가 된 것 자체가 고려 출신 환관인 고용보(高龍普)의 힘이었다. 고용보와 기씨는 순제의 남다른 추억을 이용해 그의 마음을 사로잡았다. 순제는 황제가 되기 전에 권력투쟁의 와중에 피해를 입어 10살 때에 고려 대청도(大靑島)에서 귀양살이를 한 적이 있었다. 어린 시절의 고려에 대한 추억이 고려 출신 기씨에게 호감을 가진 계기가 되었던 것이다.

여기에는 복잡한 원 황실의 권력투쟁도 한몫 하는데 순제의 제1황후 다나시리(答納失里)는 순제를 유배보낸 앤티무르(燕帖木兒)의 딸이었는데 앤티무르는 순제의 아버지 명종(明宗 : 재위 1329)을 암살한 인물이기도 하였다.

이런 가계를 지닌 순제가 제1황후에게 애정이 있을 턱이 없었고,

그 빈공간을 궁녀 기씨가 메웠던 것이다. 순제가 얼마나 기씨에게
빠졌는가는 기씨가 궁궐에 들어온 지 2년도 안 되었는데, 황실의 전
통을 무시하고 그녀를 황후로 책봉하려 한 데서도 알 수 있다.

원 황실은 대대로 옹기라트〔翁吉刺〕 가문에서 황후를 맞이하는 것
이 전통이었는데도 이를 무시하고 고려 출신 궁녀를 황후로 책봉하
려 한 것이다. 순제의 이런 의도는 제1황후 가문의 반발을 사게 되어
황후의 형제들은 순제를 제거하려 하였는데 이런 기도가 사전에 발
각됨으로써 도리어 황후와 그 형제들이 살해되는 사건이 발생했다.

순제는 기씨를 황후로 책봉하려 했지만, 황실의 실력자 빠앤〔伯
顔〕의 반대로 무산되고 1337년 황실의 전통에 따라 옹기라트 가문
의 빠앤후두〔伯顔忽都〕가 황후가 되었다. 그러나 2년 후인 1339년
에 권신 빠앤이 파면되면서 새로운 기회가 열렸다. 빠앤은 순제의
제1황후 다나시리와 그 형제를 살해한 후, 관직 이름만도 246자(字)
가 될 정도로 주요 요직을 독차지하여 사실상 황제의 역할을 대신했
다. 빠앤의 전횡에 시달리던 순제는 마침내 스승인 샤라빤〔沙刺班〕
을 비롯한 측근의 도움을 받아, 빠앤을 조정에서 추방하는 데 성공
한 것이다.

다음해에는 황제와 기씨 사이에 아들 아유시리다라〔愛猷識理達
腦〕가 태어나고 드디어 그녀는 순제의 제2황후가 되었던 것이다.

빠앤이 축출되고 기씨 황후로 책봉되는 과정에서 고려 출신 인사
들이 어떤 역할을 했는지는 자세히 알 수 없으나 상당한 역할을 한
것으로 추측된다.

기씨가 황후로 책봉되기 1년 전인 1339년에 원의 감찰어사 이직
(李稷)이 환관 고용보를 탄핵한 사실은 당시 고려 출신 인사들의 역
할을 알게 해 주는 간접 자료가 된다. 이직은 고용보가 황제의 신임
만을 믿고 조정을 문란하게 하면서, 정부 요인들을 포섭하여 나라의

기강을 마구 뒤흔들고 있다고 탄핵했는데 이는 역으로 고려 출신이 원나라에서 어느 정도의 세력을 지니고 있었는지를 말해 주는 것이다. 빠앤의 추방과 동시에 기씨가 제2황후가 되는 것은 이들이 권신 빠앤과 대립관계에 있을 정도의 실력을 갖고 있었음을 추측하게 해준다.

물론 고려 여인 가운데 원의 7대 황제인 쿠빌라이 세조(世祖 : 재위 1260~1294)의 총애를 받은 이씨가 있었고, 10대 인종(仁宗 : 재위 1312~1320) 때에 영비(英妃)가 된 고려인도 있었지만, 고려의 평민 출신으로 황실 전통을 무시하고 황후가 된 것은 극히 이례적인 일이었다.

자정원당과 고려인들

황후가 된 그녀 주변에는 고용보·박불화(朴不花) 등 고려인 환관들이 활약하였는데 이들은 배후에서만 움직인 것이 아니라, 기씨가 제2황후에 책봉된 그해에 설치한 황후부속기관인 자정원(資政院)을 중심으로 강력한 정치세력을 형성하였다. 이 기구에는 고려인 환관뿐만 아니라 원나라의 고위관리들도 포함되어 있었는데, 이들은 '자정원당'이라 불렸던 하나의 당파를 형성하고 있었다. 당시 자정원당은 빠앤의 조카인 토크타가(脫脫)를 유배지에서 불러들여 중서성 우승상에 임명할 정도로 그 세력이 막강하였다.

같은 시대에 살았던 권형의 평가는 당시 기황후와 자정원당이 원 황실 내에서 어느 정도의 지위에 있었는지를 보여 준다.

"기황후는 고려 미인들을 많이 데리고 있으면서 대신 중에 권력이 있는 자들에게 보냈는데, 당시 원나라 고관과 귀인들은 반드시 고려 여인을 얻은 뒤에야 명가(名家)라고 불리었다. … 순제 이후로 궁중에서 일하는 사람들은 태반이 고려 여인이었으므로 의복, 신발, 모자, 물건 등이 모두 고려의 것을 따르게 되었다."

고려에서는 몽고 풍습이 유행한 데 비해 말기 원 황실에서는 오히려 고려 풍습이 유행하는 기묘한 현상이 발생했던 것이다. 권형의 이 말은 당시 원나라 고관들이 기황후가 보내 주는 고려 여인을 얻은 뒤에야 명문가라 불리게 될 정도로 기황후의 위세가 막강했음을 보여 주고 있다. 자정원당과 가까이 어울린 원나라 재상들은 '권세에 아부한다'는 비난을 받을 정도로 이들은 원의 황실을 장악하고 있었다.

일개 환관인 자정원사(資政院使) 박불화가 군사 통솔의 최고기관인 추밀원(樞密院) 동지추밀원사(同知樞密院事)를 겸임한 사실은 이들이 궁중은 물론 군사권까지 장악했음을 보여 주는 것이다. 이때 어사대부(御史大夫) 이국봉(李國鳳)이 자정원 일파의 독단적인 국사 처리와 매관(賣官) 행위를 탄핵하다가 도리어 유배당했을 정도로 기황후의 자정원당은 막강했다.

1353년 14세의 아들 아유시리다라를 황태자에 책봉하는 데 성공한 기황후와 자정원당은 그후 몇 차례에 걸쳐 순제에게 양위를 강요했다. 그 명분은 중국 남부에서 일어난 명 태조 주원장(朱元璋)을 진압하기 위해서는 젊은 황제가 효과적이라는 것이었지만, 그 속내는 아들을 황제로 만들어 원의 권력을 완전히 장악하려는 의도에 있었음은 물론이다. 순제는 양위를 거절하는 대신 황태자를 중서령 추밀사(中書令樞密使)에 임명하여 천하의 군사권을 주었다.

기황후는 정후(正后) 빠앤후두가 죽자, 1366년에 그 자리를 이어받아 마침내 꿈에 그리던 정후에 책봉되었으나 그 영광은 잠시뿐이었다. 기황후가 정후로 책봉된 지 1년만에 주원장이 원나라 수도인 연경(燕京)을 함락하자, 그녀도 도망가는 원 황실을 따라 몽고의 초원지대로 쫓겨났기 때문이다.

　기황후가 원의 황후가 되었을 때 고려는 개혁이 한창이었는데, 그 개혁 중의 하나가 부원배의 처단이었다. 공민왕은 재위 5년(1356)에 전격적으로 군사를 일으켜 그녀의 위세를 믿고 갖은 횡포를 부리던 그녀의 오라비 기철(奇轍)을 주살했다. 기황후는 공민왕 12년(1363)에 원에 와 있던 충숙왕의 아우 덕흥군(德興君)을 왕으로 삼고 군사 1만을 주어 고려를 치게 했으나 최영이 이끄는 고려군에 패하고 말았다.

　기황후와 환관 고용보에게 고국 고려에 대한 애국심을 요구하는 것 자체가 무리인지는 모른다. 그러나 바로 이런 점들이 결여되었기 때문에 이들은 한때 세계제국 원의 정권을 장악했으면서도 역사적인 평가를 받지 못하고 있는 것이다.

잊혀진 고려 왕국, 역사의 현장들

문익점은 목화씨를 몰래 들여왔나

밀수 신화, 문익점

문익점(文益漸)에 대해서는 아주 흥미로운 이야기가 전한다. 그는 고려 말 원나라에 갔다가 강남(江南 : 중국 양자강 남쪽)에서 3년 동안 귀양살이를 하고 돌아오는 길에, 그곳에서만 재배되는 목화를 보고 종자 김룡(金龍)에게 밭을 지키던 노파의 제지를 무릅쓰고 몇 송이를 따게 했다. 이 목화는 반출금지 품목이었는데 그는 목숨을 걸고 그 종자를 붓대 속에 넣어 가지고 귀국했으며, 귀국 후 재배에 성공해 당시 사람들의 의복 생활에 혁명적 변화를 가져오게 했다.

현재 대부분의 현대인들이 사실로 믿고 있는 이 이야기는 어디까지가 진실일까?

문익점은 고려 충혜왕 1년(1331)에 오늘날의 경남 산청에 해당하는 강성현(江城縣)에서 태어났다. 당시 강성현은 지방관이 파견되지 않는 속현(屬縣)으로 주현인 진주(晋州)에 속해 있었는데 그는 공민왕 9년(1360)에 과거에 급제하여 김해부사록(金海府司錄) 등의 벼슬을 지낸다. 그는 사간원 좌정언(左正言)으로 있던 1363년에 계품사(啓稟使) 이공수(李公遂)의 서장관이 되어 원나라에 감으로써 비로소 목화와 관련을 맺게 된다.

　그러나 문익점과 동시대의 기록에는 그가 목화씨를 몰래 숨겨 가지고 들어왔다는 내용은 없다. 《고려사(高麗史)》의 문익점 열전은 이 부분을 이렇게 기록한다.

　"문익점이 … 원나라에 사신으로 갔다가 … 본국으로 돌아오면서 목화씨를 얻어 가지고 와서 장인인 정천익(鄭天益)에게 부탁하여 심었는데, 처음에는 재배 방법을 몰라서 거의 다 말라 버리고 한 그루만 남았다."

　이 기록은 그가 목화씨를 몰래 들여온 것이 아니라, 그냥 얻어 온 것으로 되어 있다. 이 광경을 보다 자세히 보여 주는 것은 조선 《태조실록》의 문익점 졸기(卒記)이다.

　"전 좌사의대부(左司議大夫) 문익점이 졸(卒 : 사망)하였다. 익점은 …계품사(計稟使)인 좌시중(左侍中) 이공수(李公遂)의 서장관(書狀官)이 되어 원나라 조정에 갔다가, 장차 돌아오려고 할 때에

경남 산청군 덕천서원에 봉안되어 있는 문익점 영정. 정치가로서 실패한 문익점은 농학자로서는 성공해 오늘날까지 '목화의 아버지'로 알려지고 있다.

길가의 목면(木綿) 나무를 보고 그 씨 10여 개를 따서 주머니에 넣어 가져 왔다. 갑진년에 진주(晉州)에 도착하여 그중 반을 본고을 사람으로 전객 영(典客令) 벼슬을 한 정천익에게 심어 기르게 하였는데, 다만 한 개만이 살게 되었다."

이 역시 그가 목화씨를 몰래 들여온 것이 아니라는 사실을 분명하게 말해 주고 있다. 또한 앞의 기록은 그가 원나라에 사신으로 간 후, 강남에서 3년 동안 귀양살이를 한 것이 아니라, 다음해인 공민왕 13년(1364)에 고향 진주로 돌아 왔다는 사실을 알려 주고 있다.

그러면 무슨 까닭으로 문익점이 강남에서 귀양살이하고 그곳에서 목화씨를 몰래 반입해 왔다는 설이 성립되었을까?

어쨌든 이 두 기록이 모두 문익점과 목화의 관계에 대해 적고 있는 데서 보이듯이 생존 당시부터 문익점은 '목화의 사나이'로 여겨져 왔다. 그가 죽은 지 3년 후인 태종 1년에 권근(權近)도 왕에게 문익점에 관한 글을 올리는데 이 역시 목화에 관한 것이다.

"고(故) 간의 대부(諫議大夫) 문익점(文益漸)이 처음 강남(江南)에 들어가서 목면(木綿) 종자 두어 개를 얻어 싸 가지고 와서 진양(晉陽) 촌 집〔村舍〕에 보내어, 비로소 목면을 짜서 진상(進上)하였으니, 이 때문에 목면의 일어남이 진양에서 시작되었습니다. 이로 말미암아 온 나라에 널리 퍼지게 되어, 모든 백성들 상하(上下)가 모두 이를 입게 되었으니, 이것은 모두 익점이 준 것입니다."

이 상소문은 문익점이 목화씨를 '강남'에서 구해 왔다고 밝힌 최초의 기록이다. 그런데 이 역시 '강남'에서 구해 왔다고 별다른 근거를 기록하고 있지는 못하다. 다만 원나라에 갔다가 목화씨를 구해 왔다는 기존의 기록에 '강남'이 덧붙여졌을 뿐이다.

이는 우리에게 시사해 주는 것이 하나 있는데 세월이 지나면서 그의 목화 반입을 두고 하나의 신화가 형성되어 간다는 점이다. 신화화

의 과정은 목화를 반입해 온 그의 전력과 업적이 과장되어 가는 과정
과 일치한다.

반출금지 품목이 아니었던 목화씨

여기에서 중요한 점 하나는 과연 목화가 당시 원나라의 반출금지
품목이었는가 하는 점이다. 목화는 반출금지 품목이 아니었다. 당시
반출금지 품목은 화약, 지도처럼 국가 안보에 관련된 물품이거나 안
료(顔料) 같은 희귀품이었지 사방에 널려 있던 목화는 아니었다. 그
런데 왜 붓대 속에 몰래 숨겨 들여왔다는 드라마틱한 이야기가 생기
게 되었을까? 여기에는 문익점이 원나라에 갔을 때 겪어야 했던 커
다란 한 사건에 대한 변명이 담겨져 있는지도 모른다.

문익점이 원나라에 갔을 때 원과 고려 사이에는 공민왕의 개혁정
책을 둘러싸고 긴장이 고조되어 있었다. 공민왕은 즉위 초 원나라 순
제(順帝)의 황후인 기황후의 오라비 기철(奇轍) 같은 부원(附元) 세
력을 주륙하고, 원나라가 설치한 정동행성(征東行省)의 이문소(理
問所)를 혁파하였으며, 쌍성총관부(雙城摠管府)를 공격하여 철령
(鐵嶺) 이북 땅을 되찾는 등 적극적인 반원(反元) 정책을 취하였다.

이에 불만을 느낀 원나라는 공민왕 12년(1363) 고려에 홍건적이
침입해 국력이 약해진 틈을 타 공민왕을 폐하고 원에 와 있던 충숙왕
의 아우 덕흥군(德興君)을 고려왕으로 책봉해 고려에 보냈다. 그런
데 공교롭게도 문익점 일행이 원나라로 출발한 시기와 덕흥군이 고
려로 향한 시기가 같았다. 당시 원나라에 있던 고려 관리들은 공민
왕과 덕흥군 중 한 명을 임금으로 선택해야 했다.

원나라가 고려 임금을 폐하고 종친을 왕으로 삼은 이런 경우는 과
거에도 많이 있었다. 26대 충선왕과 27대 충숙왕, 그리고 28대 충혜

왕 등이 모두 원에 의해 폐위되었다가 다시 즉위했던 임금들이다. 이런 전례가 있으므로 원에 있던 고려 관리들은 이번에도 원에서 선택한 덕흥군이 승리할 것으로 생각하고 대부분 덕흥군에게 붙어 벼슬을 받았는데 문익점도 예외는 아니었다.

원나라는 최유(崔濡)에게 요동 군사 1만을 주어 덕흥군을 받들고 고려를 치게 했는데 이 군사는 평안도 정주(定州)까지 내려왔다가 최영과 이성계가 이끄는 고려군에게 패하고 말았다. 덕흥군이 패함에 따라 그에게 벼슬을 받은 문익점은 객관적으로 역신(逆臣)이 되었다. 그런데 덕흥군을 지지했던 대부분의 고려인들은 원나라에 남아 목숨을 부지하려 하였으나 문익점 일행은 무슨 언질을 받았는지 우두머리인 계품사 이공수(李公遂)와 함께 공민왕 13년 10월 고려로 귀국했다.

다행히 파면에 그치면서 목숨을 건진 문익점은 고향인 진주 강성현으로 내려간다. 그는 장인 정천익과 함께 목화를 시험재배 하는데 처음에는 재배법을 몰라 한 그루만 겨우 살게 되었다. 그러나 3년째 되는 공민왕 16년에는 같은 고을에 두루 씨를 나눠 줘 목화재배를 권장할 정도로 성공을 거두었고, 10년이 채 안 되어 전국에 목화씨를 보급할 수 있게 되었다.

그렇다고 해서 문제가 끝난 것은 아니었다. 목화씨를 제거하고 실을 뽑는 방법을 알지 못했기 때문이다. 이 문제를 해결해 준 것은 정천익을 찾아온 원나라 승려[胡僧] 홍원(弘願)이었다. 그는 씨를 빼는 씨아와 실을 뽑는 물레를 만드는 방법을 알려줬는데 이 기술은 목화 재배법과 함께 전국에 전파되었다.

이처럼 문익점은 목화 종자를 도입하고 실험적으로 재배했으며, 그것을 주위에 전파시키는 데 장인 정천익과 함께 큰 공을 세웠다. 그의 이런 노력에 의해 고려 말 조선 초 우리 백성들의 의복에 혁명적인 변화가 일어났던 것이다.

이전에는 지배층만 비단을 사용했을 뿐 일반 백성들은 삼베, 모시 등의 옷감으로 옷을 만들었는데, 이런 옷감들은 대량생산을 할 수 없었고, 만드는 데도 많은 노동력이 들었으며 값도 비쌌다. 또한 추운 겨울을 나는 데도 문제가 있었다. 이에 비해 목화는 그 재배와 옷감 제작이 쉬운 편이었고 무엇보다도 보온효과가 뛰어났다.

《태종실록》의 1년(1401) 기사에, "이 때문에 목면의 일어남이 진양에서 시작되었습니다. 이로 말미암아 온 나라에 널리 퍼지게 되어, 모든 상하 백성들이 이를 입게 되었으니, 이것은 모두 문익점이 준 것입니다"는 기사에서 알 수 있듯이 시험 재배 37년만에 모든 백성들이 무명옷을 입을 정도로 면화 사업은 큰 성공을 거두었다.

목화의 아버지 문익점·정천익과 후손들

사실상 정천익과 공동작업한 면화사업이 큰 성공을 거두어 백성들의 의생활에 혁명적인 변화가 일어나자, 그에 대한 신화들이 생겨나게 되었는데 그중 하나가 중국 강남에 귀양가서 목화씨를 구했다는 것이며 다른 하나가 붓대에 숨겨 몰래 반입했다는 것이다.

그러나 문익점은 중국 강남에는 가 보지도 못했고 그가 구해 온 목화씨는 강남산이 아니라 강북산이었음이 분명하다. 면화는 다년생의 목면과 1년생의 초면(草綿)으로 나뉘는데, 다년생인 목면은 중국에서 일찍이 후한(後漢) 때 강남지방인 광동·운남지방에서 재배하였다. 서역(西域)에서 전래된 초면(草綿)은 남송(南宋) 말·원나라 초면 화중(華中)까지 북상해 황하 이북인 화북(華北)에서도 일반적으로 재배하였다.

현재 우리나라에서 재배되는 면화, 즉 문익점의 면화는 다년생의 면화가 아니라 중국 화북지방에서 재배되는 1년생 초면(草綿)이다. 조선후기 실학자 이규경(李圭景)은, 《오주연문장전산고(五洲衍文長箋散稿)》에서 우리나라의 면화는 목면이 아니라 초면이라 불러야 한다면서 면화를 다년생 면화와 일년생 초면으로 분류해 놓았다. 그에 따르면, 중국 강남에서 재배한 이른바 길구목(吉具木)은 다년생 목면이고 화중ㆍ화북지방에서 많이 재배하는 목면은 1년생 초면이라고 했다.

따라서 문익점이 우리나라에 보급한 면화는 강남의 다년생 목면이 아니라 1년생 초면이었다. 그리고 붓대 속에 몰래 감추어 들여오지도 않았다. 그는 덕흥군 추대 사건이 실패한 후 원나라 수도 연경(燕京)을 떠나 고려로 돌아오는 길에 목화밭을 보고 그 종자를 채취하여 가지고 왔던 것이다. 심각한 생명의 위험을 느끼고 올랐을 귀국길에 목화씨를 가지고 온 것을 보면 그는 천성적인 농림가인지도 모른다.

그의 이런 농림가적인 천성은 어쩌면 역적으로 끝났을지도 모를 후세의 평가를 위대한 인물로 변화시켜 준 원동력이었다. 면화 재배에 대한 그의 공적을 칭송하면서 덕흥군에게 가담했던 전과는 슬그머니 덕흥군에게 저항했던 것으로 둔갑했다. 바로 덕흥군에게 저항하다가 미움을 사 강남에서 3년 동안 귀양을 사는 것으로 각색되는 것이다. 그리고 이런 각색에 주도적으로 개입하는 세력은 후손들이었다.

덕흥군 사건이 발생한 지 거의 5백여 년이 지난 순조 19년(1819)에 후손 문계항(文桂恒) 등이 편찬한 《삼우당실기(三憂堂實記)》와 《정조실록》에 실린 전라도 유생 김상추(金相樞)의 상소문에서 드디어 문익점의 유배 기사가 창작된다.

"문익점은 사명(使命)을 받들고 원나라에 들어갔는데, 공민왕이

베틀로 베를 짜는 모습. 목화는 우리 의생활에 혁명을 가져왔나.

활짝 핀 목화꽃.

어둡고 포악스럽다고 원나라에서 장차 폐위(廢位) 시키고 새로 다른 임금을 세우려고 하자, 조칙(詔勅)을 받들 수 없다고 다투다가 드디어 검남(劍南)으로 유배(流配) 되었습니다. 3년 만에 비로소 돌아오게 되자 중국에서 목면(木綿)을 몰래 가져와 사람들에게 직조(織造)를 가르쳤으니, 백성들에게 이롭게 한 사실이 이와 같았습니다.”

공민왕을 배반하고 덕흥군에 붙었던 전과가 공민왕에 충성을 바치다가 강남에 유배당하는 것으로 뒤바뀌는 것이다. 그리고 목면도 몰래 들여오는 것으로 창작되는 것이다. 우리들이 일반적으로 알고 있던 강남과 몰래 들여오는 기사는 이처럼 후손의 손에 의해 각색된 뒤틀린 사실인 것이다.

그러나 이는 조상들의 과거를 아름답게 미화하는 것이 조상에 대한 효도이자 가문을 빛내는 것이라고 믿는, 현재까지도 계속되는 역사왜곡의 한 단면일 뿐이다. 문익점이 위대한 점은 다른 사신들도 수없이 보았을 목면을 보고 고국에서도 재배할 것을 생각했던 발상의 전환이며, 생명의 위협을 느꼈을 귀국길에서도 목화씨를 깊이 간직했던 미래를 생각하는 마음이다. 또 풍토가 다른 고국에서 실험재배를 했던 창의적 실험정신이며, 그것을 각지에 골고루 나누어주었던 베풂의 정신이지 충역 논리에 따른 절개가 아니다.

사실 그는 목화씨 재배에 성공한 것으로 살아 생전에 재기했다. 덕흥군 사건에 연루되어 파면당했던 그는 목면 보급에 관한 공로를 인정받아 우왕(禑王) 때 정6품직인 전의주부(典儀注簿)로 임명되었다. 그러나 그는 다시 사전(私田) 개혁을 반대하는 보수파의 자리에 섰다가 역성혁명파 신흥사대부였던 조준(趙浚)의 탄핵으로 파면당해 고향으로 돌아갔다.

이처럼 정치적 사건에 대한 문익점의 선택은 항상 최악의 것이었다. 이런 정치적 자세는 역성혁명에 반대하는 것으로도 비칠 수 있는 것이었으나, 목면보급에 관한 그의 공로는 독보적인 것이어서 조선시대에 들어와서도 이 부분에 대해서는 높은 평가를 받았다.

그는 사후 태종으로부터 정2품직인 참지정부사(參知政府事)와 강성군(江城君)의 공신 칭호를 추증(追贈) 받았고, 세종에게는 영의정과 부민후(富民侯)를 추증 받았으며, 충선공(忠宣公)이라는 시호(諡號)까지 받았다. 세조는 그의 공적을 후세에 기리기 위하여, 그의 고향에 사당(祠堂)을 세우고, 그 유지비용에 충당하도록 제전(祭田)을 내려 주었고, 그의 자손들에게 공신의 칭호를 이어받도록 조치하였다.

정치적으로 굴절의 삶을 살았던 문익점이 부활하는 과정은 그야말로 과학정신의 승리라 할 것이다.

조선 개국과 '악마 만들기'

우왕, 신왕과 신우, 신창

《조선왕조실록》은 고려의 32대 임금인 우왕(禑王)과 33대 임금인 창왕(昌王)을 기록할 때 반드시 '신우(辛禑), 신창(辛昌)'이라고 기록한다. 조선시대에 편찬한《고려사》에도 신우·신창이라고 기록하고 있다. 고려의 종성(宗姓)은 '왕(王)'씨인데 왜 우왕과 창왕만은 '신'씨로 표현하는 것일까?

그것은 우왕은 신돈(辛旽)의 자식이며 창왕은 신돈의 손자라는 뜻으로 신우·신창이라고 적는 것이다.

신돈은 조선조 5백년 내내 '요승'이란 수식어로 불린 인물이다. 그 여파로 아직까지도 신돈을 요승으로 여기는 사람들이 있다. 신돈은 과연 요승일까?

먼저 우왕이 신돈의 아들인지 여부부터 추적하기 위해《고려사》의 우왕조를 보자.

"신우(辛禑)의 아명은 모니노(牟尼奴)이니 신돈의 비첩(婢妾) 반야(般若) 소생이다. …공민왕이 항상 아들 없음을 걱정하던 차에 하루는 미행으로 신돈의 집에 가니 신돈이 이 아이를 가리키며, '전하께서는 이 아이를 양자로 삼아 뒤를 이으소서'라고 말했다. 이때 왕이 아이를 곁눈으로 보며 웃기만 하고 대답하지 않았다. 그러나 마음속으로는 이에 동의하였던 것이다."

모니노라 부르던 신돈의 비첩 반야의 소생인 이 아이가 바로 우왕이란 것이다. 그후 신돈이 수원으로 귀양가게 되었을 때 공민왕은 근신들에게, "내가 일찍이 신돈의 집에 갔을 때 그 집 여종과 내통하여 아들을 낳았으니 그 아이를 경동시키지 말고 잘 보호하라"고 말해 비록 신돈은 버렸어도 이 아이는 명덕(明德) 태후전(太后殿)에 두고 키워서 왕으로 삼았다는 주장이다.

신돈을 죽인 후 공민왕은 이인임에게, "신돈의 집에 아름다운 여자가 있는데 자식을 낳을 수 있다는 말을 듣고 내가 가까이 하였더니 이 아이를 낳았다"고 전한다. 《고려사》의 이 기록이 우왕이 신돈의 자식이란 조선 개창자들의 주장이 허위임을 말해 준다. 공민왕은 신돈을 죽인 후 모니노의 이름을 우(禑)로 바꾸고 죽은 궁인(宮人) 한씨 소생으로 삼았으며 나아가 한씨의 3대와 그 외조에게 벼슬을 추증했다.

조선 후기의 학자 유계(兪棨)는 《여사제강(麗史提綱)》에서 우가 왕이 된 후 반야가 밤중에 태후궁에 들어가, "사실 주상을 내가 낳았는데 어찌 한씨를 어머니로 하시오"라며 울부짖으니 태후가 옥에 가두었는데 반야가 새로 지은 중문(中門)을 가리키며, "하늘이 만일 나의 원통함을 안다면 이 문이 스스로 무너질 것이다"라고 말했는데 얼마 후 문이 스스로 무너져 사람들이 이상하게 생각했다고 적고 있다.

그러나 이 문제의 핵심은 이 사건 당시 삼사우사(三司右使) 김속명의, "천하에 그 아비를 분간 못하는 자는 간혹 있지만, 그 어미를 분간 못하는 자가 있다는 말은 내 듣지 못하였다"라는 탄식처럼, 중요한 것은 우왕의 아버지가 공민왕인가 신돈인가 하는 점이지, 그 어미가 반야인가 한씨인가의 문제는 아니다.

만약 우가 신돈의 자식이라면 신돈을 죽여 버린 공민왕이 그를 후사로 삼을 이유가 없다. 아들이 없으면 종친 중에서 한 명을 선택해 후사로 삼지 자신이 죽인 타성(他姓) 인물의 아들을 후사로 선택할 까닭은 없는 것이다.

조선 개창 세력이 우왕과 창왕을 신돈의 자식이라고 주장한 이유는 두말 할 것 없이 집권의 정당성을 주장하기 위해서이다. 이성계는 처음부터 고려를 멸하고 조선을 개창한 것이 아니다. 태조 이성계는 〈즉위교서〉에서, "나라 이름은 그 전대로 고려라고 하고 의장(儀章)과 법제(法制)는 한결같이 고려의 고사(故事)에 따른다"고 말했다.

이성계는 고려와 고려의 구신(舊臣)들을 제거하고 조선을 개창한 것이 아니라, 고려 도평의사사(都評議使司)의 추대를 받아 즉위한 것이다. 이처럼 고려를 멸한 것이 아니라 고려를 계승했다고 주장한 것이므로 왕씨 대신에 이씨가 왕이 되기 위해서는 그 정당성을 주장하는 논리가 필요했다. 그 논리가 바로 자신들이 위화도회군으로 제거한 우왕이 공민왕의 자식이 아니라 신돈의 자식이란 상징 조작이었다.

이성계는 전 밀직사(密直使) 조임(趙琳)을 명나라에 보내 표문(表文)을 올렸는데 여기에도 이 사실이 언급되어 있다.

"권지고려국사(權知高麗國事) 신(臣) 아무[이성계]는 말씀을 올립니다. 삼가 생각하옵건대, 소방(小邦)에서는 공민왕이 후사(後嗣)가 없이 세상을 떠난 뒤에 신돈(辛旽)의 아들 우(禑)가 성(姓)을 속이고 왕위를 도둑질한 것이 15년이었습니다. 무진년(1388) 봄에 이르러 망령되이 군대를 일으켜 장차 요동(遼東)을 범하려고 하여,

신(臣)을 도통사(都統使)로 삼아 군대를 거느리고 압록강(鴨綠江)까지 이르게 하였습니다. 신이 그윽이 스스로 생각해 보건대, 소방(小邦)이 상국(上國)의 경계를 범할 수 없으므로, 여러 장수들에게 대의(大義)로써 깨우쳐 즉시 함께 군사를 돌이켰습니다.

이성계 일파는 신돈의 아들 우왕이 명나라 영토를 침범하려 했기 때문에 이를 막기 위해 군사를 돌이켰다는 것이다.

《고려사》는 신돈을 왕규(王規)나 정중부(鄭仲夫)와 함께 반역조에 올려 기술하고 있다. 즉 신돈과 그 아들 우가 왕위를 도둑질한 역적이고 이성계는 이를 정벌한 인물이란 것이다. 이성계 일파는 위화도회군으로 정권을 잡은 후 좌도통사 조민수의 주장에 따라 우왕의 아들 창왕을 임금으로 세웠다가, 조민수가 제거된 후 창왕이 신돈의 손자라는 '우창비왕설(禑昌非王說)'을 주장해 창왕을 내쫓고, 가짜를 내쫓고 진짜를 세운다는 '폐가입진(廢假立眞)'의 명분으로 허수아비인 공양왕을 추대했던 것이다.

조선의 개창세력들이 이토록 신돈을 폄하한 이유는 역설적으로 신돈이 자신들 같은 개혁정치 세력이기 때문이었다.

고려말 최대의 역사적 과제는 소수 특권층인 권문세족을 제거하고 새로운 세력을 정치의 중심으로 세우는 것이었다. 고려가 원나라에 복속된 이후 형성되기 시작한 권문세족은 정치적으로는 도평의사사

옥천사지의 퇴락한 모습.

를, 경제적으로는 농장을 독점하면서 배타적인 특권층이 되었다. 이들은 힘없는 농민의 토지를 겸병하는 방법으로 자신의 토지를 늘려갔는데, 《고려사》 식화(食貨) 편에는 그 농장의 규모가 '주군(州郡)에 걸쳐 있으며 산천을 경계로 하였다'고 기록하고 있다.

권문세족 이인임(李仁任)과 임견미(林堅味) 등은 물푸레나무를 휘두르며 농민들의 토지를 빼앗고 양민들을 노비로 만들었는데, 이들에게 땅을 빼앗긴 농민들은 이들이 만든 토지문서를 물푸레 채찍 공문〔水靑木公文〕이라고 부르며 저주했다. 소수의 권문세족에게 정치·경제적 특권이 집중되니 사회가 아래에서부터 무너져 내리는 것은 당연한 일이었다. 이런 부조화를 해결하기 위해 등장한 것이 바로 개혁인데 신돈은 실로 고려말 최고의 개혁정치가였던 것이다.

고려말 최고의 개혁정치가 신돈

공민왕은 신돈을 등용하며 이렇게 말했다.

"신돈은 도를 터득해 욕심이 없을 뿐만 아니라, 미천하여 친한 당(黨)이 없어 대사를 맡길 만하다."

고려는 26대 충선왕이 세자 때부터 권문세족을 타도하기 위한 개혁을 시작했으나 번번이 개혁대상인 권문세족의 반발에 밀려 실패했다. 충선왕, 충숙왕 등의 개혁이 실패한 중요한 이유 중의 하나는 이들이 개혁을 맡긴 인물들 자신부터 개혁대상인 권문세족이었기 때문이다. 즉 개혁주체와 개혁대상이 혼재되어 있었기 때문에 고려말의 개혁이 실패할 수밖에 없었던 것이다.

공민왕은 이런 반성의 토대 위에서 권문세족과 상관없는 한미한 신돈에게 개혁의 칼자루를 주었던 것이다. 신돈의 모친은 계성현(桂城縣) 옥천사(玉川寺)의 여종인데 그 어미가 천해서 중들 사이에서도 한 축에 들지 못하고 항상 산방(山房)에 거처했을 정도로 미천한 출신이었다. 그렇기에 그는 고려 백성의 고통을 누구보다도 잘 알고 있었다.

그는 등용될 때 공민왕에게 이렇게 말했다.

"소승은 세상을 복되고 이롭게 할 뜻이 있습니다. 비록 권문세족들의 참언이나 방해가 있더라도 저를 믿어 주셔야 합니다."

공민왕은, "스승은 나를 구하고 나는 스승을 구하겠소"라고 화답했다. 전민변정도감(田民辨正都監) 판사(判事)에 임명된 신돈은 내외에 선포했다.

"빼앗은 토지와 노비를 서울은 15일, 지방은 40일 이내에 스스로 돌려주어라. 돌려주는 자는 불문에 부치겠지만 기한을 넘겨 발각되는 자는 엄중히 처벌하겠다."

신돈을 시종 물욕 많고 음탕한 역적으로 묘사하고 있는《고려사》도 이 부분에서만은 "이 영(令)이 발표되니 권문세족들이 강점했던 전민(田民)을 그 주인에게 반환했으므로 일국이 모두 기뻐했다"고 기록하고 있다.

또한 신돈은 "사람들에게 은혜를 베풀어주려고 천예(賤隷)로서 양민이라고 호소하는 자는 모두 양민으로 만들어 주었으므로 노예로서 주인과 등진 사람들이 들고일어나 '성인(聖人)이 나왔다'라고까지 하였다"고 기록할 정도로 인기 있는 개혁정치가였다.

그러나 신돈의 이런 개혁정치는 정 반대편에 서 있던 두 세력으로부터 배척을 받게 되었다. 그 한 세력이었던 개혁대상인 권문세족들은 당연히 신돈을 저주했다. 신돈은 찬성사 이인복(李仁復), 밀직 조희고(趙希古), 판밀직 박춘(朴椿), 예성군 석문성(石文成) 등의 고위직들을 파면하거나 귀양보냈는데 쫓겨난 이들 권문세족들이 반발할 것은 당연한 일이었다.

고려 말 개혁의 꽃이 지다

그러나 이들과 정반대 자리에 있던 한 세력도 신돈에게 격렬하게 반발하는데 신흥사대부가 그들이다. 신흥사대부도 권문세족의 제거를 주장하는 것은 같았지만, 그 근본사상이 불교와 성리학으로 달랐으며, 지지기반도 겹치기 때문에 반대한 것이다.

신돈은 이들 신흥사대부들을 포섭하려 하였다. 성균관을 건축할 때 주위에서 비용 문제를 들어 과거보다 축소해 짓자고 말하자, "공자는 천하 만세의 스승인데 어찌 사소한 비용을 절약하려고 전대의 규모보다 좁게 지을 수 있느냐"고 반대했다. 역성혁명파 신흥사대부의 대표적 인물인 정도전은 부처의 잡소리란 뜻의 《불씨잡변》을 써서 불교를 허황한 것이라고 비판할 정도로 불교에 배타적이었는데도 신돈은 이들 개혁세력을 포섭하기 위해 공자를 '천하 만세의 스승'이라고 말한 것이다.

남쪽 자락에 옥천사를 안고 있는 하왕산의 모습.

그러나 신돈이 권문세족들의 다양한 공세를 막아내기에는 권력기반이 너무 허약했다. 그를 지지하는 것은 공민왕과 농민뿐이었는데 당시 상황에서 농민들은 큰 힘이 될 수 없었다. 더구나 농민들로부터 '성인' 소리까지 듣자 공민왕마저 그를 경계하게 되었다. 결국 신돈은 공민왕 20년(1371) 역모를 꾀한다는 혐의로 수원에 유배되었다가 기현(奇顯)·이춘부(李春富)·이운목(李云牧) 등과 함께 복주(伏誅)되고 말았다.

신돈의 치세는 겨우 6년에 지나지 않았지만 전민변정도감을 통한 개혁정치는 실로 고려말 개혁의 꽃이었다. 그리고 그가 성균관을 중영(重營)한 것은 정몽주(鄭夢周)·정도전 등의 신진 사류세력이 성장할 수 있는 결정적 계기가 되었다.

그럼에도 불구하고 그는 조선왕조실록에 기록된 대로 "사람의 처첩(妻妾)을 탈취하기는 신돈(辛旽)으로부터 그러하였는데"라는 말처럼 "처첩을 거느려 아이를 낳고 주색에 빠졌다"는 사실 확인도 불분명한 비본질적인 부분이 마치 본질적인 문제인 것으로 호도되면서 600년 넘게 '요승'이란 비난을 받고 있는 것이다.

사람의 처첩을 탈취하는 것이 어찌 신돈으로부터 그러했겠는가? 부패한 지배층이 있는 곳에 항용 있었던 일이 아니었던가? 이런 모든 비난은 개혁정치가 신돈을 흠집내 끌어내리려는 권문세족의 공세에 지나지 않는다. 그리고 위화도회군 후 신흥사대부들이 옹립했던 우왕의 아들 창왕을 끌어내리기 위한 명분으로 그가 신돈의 손자란 논리가 필요했을 뿐이다.

이제 신돈은 요승이 아니라 위대한 개혁정치가로 재평가되어야 할 것이다.

시대정신을 거부한 지도자의 말로

우군도통사 이성계와 좌군도통사 조민수

1388년 5월 최영(崔瑩)을 팔도도통사(八道都統使)로 하는 요동 정벌군은 압록강 하류의 위화도(威化島)에 머물러 있었다. 원나라가 망한 후 명나라가 고려 시대 원의 관할지였던 철령 이북 땅에 철령위(鐵嶺衛)를 세우기 위해 장군 유지휘(劉指揮)를 보낸다는 통보를 듣고 내친김에 철령 이북 땅은 물론 고구려의 영토였던 요동까지 되찾기 위해 보낸 정벌군이었다.

흔히 10만 대군이라 칭하였지만 실제 병력은 좌·우군 3만 8,830명과 겸군(傔軍: 보조군) 1만 1,600명으로 모두 5만여 명이었다. 그러나 동원된 말이 2만 1,682필이나 되어 기병이나 마찬가지였으니 만주 같은 광야에서 싸우기에는 적당한 진용이었다.

그러나 이 부대는 싸울 의욕을 잃고 있었다. 총사령관 최영은 평양에 머물러 현장에 있지도 않았고, 좌군도통사(左軍都統使) 조민수(曺敏修)와 우군도통사(右軍都統使) 이성계(李成桂)가 사실상 지휘했는데 이들 장군들부터 싸울 의욕이 없었기 때문이다.

이성계는 요동 정벌을 논의할 때부터 "작은 나라가 큰 나라를 거역할 수 없다. 여름에 군사를 동원할 수 없다. 왜적이 침입할지 모른다. 장마철이라 활의 아교가 풀어지고 군사들은 역병(疫病)을 앓을 것이다"라는 4불가론을 들어 요동정벌을 정면에서 반대한 장본인이었다. 요동정벌에 반대하는 장군이 이끄는 정벌군의 사기가 높을 수는 없어서 도망가는 군사들이 속출했다.

여기에 큰비까지 내려 위화도에서 움직일 수 없게 되자 조민수와 이성계는 합동으로 우왕에게 회군하게 해 달라는 상언(上言)을 올렸으나 우왕과 최영은 이를 거부하면서 환관 김완(金完)을 보내 위화도를 건너 요동으로 전진하라고 재촉했다. 이에 좌우군도통사는 김완을 붙잡아 억류한 채 방책을 논의했다.

이성계는 조민수에게 말머리를 돌리자고 설득했는데 마침내 조민수도 여기에 동조해 북쪽의 만주를 정벌하려던 요동정벌군은 도리어 남쪽 한반도의 우왕과 최영을 정벌하려는 반란군으로 변했다. 요동정벌군은 고려의 전 군사력이 집중된 군대였으므로 이제 고려의 운명은 이 두 무장(武將)의 손에 달린 셈이었다. 심지어 이성계는 부대를 빨리 진군시키자는 주위의 청에, "속히 행진하면 반드시 싸우게 되어 사람을 많이 죽이게 될 것이다"라는 여유를 부릴 정도로 남진하는 이들을 막을 군사는 고려에 없었다. 이제 고려는 이 두 무장의 것이었다.

갈라지는 두 운명

그러나 두 무장은 '위화도회군'이라는 역사적 결단을 같이 내리고 요동정벌군을 반란군으로 전환시켰으나 이후 두 사람의 인생은 정반대의 길을 걸었다. 이성계는 조선이란 새나라를 개창해 국조(國祖)

중국 단둥에서 바라본 위화도. 현재는 북한 영토이다. 이곳에서 함께 말머리를
돌렸던 이성계와 조민수의 인생은 이후 완전히 달라진다.

가 되는 최고의 인생을 살았으나, 조민수는 《고려사》〈간신조〉에 실
릴 정도로 몰락한 끝에 비참한 생을 마쳤던 것이다.

회군 당시 같은 도통사였으나 좌군도통사가 더 상위직이었기 때문
에 실질적인 총사령관은 이성계가 아닌 조민수였다. 그럼에도 불구
하고 두 사람의 인생길은 회군 이후 완전히 갈렸다.

이는 단순히 두 사람의 운명이 그렇게 결정되어졌기 때문이 아니
다. 변화하는 새로운 시대적 상황에 얼마나 능동적으로 대처했는가
가 두 사람의 운명을 갈랐던 것이다.

위화도에서 회군할 당시 두 사람의 심정은 자못 비장했다. 명(命)
에 죽고 명에 사는 군인으로서 진군하라는 명을 어기고 회군하는 자
리였다. 명도 다른 명이 아니고 왕명을 어긴 것이었으니, 그들과 우

왕의 군신관계는 이미 끝난 것이었다. 만약 우왕에게 힘이 있다면 이들은 역적의 수괴로 몰려 능지처참 당했을 것이다. 그러나 현실은 이 두 무장의 것이어서 두 사람은 위화도에서 돌아오며 우왕을 폐하고 새로운 왕을 세우기로 합의했다.

그런데 개경에 도착한 두 사람은 누구를 왕으로 세우느냐를 두고 의견이 갈렸다. 회군 도중 조민수와 이성계는 우왕을 폐하고 왕씨 종친 중에서 한 명을 임금으로 세우기로 합의했다. 그러나 조민수는 개성에 돌아온 후 경(卿 : 창왕)을 세우자고 주장하고 나서 파문을 일으켰다. 경은 다름 아닌 우왕이 근비(謹妃) 이씨에게서 난 아들이었던 것이다. 자신들이 폐위시킨 국왕의 아들을 왕으로 삼자고 나선 것인데 여기에는 배경이 있었다.

근비 이씨는 이인임(李仁任)의 외형제(外兄弟) 이림(李琳)의 딸이었는데 조민수는 과거 이인임의 천거를 받은 인연이 있었기 때문에 그를 추천했던 것이다. 조민수는 이를 관철시키기 위해 명망이 있던 온건파 신흥사대부 한산군 이색(李穡)을 끌어들였다. 이색은 위화도회군 자체를 부정적으로 보는 인물이었으니 폐한 우왕의 아들 경을 추대하려는 조민수의 주장에 흔쾌히 동조했다.

그러나 이는 위화도회군을 주도한 이성계로서는 받아들일 수 없는 주장이었다. 비록 그때 경의 나이 9세에 불과했으나 장성하면 기회를 보아 회군세력을 왕을 폐한 역적으로 몰 수 있기 때문이었다.

한산군 이색까지 우왕의 아들 경을 후사로 세울 것을 주장하자 이성계는 일단 양보할 수밖에 없어서 공민왕비인 정비(定妃)의 교서(敎書)를 받는 형식으로 경을 즉위시켰다. 그가 바로 고려의 33대 국왕 창왕(昌王)이다. 조민수가 끝내 창왕을 고집한 것은 이성계와 맺은 연합전선을 파기하는 것이었다. 이성계는 조민수를 끌어낼 기회를 노렸다.

이때 두 사람은 전혀 다른 두 세력과 손을 잡는다. 조민수는 이숭인(李崇仁) 같은 온건파 신흥사대부에게도 손을 뻗쳤지만 이인임 같은 구세력과도 연결하려 했다. 이인임은 조민수가 창왕에게 다시 부를 것을 주청했을 때 그는 이미 사망한 후였다.

이인임 같은 권문세족은 당시의 고려 농민들이 저주해 마지않는 개혁대상이었다. 이런 구세력과 손을 잡겠다는 것은 조민수 스스로 개혁의 주체가 아니라, 개혁의 대상임을 내외에 선포한 격이나 마찬가지였다.

반면 이성계는 회군 5년 전에 역성혁명파 신흥사대부 정도전(鄭道傳)과 결합한 데 이어 회군 후에는 또 다른 신흥사대부 조준(趙浚)을 끌어들인다. 정몽주(鄭夢周)·이색 등으로 대표되는 온건개혁파 신흥사대부는 고려 왕실은 존속시킨 채 부분적인 개혁을 수행하자는 정치세력인 데 비해 정도전과 조준으로 대표되는 역성혁명파 신흥사대부는 고려 왕실과 권문세족 모두를 제거하고 새 왕조를 수립하자는 정치세력이었다. 이성계는 역성혁명파 신흥사대부와 결합함으로써 새 왕조를 개창할 주도인물로 등장하게 된 것이다.

개인적인 처신에서도 달랐다. 이성계는 이미 "서까래 세 개가 가슴에 떨어지는 꿈을 꾸었다"는 왕(王)자 꿈에 관한 이야기를 만들어 내고 "목자(木子)가 왕이 된다"는 이(李)씨 왕조의 등장을 예언하는 동요를 만들어 내어 민심을 획득했으나 조민수는 충근·양절·선위·동덕·안사공신이란 공신첩과 양광·전라·경상·서해·교주도 도통사란 어마어마한 관직을 이용해 백성들의 전민(田民)을 빼앗는 민심 이반의 길을 걸었다.

그는 과거 농민들의 토지를 무작정 빼앗던 임견미(林堅味)·염흥방(廉興邦)이 이성계와 최영에게 제거될 때 자신도 화를 입을까 두려워 해 빼앗았던 토지를 반환하였는데 이때 권력을 잡자 또다시 부정축재를 하기 시작했던 것이다. 즉 이성계는 강화된 권력을 민심을 얻기 위해 사용했다면 조민수는 개인적인 축재를 위해 사용했다.

토지개혁에 반대하는 조민수

여기에다 조민수는 당시의 시대적 과제인 토지개혁에 반대하는 결정적 악수(惡手)를 두고 말았다. 토지개혁은 당시 고려사회가 존속하느냐 망하느냐 하는 가장 중요한 문제였다. 권문세족들은 주군(州郡)을 경계로 할 정도로 소수가 대규모 토지를 독점하고 있었고, 그만큼 고려 백성들의 기본적 삶은 심하게 침해되고 있었다. 그리고 이를 해결하는 유일한 방법은 사전(私田)개혁, 즉 토지개혁이었다.

그러나 조민수는 자신의 개인적·신분적 이해관계에서 벗어나지 못하고 사전개혁에 반대하고 나섰다. 이성계는 조민수가 사전개혁을 반대하는 것을 빌미로 그를 실각시키기 위해 대사헌 조준에게 상소를 올리게 했다. 조준은 이성계의 제의를 받아들여 사전개혁을 반대하는 조민수를 유배 보내라는 상소를 올렸다. 이런 공세를 이겨내지 못한 조민수는 창녕에 유배되었다. 개혁을 가로막는 개혁대상으로 전락한 그의 몰락이 시작된 것이다.

백성들이 극심한 고통을 받는 상황에서 사전개혁을 외면하다 몰락한 그를 동정하는 사람은 아무도 없었다. 그는 창왕 1년(1389) 임금의 생일 특사로 풀려 나왔으나 또다시 이성계 일파와 대립하게 되었으니 이번에는 창왕의 혈통을 둘러싼 논쟁이었다.

이성계와 정도전, 조준 등은 우왕이 공민왕의 아들이 아니라 신돈의 아들이라는 혈통론을 제기하고 나섰다. 우왕이 공민왕의 아들이 아니라 신돈의 아들이라면 우왕의 아들인 창왕은 자연히 신돈의 손자가 되는 것이니 왕위에 있을 수 없었다. 물론 우왕이 신돈의 아들일 이유는 없었지만 이런 경우 중요한 것은 사실이 아니라 힘이었다.

우왕을 쫓아낸 이성계로서는 창왕 체제를 오래 존속시킬 수 없었다. 그가 성장하기 전에 쫓아내지 않으면 자신이 당할 수 있다고 여겼기 때문에 혈통론을 명분으로 그를 끌어내리려 한 것이다. 조민수는 우왕이 공민왕의 아들이라고 주장했으나 이미 때는 늦은 것이었다.

드디어 힘의 논리에 의해 우왕이 신돈의 자식으로 결정남에 따라 창왕은 쫓겨나게 되었고 그 자리는 공양왕이 차지하게 되었다. 혈통 논쟁에서조차 패한 조민수의 운명은 이제 결정되어 있었다. 공양왕이 즉위한 직후 그는 서인(庶人)으로 강등되어 다시 창녕으로 유배되었고 다음해 유배지에서 쓸쓸하게 세상을 떠나고 말았다.

조민수의 등장과 몰락은 실패하는 지도자의 한 전형을 보여 준다. 위화도회군 때만 해도 그와 이성계는 등등한 지위이거나 조금 더 높았다. 그러나 그는 자신이 내몬 임금의 아들을 후사로 세우는 우를 범했다. 자신이 위화도회군으로 연합한 대상은 이성계이지 우왕의 아들이 아니었다. 우왕의 아들을 후사로 세우자는 말은 연합전선을 깨자는 말이었고 창왕이 즉위하는 순간 연합전선은 깨진 것이었다.

이로써 이성계 세력과 등지게 된 조민수는 우월한 명분을 갖고 세력을 모아야 했는데 개인적인 이해관계를 초월하지 못하고 시대적 과제인 사전개혁을 반대하는 결정적인 우를 범했다. 사익을 위해 공익을 저버리는 '선사후공(先私後公)'의 소인배적 행보를 걸은 것이다. 이 때문에 개혁대상으로 몰려 귀양갔다가 돌아와서는 혈통론으로 또다시 이성계 일파에게 섣불리 도전했다. 우왕이 공민왕의 아들이라는 자신의 주장이 맞다고 확신했겠지만 당시는 한 왕조가 가고 다른 왕조가 들어서려는 고려 개창 500년 이래 최대의 격변기였다.

우왕의 혈통보다 중요한 것은 당시의 시대적 과제인 토지개혁이었다. 이성계와 조민수의 승패는 혈통론의 진실 여부가 아니라 토지개혁 문제에서 갈렸던 것이다.

　이성계와 정도전·조준 등 역성혁명파 신흥사대부는 조민수를 제거한 후 권문세족들의 토지문서를 모아 개성의 왕궁 앞에서 불태웠다. 그 불이 여러 날 동안 탔다고《고려사》는 기록하고 있다.

　그 불 속에서 타는 것은 권문세족의 토지문서만이 아니었다. 이들의 탐학에 시달린 고려 백성들의 한(恨)도 함께 타는 것이었다. 이성계는 바로 사전(私田) 개혁이라는 당시의 시대적 과제의 실현을 자신의 정치이념으로 삼았고 백성들의 아픔을 몸으로 끌어안았다. 그러나 조민수는 시대적 과제의 실현을 저지하는 데 자신의 정치생명을 거는 우를 범했다. 바로 이 점이 둘의 운명을 천국과 지옥으로 갈랐던 가장 큰 요인이었던 것이다.

우리 역사의 수수께끼

3부

조선

가깝고도 먼 나라,
조선의 진실

함흥에 간 사신들과 태상왕 이성계

돌아오지 않는 사람, 함흥차사

함흥차사(咸興差使)란 태종이 '함흥의 이성계에게 보낸 사신'이란 뜻이다. 그러나 흔히 가서 돌아오지 않는 사람을 비유할 때 사용한다. 태종 이방원이 태조에게 사신을 보낼 때마다 태조가 죽여 버려 돌아오지 못했다는 것이 이런 비유로 쓰이게 된 배경이다. 과연 태조는 태종이 보낸 사신을 죽여 버렸을까?

이를 알아보기 위해 먼저 태조가 함흥으로 떠나게 된 배경에 대해 알아보자.

재위 7년째인 1398년 제1차 왕자의 난으로 신덕왕후 강씨 소생의 세자 방석(芳碩)과 방번(芳蕃)이 죽임을 당한 데 분개한 이성계는 왕위를 둘째 아들 정종에게 내놓고 상왕으로 물러났다. 태조는 마흔여덟 늦은 나이에 경처(京妻 : 서울의 부인) 강씨에게서 난 막내 방석을 남달리 사랑했는데 그가 이복형 방원에게 비참하게 죽자 충격을 받았던 것이다.

방원이 사병을 동원해 방석을 죽인 것은 사실상 태조 이성계에게 반기를 든 것이었으므로 태조는 이 하극상에 분개했다. 그러나 자신에게는 이미 방원을 응징할 수단이 없었으므로 왕위를 정종에게 물려준 후 상왕으로 물러났던 것이다.

왕자의 난은 2년 후 다시 일어나는데 방원과 친형인 방간이 개성 시내에서 각각 사병을 동원해 살육전을 전개했다. 방간 편에 섰던 박포(朴苞)가 주살되고 방간이 유배되자 방석을 죽인 방원을 미워하던 태조의 증오는 더욱 심해졌다. 이어서 태종이 형인 정종을 내몰고 임금으로 즉위하자 태조는 태종 1년(1401)에 개경을 떠나 고향 함흥으로 돌아갔다. 태조는 그가 임금이 되기 전에 살던 함흥부 남쪽 15리 운전사(雲田社)에 있는 함흥 본궁(本宮)에 기거하는 것으로 태종의 즉위를 거부하고 있었다.

이성계가 개경을 떠나 함흥 본궁에 거주하는 것은 방원에게 커다란 손실이었다. 이는 태조가 자신의 즉위를 인정하지 않는다는 뜻이었기 때문이다. 조선을 개창한 인물은 태종 이방원이 아니라 태조 이성계였기 때문에, 태조가 태종의 권위를 인정하지 않는 한 태종은 언제든지 도전을 받을 수 있었다. 이성계는 태종을 거부할 수 있어도 이방원이 태조를 거부할 수는 없었다. 태종이 자신의 효심을 구구절절 태조에게 알리는 것은 태조에게 인정받지 않고서는 진정한 임금 노릇을 할 수 없었던 태종의 이런 고민이 담겨 있는 것이다. 태종은 무슨 수를 써서라도 함흥에 은거해 있는 태조를 서울로 모셔 오지 않을 수 없었다.

그러나 태상왕(太上王)을 강제로 납치해 올 수는 없었다. 결국 태종은 태조를 설득해 서울로 돌아오게 할 수 있는 인물들을 물색해 함흥으로 보낼 수밖에 없었는데 이들이 바로 함흥차사이다.

과연 태조 이성계는 이들을 죽여 버렸을까?

함흥으로 떠난 사람들

이에 관한 여러 기록들을 검토해 보자. 태종 이방원이 이성계에게 보낸 함흥차사로 성석린(成石璘)이 있다. 그 전에 태종이 여러 번 중사(中使)를 보내어 문안을 했으나 태조가 활을 들고 버티어 서서 감히 문안을 하지 못하고 번번이 빈손으로 돌아왔다고 야사들은 기록하고 있다. 《용비어천가》는 이성계를 왜구 17명의 왼쪽 눈만 골라 맞출 정도의 명궁(名弓)으로 기록하고 있으므로 활을 든 태조의 모습에 함흥차사들이 두려움을 느끼는 것은 당연한 일일 것이다.

이에 태조의 옛 친구인 성석린이 함흥차사를 자청하고 나섰다. 성석린이 백마를 타고 베옷 차림으로 함흥 본궁 근처에서 불을 피우고 밥을 짓는 시늉을 하였더니 태조가 내시를 시켜 가 보게 했다. 석린이 "지나는 길에 날이 저물어 유숙하려 한다"고 말하자 태조가 기뻐하면서 불렀다.

석린이 밤중에 부자 사이의 변고를 처리하는 도리를 말하자 태조는 "너도 너의 임금을 위해서 나를 달래려고 온 것이냐?" 하고 의심하자 석린은 "만약 그래서 왔다면 신(臣)의 자손은 반드시 눈이 멀어 장님이 될 것입니다"라고 대답했다. 이 대답을 믿은 이성계가 서울로 돌아왔는데, 《축수편(逐睡篇)》에는 뒤에 석린의 두 아들이 과연 눈이 멀었다고 기록하고 있다. 《명신록(名臣錄)》은 석린의 맏아들 지도(至道)와 지도의 아들 귀수(龜壽)와 귀수의 아들이 모두 생모의 뱃속에서부터 장님이 되어 삼대를 이었으며 석린의 작은 아들 발도(發道)는 후사가 없었다고 기록하고 있다.

정사인 《태종실록》은 이성계가 성석린의 요청을 받아들여 태종 1년 4월 환궁했다고 기록하고 있다. 그러나 태조가 그해 11월 다시 서울을 떠나자 태종은 다음해 1월 다시 성석린을 보내 환궁을 요청한다. 태조가 부처를 모시기 위해 돌아갈 수 없다라고 거절하자 종친들과 함께 환궁을 요청하던 성석린은, "염불하고 불경을 읽는 것이 어찌 꼭 소요산(消遙山)이라야만 되겠습니까?"라고 따진다. 이성계는 이때 자신의 본심을 말한다.

"그대들의 뜻은 내가 이미 알고 있으나 내가 부처를 좋아하는 것은 다만 두 아들과 한 사람의 사위를 위함이다."

두 아들이란 두말할 것 없이 방원에게 죽은 방번, 방석을 말하는 것이고 한 사위란 역시 방원에게 죽은 경순공주의 부마 이제(李濟)를 말하는 것이다. 이들의 죽음에 대한 은원이 태조의 서울행을 막는 것이다. 아마도 이들의 죽음을 통해 자신의 한평생을 걸어 세웠던 왕업(王業)에 대한 회의가 싹튼 것인지도 모른다.

성석린은 빈손으로 돌아와 태종에게, "태상왕께서 빨리 돌아오실지, 늦게 돌아오실지는 아직 모르겠습니다"라고 보고한다.

여기에서 분명한 사실은 성석린이 두 번이나 태조를 찾아가 환궁을 요청해도 이성계는 그를 죽이지 않았다는 사실이다.

선조 때 차천로(車天輅)가 지은 야담 수필집인 《오산설림(五山說林)》과 《노봉집시장(老峰集諡狀)》은 태조가 차사(差使)들을 모두 죽였다고 기록하고 있는 책들이다. 《노봉집시장》에는 무수히 죽었다는 함흥차사 중 유일하게 이름이 전해지는 판중추부사 박순(朴淳)이 어미 말과 새끼 말을 데려간 고사에 대해 기록하고 있다.

박순이 새끼 달린 어미 말을 타고 함흥에 들어가 새끼 말은 나무에 메어 놓은 채 어미 말을 타고 가니 어미 말이 뒤를 돌아보며 앞으로 가려 하지 않는 것이었다. 이상히 여긴 태조가 물으니 박순은 "새끼 말이 방해가 되어 메어 놓았더니 서로 떨어지지 않으려 하는 것입니다"라고 부자 사이를 풍자로서 대답했다.

하루는 태조와 박순이 장기를 두는데 마침 천장에서 쥐가 새끼를 안고 떨어져 죽을 지경이 되었으나 서로 떨어지지 않았다. 이를 본

박순이 장기판을 제쳐놓고 눈물을 흘리며 돌아가자고 청하니 태조가 돌아가기로 결심했다는 것이다.

태조가 박순에게 먼저 돌아가라고 명하자 태조의 곁에 있던 인물들은 박순을 처단할 것을 주장한다. 그가 이미 용흥강(龍興江)을 건넜을 것으로 생각한 태조가 사자에게 칼을 주면서 "만약 그가 이미 강을 건넜거든 쫓지 말라"고 명령했다. 한편 박순은 마침 병에 걸려 지체하다가 겨우 강을 건너려던 참이었고 사자는 그를 허리를 베어 죽였다. 당시 이 광경을 읊은 "반은 강속에 있고 반은 뱃속에 있네(半在江中半在船)"라는 시까지 있었다며《노봉집시장》은 이를 기정사실화하고 있다.

그러나 이는 완전한 창작품은 아니지만, 뒷사람이 덧붙인 이야기이다. 상호군(上護軍) 박순이 동북면 함흥에 갔다가 피살되는 것은 사실이지만 용흥강을 반만 건너다 죽는 것이 아니라 조사의(趙思義)의 반란군에게 죽었다. 태종 2년 11월 신덕왕후 강씨의 친척이기도 했던 안변부사(安邊府使) 조사의가 신덕왕후와 왕세자 방석의 원수를 갚고 태조를 복위시킨다는 명분으로 군사를 일으키자 태종은 상호군 박순을 보내 이들을 무마하려 하였다. 박순은 함흥에 도달해 도순문사(都巡問使) 박만(朴蔓)과 주군(州郡) 수령(守令)에게 "조사의를 따르지 말라"고 설득하다가 피살된 것이다.

이성계가 태종 2년 11월 다시 함흥으로 돌아가자 태종이 차사로 보낸 인물은 왕사(王師) 무학(無學)이었는데 이 사실은《태종실록》과《오산설림》이 일치하고 있다. 보다 자세한 내용을 전하고 있는 《오산설림》에 따르면 무학이 함흥에 가서 태조를 알현하니 태조가 "그대도 나를 달래러 왔구나"라고 말했다. 무학이 웃으면서, "전하께서 빈도(貧道 : 승려가 자신을 가리키는 말)와 서로 안 지가 수십 년인데 제 마음을 모르십니까? 저는 특별히 전하를 위로하기 위해 왔을 뿐입니다"라고 대답했다.

무학이 함흥 본궁에 머무르며 태조와 환담하는데 말마다 태종의 단점을 이야기하니 이성계가 무학을 믿게 되었다. 이렇게 지낸 수십 일 후에 무학이 밤중에 태조에게 말했다.

"방원이 진실로 죄가 있으나 전하의 사랑하는 아들이 다 죽고 다만 이 사람이 남아 있을 뿐이니 만약 이마저 끊어 버리면 전하가 평생 애써 이룬 왕업(王業)은 누구에게 맡기시려 하십니까? 남에게 부탁하는 것보다 내 혈족에게 주는 것이 나으니 원컨대 세 번 생각해 보소서."

무학의 설득에 그럴듯하다고 생각한 태조는 서울로 돌아가기로 했으나, 곧바로 도성으로 돌아가지 않고 소요산(消遙山)에 머물러 움직이지 않았다. 앞서 말한 대로 성석린이 "염불하고 불경을 읽는 것이 어찌 꼭 소요산(消遙山)이라야만 되겠습니까?"라고 물은 것은 바로 이때의 일이다.

태종에게 활을 쏘았다?

태조는 한참 후 서울로 돌아오는데 그가 함흥에서 돌아와 태종을 만나는 장면도 많은 야사를 낳았다. 태종이 교외에 나가서 친히 맞이하려 하자 하륜(河崙) 등이 말렸다는 것이다.

"태상왕의 화가 아직 풀어지지 않았으니 모든 일을 염려하지 않을 수 없습니다. 차일(遮日)을 받치는 기둥을 마땅히 큰 나무를 써야 할 것입니다."

이에 열 아름이나 되는 큰 나무로 차일 기둥을 만들었다. 태조의 모습이 보이자 태종이 면복(冕服)을 입고 나아갔는데 태조가 갑자기 화살을 재어 태종을 향해 쐈다. 태종이 얼른 차일 기둥에 몸을 피했고 화살은 기둥에 맞았다.

태조가 노기를 풀고 "이는 하늘이 시키는 것이다"라며 옥새를 전하며, '네가 갖고 싶어하는 것이니 이제 가지고 가라'고 말했다. 드디어 태조가 자신을 인정한 것으로 생각한 태종이 눈물을 흘리며 세번 사양하는 예를 취한 후 받고 잔치를 베풀었는데 태종이 헌수(獻壽 : 술을 올림) 하려 할 때 하륜이 다시 말하였다.

"술통 있는 곳에 가서 술을 부으시되 잔을 올리는 것은 친히 하지 마시고 반드시 내시에게 올리게 하십시오."

태종이 그 말대로 하자 태조는 내시가 올린 술을 마시고 웃으면서 소매 속에서 쇠방망이를 꺼내 자리 옆에 놓으며 말했다.

태조 이성계가 태종 이방원에게 활을 쏘았다 해서 살곶이 다리라 불린다. 태종 때 짓기 시작해 세종 때 완성했다.

우리 역사의 수수께끼

"다 하늘이 시키는 것이다."

《태종실록》에는 이 장면이 아주 소략하게 기록되어 있다. 태조가 함흥에서 평양을 거쳐 서울 부근의 금교역(金郊驛)에 도착한 것은 태종 2년 12월 8일이었다. 이날의 《태종실록》은 다만 '임금이 금교역(金郊驛)에 나가서 태상왕을 맞이하고 장전(帳殿)으로 들어가서 헌수(獻壽)하였다'고 간단히 기록하고 있으므로 실제로 태조가 활을 쏘았는지, 쇠방망이를 소매 속에 넣고 있었는지는 분명하지 않다. 그러나 이런 식의 야담은 대개 호사가의 입을 거치며 부풀려지게 마련이어서 두 부자의 만남이 이토록 살기등등했으리라고 보기는 어렵다.

야사들은 이성계가 태종이 보낸 차사들을 셀 수 없이 죽였다고 전하지만 실제 죽은 것으로 전해지는 유일한 인물인 박순이 이성계가 아니라 조사의에게 죽은 데서 알 수 있듯이 사실은 아니다. 실록에는 태종이 태조에게 보낸 많은 인물들의 이름을 전하는데 그중 태조에게 죽은 인물은 없다.

태조가 재차 함흥으로 떠나자 태종은 재위 2년 11월 3일 환관(宦官) 김완(金完)을 보내어 문안하였으며, 나흘 후에는 예문관 대제학(藝文館大提學) 이직(李稷)을 보내어 문안(問安)하게 하고, 청원군(靑原君) 심종(沈淙) · 예문관 제학(藝文館提學) 유창(劉敞)을 보내 시위(侍衛)하게 했다.

태조와 태종 사이의 활과 쇠방망이를 둘러싼 고사가 터무니없다는 증거는 이때 태조가 태종에게 시위(侍衛) 이자분(李自芬)을 보내어 천지신명에게 제사 지낼 의친 · 옥백을 빨리 보내라고 말했다는 데서도 드러난다. 죽이고 싶도록 미운 인물에게 어찌 제사 지낼 신성한 물건을 요구할 것인가? 더구나 이성계는 태종 2년 12월 평양에 머무를 때 시자(侍者)에게 이런 말을 한다.

"내가 동북면(東北面)에 있을 때에 국왕[태종]이 사람을 보내지 않았고, 맹주(孟州)에 있을 때도 사람을 보내지 않았으니 감정이 없지 않은 것이다."

　함흥차사를 죽이기는커녕 차사를 보내지 않았다고 섭섭해 하는 것이다. 이때 시자는 이렇게 변명한다.

　"주상께서 안평 부원군(安平府院君) 이서(李舒)와 승려 익륜(益倫)과 설오(雪悟)를 보냈으나 중간에 길이 막혀서 돌아갔습니다."

　이런 기록에서 알 수 있는 것처럼 '함흥차사'는 후세의 호사가들이 만들어낸 이야기일 뿐이다.

용의 눈물과 비운의 왕세자

경위야 어쨌든 양녕대군 이제(李禔: 1394~1462)가 비운의 왕세자라는 데는 이론의 여지가 없다. 태종과 그 정비 원경왕후 민씨 사이의 장남으로 태어난 그는 11살 때인 태종 4년(1404)에 왕세자로 책봉되었다. 일단 왕세자로 책봉된 이상 커다란 변고가 없는 한 태종의 뒤를 이어 조선의 제4대 임금으로 즉위하는 것은 기정사실이었다. 그러나 그는 14년 후인 1418년 6월 '커다란 변고(?)'로 폐세자되어 쫓겨났으며 두 달 후에는 태종이 상왕으로 물러나고 동생 충녕이 즉위하는 것을 지켜봐야 했다.

게다가 비운의 왕세자 양녕의 수명은 유난히 길어서 세종 일가의 파란만장한 유전(流轉)을 모두 보아야 했다. 32년을 재위한 세종의 죽음과 2년 남짓한 문종의 재위와 죽음, 그리고 단종의 즉위와 폐위, 그리고 비참한 죽음까지도 지켜보아야 했던 인물이 양녕이었다. 그가 세상을 떠난 것은 단종이 유배지 영월에서 횡사한 5년 후인 세조 8년(1462), 무려 예순 아홉의 나이였다.

서울시 동작구 상도동에 있는 양녕대군을 모신 사당인 지덕사 부근에 있는 양녕대군의 무덤.
자신의 한을 풍류 속에 실어보내지 못한 그의 무덤이 인생의 덧없음을 말해준다.

'비운'이란 수식어가 말해 주듯이 그에게는 동정이나 미화의 시각
이 뒤따른다. 동정은 물론 왕이 되지 못한 세자의 비운에 대한 것이
니 이해할 만하다. 그러나 미화는 성격이 다르다. 그가 스스로 왕위
를 박찼다는 것이 그를 미화하는 사람들의 주요 논지이기 때문이다.
과연 그는 왕위를 스스로 박찬 것일까?

인기리에 종영된 KBS 드라마 '용의 눈물'은 양녕이 스스로 왕위
를 박찼다는 시각에서 그린 작품 중의 하나이다. 과연 이는 사실일
까?

양녕이 스스로 왕위를 박찼는지를 알아보기 위해서는 현존하는 여
러 기록들을 검토해야 할 것이다. 《태종실록》은 세종 때 편찬했으니
세종의 즉위를 정당화하기 위해 의도적으로 양녕을 폄하한 느낌이
없지 않다. 그러나 수양대군이 주도한 계유정난 이후에 편찬이 완성
된 《세종실록》의 기록도 그리 호의적인 것은 아니다.

바람둥이 왕세자

먼저 세자 시절의 그에 관한 기록을 보면 정사와 야사를 막론하고 하나의 공통점이 있다. 세자 양녕은 학문은 싫어하고 사냥이나 여색을 좋아했다는 점이다.

세자 양녕은 태종 11년(1411) 경부터 물의를 일으키기 시작한다. 《태종실록》 12년 4월자는 '세자가 병을 핑계로 서연에 참석하려 하지 않자 김문후가 눈물로 훈계하는 기사'가 나오며 그해 11월에는 '세자전의 매를 내보내도록 명했다'는 기사가 보인다. 태종 13년 2월에는 매를 놓아보냈다는 소식에 세자가 노했다는 기록이 있는데, 그 다음 달에는 평양기생 소앵과 놀아나다가 중관인 김매경 · 박수기 등이 대신 치죄당하는 기록이 나온다.

비행이 잇달자 사간원에서는 태종 13년 4월 세자전을 대전(大殿 : 국왕의 거처) 옆에 지을 것을 주장한다. 물론 세자를 태종의 감시 아래 두자는 의도이다. 그해 9월 태종은 세자의 좌보덕 권우에게 세자의 학문과 행실이 바르게 된 후에야 만나 보겠다며 세자에 대한 분노를 표시한다.

야사의 기사도 크게 다르지 않다. 《용재총화》에는 김호생(金好生)이란 선비의 이야기가 나온다. 세자가 잡인들을 많이 불러들여 물의를 일으키자 태종은 죄질이 중한 자는 죽이거나 귀양을 보내고 내관을 보내 세자를 감시하게 했다. 이때 김호생이 붓을 가지고 세자궁 앞을 얼씬대다가 내관에게 잡혀 태종에게 끌려왔는데 그가 만든 것이 그나마 붓임을 안 태종은, "네가 외인으로서 세자의 붓을 만들었으니 내 붓도 만들어야 한다"며 공조(工曹)로 보내 필장(筆匠)을 삼았다. 선비로서 필장으로 떨어지는 것은 신분의 전락이었으나 그나마 붓을 만들었기에 목숨을 건진 것이다. 사냥에 쓰는 도구를 만들었으면 살아남기 힘들었을 것이다.

태종 13년(1413)에는 임금이 통제원(通濟院) 남교(南郊)에 머물 렀는데 양녕이 굳이 따라오려 해서 하룻밤만 지내고 돌아가게 하자, 서울로 가기를 거부하며 (실록의 표현대로 하면) "앙앙(怏怏)대고 밥 을 먹지 아니했다"고 하여 태종이 "세자는 나의 자식만이 아니라 나 라의 저부(儲副)인데, 그 거동이 이와 같으니, 어찌하면 좋겠는가?" 라고 신하들에게 걱정하기도 했다. 서울에 가기 싫어 앙앙대던 이때 양녕의 나이 벌써 스물이었다.

세자가 일으킨 물의 중에 가장 큰 것은 여자 문제였다. 앞의 평양 기생의 문제 외에도 세자는 태종 14년 1월 밤에 창기를 들인 문제로 논란을 일으켰다. 그해 6월에는 아들을 낳았는데도 4개월 후에는 부 마 청평군 이백강의 연회에서 기생과 방종하게 놀아 핀잔을 사더니 다음해 5월에는 기생 초궁장(楚宮粧)과 놀아나다 문제를 일으켰다.

초궁장과 놀아난 문제는 간단한 것이 아니었다. 초궁장은 태종의 형이자 상왕인 정종(定宗)의 여자였기 때문이다. 한때 백부(伯父) 가 가까이 하던 여자와 관계한 것이었다. 이 사건은 세자가 초궁장 이 상왕의 여자라는 사실을 몰랐다고 발뺌하여 초궁장만 쫓겨나는 것으로 무마되었다.

두 외삼촌을 죽음으로 모는 왕세자

세자가 스스로 왕위를 버렸다는 관점에서 그린 드라마 '용의 눈 물'은 세자가 왕위를 버린 이유로 네 외삼촌의 비참한 죽음을 든다. 태종 때 두 차례에 걸쳐 외삼촌인 민무구(閔無咎)·민무질(閔無疾) 과 민무휼(閔無恤)·민무회(閔無悔)가 죽임을 당한 것에 회의를 품은 양녕이 스스로 세자 자리를 박찼다는 논리이다.

그러나 앞의 두 외삼촌은 별개로 치더라도 뒤의 두 외삼촌을 죽음으로 몬 직접적인 장본인은 세자 양녕이라는 점에서 견강부회(牽强附會 : 이치에 맞지 않는 말을 끌어다 자신에게 유리하게 함)적인 해석이다.

원경왕후 민씨의 동생인 민무구·무질은 방원이 제1·2차 왕자의 난을 승리로 이끄는 데 결정적인 공을 세운 인물들이다. 제1차 왕자의 난에 대한 논공행상인 정사공신(定社公臣) 2등과 태종 즉위의 논공행상인 좌명(佐命)공신 1등에 책봉된 사실로도 이는 명백하다. 그러나 이들은 태종 6년(1406) 잇단 가뭄과 흉년을 자책해 태종이 물러나겠다는 선위파동을 일으켰을 때 '조카인 세자[양녕]가 왕위를 이을 것을 바랐다'는 이른바 '협유집권(挾幼執權 : 어린 세자나 임금을 이용해 정권을 장악하는 것)'의 혐의를 받고 사형당했다. 그러나 이들의 혐의를 입증하는 증거라고는 선위파동 때 '얼굴에 희색을 띠었다'는 주관적인 것밖에 없었으니 이들은 사실상 억울하게 사형당한 것이다.

그런데 기생 초궁장 사건 바로 다음달인 태종 15년(1415) 6월에 느닷없이 민무휼·무회 문제를 제기한 인물은 바로 세자 양녕이었다. 그가 꺼낸 문제가 이미 2년 전에 있었던 사건이란 점에서 이는 의도적인 것이었다. 세자는 태종이 편전(便殿)에서 효령·충녕 두 대군과 함께 있을 때 이런 말을 한다.

"2년 전 4월에 어마마마가 편찮아서 저와 두 동생이 궐내에 있었는데, 민무회와 무휼도 문안(問安)을 왔었습니다. 두 아우가 약(藥)을 받들고 안으로 들어가서 저와 민씨만이 있게 되었을 때, 민무회가 자신의 가문(家門)이 패망하고 두 형이 죄를 얻은 이유에 대해 불평하기에 제가, '민씨 가문은 교만 방자하니 화(禍)를 입은 것이 당연하다'고 꾸짖었더니 민무회가, '세자는 우리 가문에서 자라지 않으셨습니까?'라고 말했습니다. 제가 잠자코 있다가 안으로 들어가려

하자 민무휼이 저를 따라와 '무회가 실언을 했으니 잊어버리시기 바랍니다'라고 말했습니다. 그런데 오늘날에도 개전(改悛)의 정이 없으므로 감히 아룁니다."

세자의 이 말은 사건의 전개 여부에 따라 두 외삼촌을 죽음으로 몰 수 있는 말이었다. 태종이 즉각 두 민씨를 불러 사실 여부를 묻자 두 사람은 목숨이 걸린 문제임을 깨닫고 즉각 부인했으나, 이미 엎질러진 물이었다. 대간과 형조에서 두 사람을 탄핵하고 나섬으로써 조사가 시작되었는데 세자는 조사를 맡은 우사간 이맹균(李孟畇)과 사헌부 집의 안망지(安望之)에게도 같은 진술을 했다. 민무휼과 무회는 일단 귀양에 처해졌다가 결국 사약을 마시고 말았다.

세자 양녕 때문에 두 외삼촌이 죽임을 당한 것이다. 양녕이 느닷없이 2년 전의 일을 가지고 두 외삼촌을 공격한 이유는 거듭된 비행으로 궁지에 몰리자 두 외삼촌을 희생양으로 삼아 탈출하기 위함이었다.

"전하의 시녀는 궁중에 받아들이면서 왜 신의 애첩은…"

결국 두 외삼촌은 죽었고 자신은 궁지에서 빠져 나올 수 있었지만 비행을 그치지 않는 한 위기는 계속될 수밖에 없었다. 두 외삼촌을 죽음으로 몰고도 비행을 그치기는커녕 양녕은 비행을 계속하다가 급기야 태종 17년(1417) 2월에는 전 중추(中樞) 곽선(郭璇)의 첩 어리(於里)를 강간하기에 이른다.

조선시대 사대부의 첩은 아무나 꺾을 수 있던 노류장화인 기생과는 달리 엄연히 남편이 있는 유부녀였다. 어리의 자색이 뛰어나다는 말을 들은 양녕은 대궐 담을 넘어 곽선의 집에 들어가 곽선의 양자 이승(李昇)을 위협하여 그녀를 이법화의 집으로 납치한 후 강간하고 궁중으로 끌고 왔다. 어리가 "저는 병이 있는 데다 남편이 있는 몸"이라고 저항했음에도 강간한 사건은 당시에 큰 물의를 일으켰으며 태종을 격노시켰다.

태종은 국법을 무시하고 마음대로 사대부의 병약한 첩을 납치해 욕심을 채우는 이런 인물이 즉위했을 때 벌어질 상황을 두려워했다. 조정 중신들은 양녕이 즉위했을 때의 일을 근심했다. 법을 무시하는 인물이 국왕으로 있을 경우를 생각하면 두렵지 않을 수 없었을 것이다.

태종은 세자의 비행을 막기는커녕 오히려 조장하던 장인 김한로를 외방에 부처시키고 양녕과 어리를 격리시켜 파문을 가라앉히려 하였으나, 세자는 오히려 태종의 이런 처사에 반발하면서 내관(內官) 박지생(朴枝生)에게 자신이 지은 수서(手書)를 올려 항의한다. 태종 18년 5월의 일이다.

"전하(殿下)의 시녀(侍女)는 궁중(宮中)에 받아들이면서 왜 신(臣 : 양녕)의 여러 첩(妾)은 내보내 곡성(哭聲)이 사방에 이르고 원망이 나라 안에 가득 차게 하십니까? 한(漢)나라 고조(高祖)는 산동(山東)에 있을 때 재물을 탐내고 색(色)을 좋아하였으나 마침내 천하(天下)를 평정했고, 진왕(晉王) 광(廣)은 비록 어질다는 이름이 있었지만 즉위 후 몸이 위태롭고 나라가 망하였습니다. 전하는 어찌 신이 끝내 크게 효도하리라는 것을 알지 못하십니까? 이 첩(妾 : 어리) 하나를 금하다가 잃는 것이 많을 것이요, 얻는 것이 적을 것입니다."

왜 태종은 후궁을 들이면서 자신은 못하게 하느냐는 상서의 내용에 태종이 한탄할 수밖에 없음은 당연했다. "이런 인물이 즉위해 생사여탈권을 가질 때 어떤 일이 일어날지 알 수 없으니"라는 한탄이 나왔다. 태종은 폐위를 결심하고 정승들을 불러 이 상서를 보여 주었다.

"세자가 여러 날 동안 불효(不孝)하였으나, 집안의 부끄러움을 바깥에 드러낼 수가 없어서, 항상 그 잘못을 덮어두면서 다만 그 잘못을 뉘우치고 깨닫기를 바랐는데, 이제 도리어 원망하는 마음을 가짐이 이런 지경에 이르렀다. 내가 어찌 감히 숨기겠는가?"

이 한탄의 속뜻이 세자의 폐위에 있음을 안 대신들은 다음날 의정부·육조·삼사의 모든 백관들을 모아 세자의 폐위를 청하게 되어 양녕은 세자 자리를 잃게 되었다.

그러나 세종이 즉위한 후에도 양녕의 비행은 계속되어 쫓겨가 있던 경기도 광주(廣州) 사저의 담을 넘어 도망해, 세종과 상왕 태종이 찾는 자에게 후한 상을 내리겠다며 전교해 찾기도 했다. 그 후에도 밤중에 두 사환을 거느리고 남의 집에 들어가 그의 첩을 빼앗으려다 실패하기도 하고 천령(川寧) 사람 박득중(朴得中)의 집에 좋은 개가 있다는 말을 듣고 사람을 시켜 몰래 가져오게 하는 등 비행을 그치지 않았다. 세종 10년 1월에는 좌군비(左軍婢)의 윤이(閏伊)와 간통하다가 발각되어 윤이와 그의 어미 기매(其每)가 국문을 당했으나 세종에 의해 석방되기도 하였다.

"노산군을 죽이소서"

양녕은 이런 비행 때문에 수십 차례 탄핵당했으나 세종 때문에 무사했다. 그러나 그는 세종의 이런 호의를 그의 아들과 손자에게 복수하는 것으로 돌려주었다.

단종이 즉위한 후 조카 수양대군에게 붙은 양녕은 계유정난 직후 단종을 보호하려 한 수양의 친동생 안평대군을 두 차례나 사형시키라고 청했다. 세조 즉위 후 사육신 사건이 일어나자 영의정 정인지와 함께 종친과 백관을 거느리고 세조에게 나아가 단종을 죽이라고 세 번이나 요청한 사실에 이르러서는 양녕대군이 뜻을 잃어 일부러 세자 자리를 박찼다는 세상의 속설이 얼마나 허위에 가득 찬 것인지를 여실히 보여 준다.

세종이 그토록 사랑했던 장손자 단종을 쫓아냈으면 그만이지 굳이 죽이라고 청하는 악역을 세 번이나 자청할 필요는 없었던 것이다. 세조는 단종의 사형 주청에 주저하는 몸짓을 보이는 척하다가 양녕이 종친과 백관을 거느리고 세 번이나 청하자 허락하고 말았다.

이로써 양녕은 자신의 왕위를 뺏은 세종의 아들이 형제와 조카를 죽이는 장면을 성공리에 연출했는데 이를 자신은 세종에 대한 복수라고 여겼을지 모르나 세자 자리는 그 자신의 허물 때문에 잃은 것이지 세종이 뺏은 것은 아니었다.

끊임없는 말썽을 일으켰던 그가 살아남을 수 있었던 것은 세종의 인내와 자비 때문이었다. 평범한 종친도 아니고 세자였던 국왕의 친형은 그 핏줄만으로도 목숨을 잃을 수 있는 것이 왕조국가의 특성이다. 그럼에도 끊임없이 물의를 일으키는 자신을 끝내 보호했던 세종의 비둘기 같은 우애를 뱀 같은 악으로 갚았던 것이다.

양녕은 시종 수양과는 사이좋게 지내어 두 사람의 일화로 전하는 것은 꽤 많다. 하루는 세조가 양녕에게 "나의 위무(威武)가 한 고조(漢高祖)와 비교해 어떻습니까?"라고 묻자, 양녕은 "전하가 아무리 위무가 대단하시다 해도 한 고조처럼 선비들의 갓에다 오줌을 누지는 않을 것입니다"라고 대답했다.

세조가 "나의 불심(佛心)이 양 무제(梁武帝)와 비교해 어떻습니까?"라고 묻자, 양녕은 "전하가 아무리 부처를 좋아하여도 양 무제처럼 가루[麵]로 희생(犧牲)을 대신하지는 않을 것입니다."라고 대답하여 서로 웃었다는 것이다. 양 무제는 불교를 숭상하여 종묘에 제사 지낼 때도 고기를 쓰지 않고 밀가루로 희생을 만들어 썼다는 임금이다.

　권력이 싫어서 세자 자리를 버렸다는 양녕과 양 무제보다 불심이 깊다는 수양의 대화는 서로가 닮은꼴임을 보여 주며 세상의 속설이 얼마나 덧없는 것인지도 보여 준다.

혁명과 패륜은 종이 한 장 차이

왕권이 약한 나라

세월은 화정에서 여러 어진이들과 연회함을 허락하네
한가함에 의지해 꽃과 술을 즐기니 태평을 깨닫네
이들이 어찌 사사로운 은혜만을 바라 다투랴
모두 정성을 다해 충성을 바칠 것을 생각함이겠지

시허군현연화정(時許群賢宴畵亭)
한빙화주각승평(閑憑花酒覺昇平)
하도쟁휘홍사후(何徒爭喜鴻私厚)
함욕사충헌이성(咸欲思忠獻以誠)

연산군이 화정에서 여러 신하들과 연회한 후 지은 칠언율시이다. 연산군! 그는 우리나라 역사상 최대의 폭군으로 지목되는 인물이다. 연산군하면 연상되는 낱말이 '음란', '포악' 등일 정도이다. 《연산군일기》 첫머리의 사평도 마찬가지여서 "어렸을 때 학문을 좋아하지 않아서 공부하기를 권하는 이가 있으면 매우 못마땅하게 여겼으며 …만년(晚年)에는, 주색에 빠지고 도리에 어긋나며, 극도로 포악한 정치를 하였다"고 악평하고 있다.

그러나 달리 말하면 국왕이 나라의 중심인 왕조국가 조선의 스물일곱 임금 중에 자기 마음대로 왕노릇 한 사람은 그 한 명뿐이다. 나머지 임금의 경우 정도의 차이는 있겠지만, 이름만 국왕이고 전하(殿下)인 경우가 많았다. 숙종 때 주청사로 북경에 갔던 정재숭(鄭載嵩)의 장계별단(狀啓別單)에는 청나라 예부시랑(禮部侍郎) 오합(敖哈)이 청나라 황제에게 했다는 말이 적혀 있다.

"조선은 임금이 약하고 신하가 강하기 때문에 만약 우리 청국 조정의 보호가 없다면 언제 왕위가 찬탈될지 알 수 없습니다."

임금이 약하고 신하가 강한 것을 '군약신강(君弱臣强)'이라 하는데 조선은 대표적인 군약신강의 나라였다. 조선은 사대부의 나라였지 국왕이나 백성의 나라는 아니었던 것이다. 실제로 조선 사대부들은 국왕을 사대부 중의 제1사대부라고 생각했지 사대부들의 위에 있는 특별한 존재로 여기지는 않았다. 이들은 국왕이나 자신들이나 모두 성리학을 이념으로 나라를 다스리는 동일한 존재로 여겼다.

성리학은 인간을 지배층인 사대부와 피지배층인 일반 양인·천인으로 나누는데 바로 사대부의 자리에서 세상을 해석한 것이 성리학이다. 조선의 국왕은 어린 세자 시절부터 세자시강원에 들어가 성리학을 배우게 된다. 성리학에 따르면 국왕 역시 사대부에 속하므로 자연히 신하들과 합의에 의해 정치해야 한다는 내용의 교육을 받게 마련이었다. 인성이 형성되는 시절부터 성리학을 배우니 장성해서도 그 테두리 내에서 사고하게 마련이었다.

실제로 조선 국왕의 권한은 요즘으로 치면 국무회의 사회자 정도였다. 정치직에 관한 독단적인 인사권을 갖고 있는 현재의 대통령보다도 훨씬 권한이 작았다. 국왕은 성리학자들, 즉 사림(士林), 또는 산림(山林)의 동의를 받지 않으면 신하 한 명도 마음대로 특채할 수 없었다. 사림에서 선호하거나 추천하는 인물들을 등용해야 별 말썽이 없었는데 이렇게 특채된 이들은 유현(儒賢) 또는 유신(儒臣)이라 하여 더욱 우대했다. 한마디로 조선은 국왕과 사대부의 협의체 국가였다. 즉 국왕의 나라가 아니라 신하의 나라였던 것이다.

조선의 실록에서 좋게 평가되는 국왕은 그 자신이 성리학자임을 추구했던 세종, 성종 같은 경우이다. 성리학의 범주에서 벗어나 왕권 강화를 추구하는 국왕은 여지없이 비판을 받았다. 이런 이유들 때문에 조선의 국왕들은 신하들에 의해 심한 제약을 받았다.

절대군주 연산군, 그러나

그러나 연산군은 달랐다. 《연산군일기》의 사평(史評)에 "대신(大臣)·대간(臺諫)·시종(侍從)을 거의 다 주살(誅殺)하되 불로 지지고 가슴을 쪼개고 마디마디 끊고 백골을 부수어 바람에 날리는 형벌까지도 있었다"고 비판한 데서 알 수 있듯이, 그는 대신이고 대간이고 시종이고 인정하지 않았다. 심지어 그는 인수대비의 국상 때 역월지제(易月之制)라는 것을 만들었는데, 역월지제란 달(月)을 날(日)로 바꾸는 것으로서 하루를 한 달로 치는 것이다. 역월지제에 의하면 삼년상이 삼십일, 즉 한 달만 상복을 입으면 끝나는 것이고 실제로 연산군은 그렇게 했다. 이는 예를 중시하는 유학·성리학의 근본질서를 부인하는 것이었다.

그렇다면 연산군의 이런 행동들은 사대부 중심의 통치이념인 성리학을 부인하고 국왕 중심의 새로운 통치체제를 세우려는 생각에서 나온 것일까?

성균관의 모습. 연산군은 성균관을 다른 곳으로 이주시킨 후 이곳에서
흥청들과 불놀이를 할 정도로 성리학을 우습게 여긴 임금이었다.

그가 사대부 중심의 통치체제를 붕괴시키려 했던 것은 분명하다.
성균관과 문묘에 대한 그의 자세를 보면 이를 알 수 있다. 성균관은
당시의 국립대학이자 공자를 비롯한 유가(儒家)의 성현을 모신 사
당이기도 했는데 그야말로 유교국가 조선의 이념적 원천이었다. 조
선의 세자가 성균관 입학례를 행하면서 공자에게 절하는 의식이 있
는 것은 세자가 공자의 제자임을 말하는 것이니 성균관의 위상이 어
느 정도인지를 알 수 있을 것이다.

그러나 연산군은 즉위 후 성균관을 이전해 버렸는데, 그 이유가
성균관이 높은 대지에 있어 대궐이 훤히 보인다는 것이었으니, 그가
얼마나 성균관을 우습게 여겼는지 알 수 있다. 연산군은 임사홍(任
士洪) 등을 채홍사로 삼아 전국 각지의 미녀들을 불러 올린 후 이들

우리 역사의 수수께끼

을 운평(運平), 홍청(興淸), 계평(繼平), 속홍(續紅)이라 이름 붙였는데, 자신의 곁에 있는 여성은 지과흥청(地科興淸), 자신과 함께 잔 여성은 천과흥청(天科興淸)이라 하였다.

성균관은 대궐보다 높은 곳에 있어 담장 위에 올라서면 연산의 이런 연락(宴樂)들이 훤히 보였다. 젊고 기개 있는 유생들이 이를 보고 가만히 있을 리 없어서 비난하는 말들이 나오자 성균관을 이전해 버리기로 한 것이다.

금쪽같이 떠받들어지던 공자·맹자 등의 위패(位牌)는 고산암(高山菴)으로 옮겼다가, 태평관(太平館)으로 옮겨지고, 다시 장악원(掌樂院)으로 아무렇게나 옮겨 놓았다. 그후 성균관의 동·서재 및 강당은 흥청(興淸)들의 음탕한 놀이장소로 변화했다. 심지어 연산군은 재위 11년 정월 초하룻날 옛 성균관에 가서 화붕(火棚 : 불놀이)을 하며 즐겼다. 그에게는 공자의 권위보다 국왕의 즐거움이 더 중요한 것이었다.

당초 연산군이 성균관 관생 및 유생들과 마찰을 빚게 된 이유는 두 가지였다. 하나는 부왕 성종의 장례 때 불교식으로 재(齋)를 지내는 것을 극력 반대한 것이었고, 다른 하나는 자신의 향락정치에 대해 유생들이 비난한 것이었다.

연산군은 성균관 생원 조유형 등이 거듭 간언하자 이들을 감옥에 보내 버렸고 심지어 재위 9년 11월에는 성균관의 우물인 성정(聖井)을 사용하지 못하게 하고 다른 곳에 우물을 파게 하였다. 성정이 궁궐 담장에 너무 가깝다는 이유에서였으니 성균관 유생들과의 접촉을 극도로 꺼리는 그의 심사를 엿볼 수 있다.

뿐만 아니라 그는 성균관의 뒷간도 옮겨짓게 했는데 이 역시 뒷간이 대궐의 후원(後苑 : 비원)과 가깝다는 이유였다. 즉 자신이 흥청들과 즐겁게 노는 후원의 가까운 곳에 유생들의 뒷간이 있는 것은 무엄하다는 생각이었다.

　연산군은 갑자사화를 일으키는 갑자년(재위 10년, 1504)에는 성균관 서재(西齋) 바깥쪽에 방화벽(防火壁)을 쌓게 했다. 자신이 날마다 여러 희첩(姬妾)들과 후원에서 노는 것을 유생들이 엿본다 하여 이런 명을 내린 것이다.

　연산군은 쫓겨나는 해인 12년 1월에는 성균관과 사학(四學)의 유생들이 모여서 시사를 비방하는지 사헌부에게 감찰하게 하였고, 그해 8월에는 시험을 각도에서 치르게 하여 유생들이 서울로 올라오는 일이 없게 하라고 명했다. 도(道) 단위의 합격자만 서울에 올라와 회시(會試)에 응하도록 했는데, 이때도 수문장에게 그 이름을 확인하게 해서 함부로 서울에 들어오지 못하도록 명했다. 그 이유는 "시골에 사는 전직 조사·유생들이 특별한 볼 일도 없이 서울에 와서 친족을 찾아다니며 시사(時事)를 비방하는 것을 금하기 위해서"였다.

　이처럼 연산군은 성리학 사회 조선의 지배이념인 유학을 거부했다. 공자를 모시는 성균관을 옮기고, 그곳을 환락의 장소로 삼을 정도로 연산군에게 성리학은 조롱의 대상이었다.

　만약 연산군이 자신의 향락을 위해서가 아니라 새로운 정치이념과 체제를 수립하기 위해 성균관과 그 유생들을 탄압한 것이라면 문제는 차원이 틀려진다. 이 경우 연산군은 패륜아에서 혁명가로 다른 평가를 받을 수 있기 때문이다. 연산군이 수양대군의 계유정난 이후 성립된 부패한 공신집단인 훈구파를 무너뜨리고 신진 세력을 등용하기 위해 대신·간관들을 죽이고 공격한 것이라면 이 또한 차원이 달라진다. 연산군이 사대부 정치체제를 무너뜨리고 백성 중심의 새로운 정치체제를 수립하기 위해 이런 행위를 한 것이고, 이에 대한 양반 사대부의 반발로 무너진 것이라면 연산군은 조선조에서 가장 위대한 군주의 한 명으로 기록될 것이다.

그러나 연산군이 성균관을 이전시킨 것은 자신의 향락을 위해서였지 새로운 체제를 수립하기 위한 것은 아니었다. 연산군은 자신의 행차 때 성균관과 사학 유생들에게 연(輦)을 메게 했는데 이것이 사대부와 다른 백성들이 같음을 나타내기 위한 의도적 행위일 때는 높은 평가를 받을 수 있겠지만, 오직 그 자신의 향락을 위해서였다면 무도(無道)에 지나지 않는 것인데 연산군은 후자에 가까웠다.

백성마저도

연산군이 혁명가가 아니라 패륜아일 수밖에 없는 가장 큰 근거는 자신의 향락을 위해 백성들에게 고초를 준 것이다. 그는 과거 선왕의 후궁·궁녀들이 도를 닦는 정업원(淨業院)의 여승들을 겁탈하기도 했는데, 그래서인지 그 뒷고개에 사람이 다니지 못하게 금지시키고 사람들이 얼씬거릴 경우 내관을 보내 잡아 가두었다. 그리고 궁성 밑의 민가를 철거시켰는데 이 폭거로 백성들의 원망은 하늘을 찌를 듯했다. 재위 8년(1502)의 전교를 한번 보자.

"궁성(宮城) 밑에 있는 민가를 철거하도록 했는데도 지금까지 성균관 서쪽과 정업원(淨業院) 동쪽 가의 궁성 근처에는 거주하는 백성들이 꽤 많으니 빨리 철거해야 할 것이다. 또 대성전(大成殿) 북쪽은 지형이 조금 높으니, 그 언덕에 거주하는 백성들은 모두 기한을 정하여 철거하도록 하라. 만약 기한 안에 철거하지 않는 사람이나 능히 단속하지 못한 관리는 모두 그 죄를 다스리라."

연산군이 대성전 북쪽의 백성들을 철거하려는 이유는 높은 곳에 사는 백성들이 대궐 안에서 향락을 일삼는 자신의 모습을 볼 것을 꺼려해서이다. 오죽했으면 의정부에서 이의를 제기했을까?

"후원(後苑) 담 밑의 인가를 철거하라는 명을 들었는데, 전에도 도성(都城) 안의 인가를 많이 철거했지만, 거주할 만한 땅이 없는 까닭에 머물러 살고 있는 것입니다. 그러나 원래 거주한 사람은 조종(祖宗) 때에도 철거하지 못하도록 했는데, 지금 이를 철거한다면 원통함을 어찌 다 말할 수 있겠습니까. 중국에서도 황성(皇城) 밑에 거주하는 사람의 가옥이 맞닿아 있고 담장이 연해져 있습니다. 더욱이 지금 백성들은 먹고살기도 어려우므로 더욱 철거할 수 없습니다. 전일에 도로를 침범한 인가를 철거하자 갈 곳이 없어서 재목을 길옆에 쌓아두고 초막(草幕)을 지은 사람이 많아, 백성들의 원망과 고통스러움이 적지 않습니다."

왕조국가의 정상적인 풍경은 벼슬아치들이 백성들을 탐학하면 임금이 백성 편에 서서 도와주는 것이었다. 그러나 연산군은 거꾸로 자신이 백성들을 괴롭히고 대신들이 이를 만류하는 정반대의 현상이 나타난 것이다. 연산군은 궁궐 밑의 인가뿐만 아니라 양주(楊州)·파주(坡州)·고양(高楊) 등의 고을을 폐지하여 놀이터를 만들었다.

당시 연산군의 향락은 백성들에게 큰 구경거리이자 비난거리였다. 연산군은 재위 9년에 성균관 북쪽 산에서 타락산까지 백성들이 올라가는 것을 금했는데 이 역시 '대궐 안을 내려다보는 곳'이란 이유였다.

그의 비행 중에는 사대부들의 아내를 겁탈한 것도 들어 있다. 신하들의 아내인 외명부(外命婦) 여성들을 잔치 명목으로 궁정에 끌어들여 자색이 뛰어난 부인은 나인에게 단장이 잘못되었다는 핑계로 방으로 끌어들인 후 동침했던 것이다. 어떤 여인들은 궁중에 남아 있기를 원했으며 어떤 부인은 이를 빌미로 남편을 승진시키기도 했다 하니 유교국가 조선의 도덕은 땅으로 떨어진 것이었다.

연산의 패륜 행각의 극치는 자신의 백부인 월산대군의 후처 박씨를 강간한 것이다. 백모를 강간한 후 그는 박씨의 의복과 품질을 비빈(妃嬪)과 같이 해 주고 사은(謝恩)하게 하니 부끄러움을 느낀 박씨는 자살하고 말았다. 박씨는 바로 중종반정 1등공신 박원종의 누이였는데 박원종이 목숨을 걸고 반정에 나선 것은 누이의 죽음에 대한 복수를 위한 것이기도 했다.

연산군 시대에 있었던 무오·갑자 두 사화는 그의 무정견을 단적으로 보여 주는 것이다. 김종직의 〈조의제문(弔義帝文)〉이 발단이 된 재위 4년의 무오사화는 그가 부패한 특권층인 훈구파에게 이용당해 젊은 선비 집단인 사림파를 주륙한 사건이다. 항우에게 죽은 초나라의 의제를 조상한 〈조의제문〉에서 의제는 단종을, 항우는 수양대군을 상징한 것이었으니, 수양대군의 증손인 그로서는 분노했을 법도 하지만 당시 백성들의 공분을 샀던 제거 대상은 훈구파였지 사림파는 아니었다.

재위 10년에 있었던 갑자사화는 성종 때 사사당한 생모 폐비 윤씨의 원수를 갚는다는 것이었는데, 이는 '임금의 복수는 일반 사람과는 달라 정치를 잘 하는 것이 최대의 복수'라는 왕조시대 임금의 직업 윤리를 무시한 것이었다. 갑자사화에서는 사림파뿐만 아니라 당시 생존해 있었던 윤필상과 이미 사망한 한명회, 정창손, 한치형, 어세겸, 심회 등의 훈구파도 화를 입었다.

연산군이 사림파뿐만 아니라 훈구파까지 공격한 것은 양파 모두를 적으로 돌리는 악수였지만, 그 나름대로는 계산에 있던 행위였다. 방탕한 향락생활로 재정난이 심해진 연산군은 훈구파 대신들의 막대한 토지를 몰수해 향락비에 보태려 하였는데 훈구파가 저항하자 사화를 이용해 이들을 제거했던 것이다.

이처럼 훈구파와 사림파 모두를 적으로 삼은 그에게 더 이상의 동지는 없었다. 만약 훈구파 사림파 할 것 없이 사대부는 모두 배제하고 백성들을 자신의 편으로 끌어들였다면 사정은 달라질 수도 있었다. 그러나 백성들은 이미 그의 적이었다.

《연산군일기》 10년 8월에는 잔치 때 기생 소홍립 (笑紅粒) 이 수심에 찬 얼굴로 노래했다고 형신 (刑訊 : 형장으로 때리는 벌) 할 것을 명령하는 기사가 나온다. 연산군에 의해 서인으로 강등된 후 쫓겨난 남편 이항을 생각하느라 수심에 찬 채 노래했다는 것이었다. 그의 말을 들어보자.

"대저 창기 (唱妓) 를 노류장화 (路柳墻花) 또는 동가식 서가숙 (東家食西家宿) 이라 하는데도 이 기생은 노래 부를 때에 항상 수심이 얼굴에 가득 차고, 노래도 화한 음성이 없다."

비록 연산군을 쫓아낸 중종 측에서 편찬한 실록이긴 하지만 수심에 차서 노래 부른 기생을 형신하는 인물이 한 나라의 어버이일 수는 없을 것이다. 결국 연산군이 성균관을 무시하고 대신·대간들을 험하게 다룬 것은 그의 향락을 위해서였지 새로운 체제를 수립하기 위한 것이 아니었기에 그는 혁명가가 아닌 패륜아의 평가를 받을 수밖에 없는 것이다.

연산군이 쫓겨난 후 조신 (曹伸) 이란 선비가 이 글의 도입부에 소개한 연산군의 칠언율시에 차운 (次韻) 을 덧붙였다.

농민의 집을 헐어 정자 만들고
많은 여성 뽑아서 운평 만들었네
원훈은 죽이고 대간은 도륙하고
내시들만 남아서 충성하게 하였네

철인려사총위정 (撤人廬舍摠爲亭)
채각청홍작운평 (採却靑紅作運平)
주진원훈도간보 (誅盡元勳屠諫輔)
지류조모표충성 (只留皂帽表忠誠)

우리 역사의 수수께끼

극적(劇賊)과 의적(義賊)과 혁명가 사이

가치 혼돈 시대의 흔적

현재 우리 사회는 정상적인 가치판단의 기준을 상당히 상실했다. 그 단적인 예가 부산교도소를 탈출한 신창원을 바라보는 일각의 시선이다. 드러내놓고 말을 안 해서 그렇지 신창원이 잡히지 않기를 바라는 시민들도 상당수 있을지 모른다. 심지어 일부에서는 그를 의적으로 미화하고 있고 그를 영웅으로 그린 만화까지 나와 있는 형편이다.

그러나 건조하게 객관적으로 말하면 그는 의적이 아니라 강도·절도범에 불과하다. 그럼에도 불구하고 그가 의적으로 여겨지는 민심의 밑바닥에는 현재 우리 사회 지배층에 대한 일반 시민들의 극심한 불신이 깔려 있다.

국가의 위기를 초래했거나, 전국민적인 분노를 살 정도로 큰 죄를 지었던 사람들도 일정 시기만 지나면 또다시 등장하여, 그 모든 것이 국가와 국민을 위한 것이었다고 큰소리를 치는 상황은 우리 사회의 가치혼돈을 부추기는 대표적인 사례이다. 그들이 지나간 행적들을 감추거나 미화하고, 이것이 진실로 받아들여지게 된다면 우리 사회의 가치관 혼돈은 더욱 심해질 수밖에 없다.

조선의 삼대 재사(才士)로 불렸던 벽초 홍명희는 일제시대에 쓴 장편소설 《임꺽정[林巨正]》에서 그를 부패한 지배층에 결연히 맞선 혁명아로 그렸다. 이것은 현재 그를 의적으로 여기게 하는 데 결정적인 역할을 하였다. 그럼 역사상에 실존했던 임꺽정은 과연 소설의 주인공 임꺽정처럼 의적이었을까?

조선후기 실학자 이익(李瀷)은 조선의 3대 도적으로 홍길동(洪吉童), 임꺽정, 장길산(張吉山)을 들었다. 그런데 우리는 이 3인 모두를 조선시대 3대 의적으로 인식하고 있다.

'도둑'과 '의적' 사이에 진실은 무엇일까?

《명종실록》에 의하면, 임꺽정은 명종 14년(1559)부터 시작해서 체포되어 처형당한 명종 17년(1562)까지 3년 이상 황해도를 중심으로 평안·경기·강원 지역에서 활약했던 조선의 대표적인 도적 우두머리였다. 그는 양주(楊州) 백정 출신인데 조선의 백정은 도살 및 육류판매, 유기(柳器) 제조 등을 생업으로 삼았다. 그는 신분적으로 노비는 아니었으나, 노비보다 더 심한 사회적 차별을 받았다.

그런데 임꺽정이 활동하던 무렵, 조정은 외척 윤원형(尹元衡)·이량(李樑)·심통원(沈通源) 등이 발호해 정치가 문란해져 관료들의 수탈이 심해진 데다가 여러 해 동안 흉년이 계속되어 백성들의 생활이 극도로 어려워졌다. 《명종실록》 편찬자까지 이런 사회현상을 개탄할 정도였다.

"사관(史官)은 논한다. 도적이 성행하는 것은 수령의 가렴주구 탓이며, 수령의 가렴주구는 재상이 청렴하지 못한 탓이다. 지금 재상들의 탐오가 풍습을 이루어 한이 없기 때문에 수령은 백성의 고혈(膏血)을 짜내어 권요(權要)를 섬기고 돼지와 닭을 마구 잡는 등 못하는 짓이 없다.”

　이 사관은 윤원형 같은 훈구파의 발호에 분개하는 사림파의 일원임에 분명하지만, 수령의 가렴주구와 재상들의 탐오를 도적 성행의 원인으로 든 그의 비판은 혜안이라 하지 않을 수 없다. 당시 권력자는 공공연히 벼슬을 팔아 수령들로 하여금 백성을 수탈하도록 조장하였던 것이다.

　임꺽정은 어떻게 군사들의 삼엄한 체포망에 맞서 무려 3년 동안 활약할 수 있었을까? 아무리 험난한 산악지형을 이용한 유격전술을 구사하였다고 하지만, 막대한 군사와 맞서 3년 이상이나 생존하는 것은 무리일 수밖에 없다.

경기도 안성군 죽산면 칠장리 칠장산 자락에 자리잡은 칠장사.
홍명희는 《임꺽정(林巨正)》에서 칠장사 주지와 임꺽정의 남다른
관계에 대해 서술해 놓았다.

백성들이 임꺽정을 신고하지 않은 이유가 있다

이는 일부 연구자들이 주장하는 것처럼, 백성들이 그들을 의적으로 여겨 정보와 은신처를 제공해 주었기 때문인지도 모른다. 그러나 당시 백성들이 이들을 적극적으로 신고하지 않은 것은 사실이지만, 적어도 《명종실록》의 기사에 의하면 의적으로 여겼기 때문이라기보다는 이들의 보복을 두려워했기 때문이다.

《명종실록》의, "황해도 각 지방의 이민(吏民)으로서, 도적을 고하여 체포하게 한 자도 도적들의 복수로 죽임을 당하였으니 모두 지극히 참혹합니다"라는 기록은 임꺽정 무리가 자신들을 고발한 백성들에게 참혹하게 보복했음을 보여 주고 있다. 이런 보복 기사는 또 있다.

"또 듣건대, 한 백성이 적당(賊黨)을 고발한 일이 있었는데, 하루는 들에 나가 나무를 하다가 도적들에게 붙잡혔습니다. 적들이 살해하려 하자, 그의 아들이 산 위에 있다가 이를 보고는 달려와서 적들에게 말하기를 '너희들을 고발한 것은 아버지가 아니라 나이고, 아버지를 대신하여 죽기를 바란다'고 하였습니다. 적들은 곧 그 아비를 놓아주고 그 아들을 결박하여 촌가(村家)에 도착하여 밥을 짓게 하고는 둥그렇게 둘러앉아 배를 갈라 죽이고 갔다고 합니다."

당시 백성들은 임꺽정 무리의 보복도 두려웠지만, 자신들의 재산만 약탈하지 않는다면 굳이 이들을 고발할 필요가 없었다. 당시의 집권층 자체가 대도(大盜)였으므로 자신들에게 피해만 입히지 않는다면 이들의 활동을 고소하게 여기면서 즐길 수 있었던 것이다.

당시 실권자인 윤원형 등에 대해 사관은, "윤원형과 심통원은 외척의 명문거족으로 한없이 물욕을 부려 백성의 이익을 빼앗는 데에 못하는 짓이 없었으니, 대도(大盜)가 조정에 도사리고 있는 셈이라, 그 하류들도 휩쓸려 이익을 추구함에 있어 남에게 뒤질세라 야단임은 물론, 자기만 알고 임금은 생각하지도 않게 되었다"라면서 대도라고 비판하고 있는 실정이었던 것이니 굳이 임꺽정을 고발할 당위성이 없었다.

임꺽정 무리는 양반과 토호들의 집을 습격하거나, 대낮에 마을을 습격하여 약탈하는 등 그 대담함이 유례를 찾기 힘들었다. 이들은 고위관리를 사칭하여 수령들을 골려주거나, 관아의 옥문을 부수고 동료들을 구출하거나, 관리들을 살해하는 등 공권력에 공공연히 도전하는 행위도 서슴지 않았다. 관에 대한 이런 대담한 도전 행위는 그들을 단순한 도적으로 규정짓는 것이 무리임을 말해 준다. 천민 출신 임꺽정의 국가기관에 대한 도전은 그가 의도했든 그렇지 않든 봉건적인 체제에 대한 도전이기 때문이다.

그러나 그렇다고 해서 공권력에 대한 모든 도전행위가 정당화되는 것은 아니다. 그가 어떤 새로운 사상을 가지고 새로운 사회를 건설하는 과정에서 이런 일이 발생했다면 모르거니와 단순히 도둑질의 대상이 국가기관이었다는 이유만으로 이들의 행위가 정당화될 수는 없는 것이다.

개성부 포도관(捕盜官) 이억근(李億根)은 군사 20여 명을 거느리고 새벽에 임꺽정의 소굴을 기습하다가 죽임을 당했는데 그는 평소에 도적을 추적하여 체포하는 일에 적극적이라 하여 임꺽정이 미워했던 인물이었다. 부장(部將) 연천령(延千齡)도 선전관(宣傳官) 정수익(鄭受益) 등과 함께 500여 군사를 거느리고 임꺽정을 체포하러 구월산에 들어갔다가 살해되었다.

이런 사례는 자신을 지키기 위한 자위권 차원의 우발적인 일들인데 임꺽정은 계획적으로 봉산(鳳山) 군수 이흠례(李欽禮)를 살해하려 하기도 했다. 이흠례가 신계(新溪) 현령으로 있을 때, 임꺽정 잔당을 많이 체포해 죽였기 때문이다. 하지만 이 계획은 사전 발각되어 실패하고 말았는데 어쨌든 현직 군수를 살해하려 한 이 사건은 임꺽정의 대담성을 보여 주는 한 사례이다.

이런 사건들은 그들의 대담성을 보여 주는 것임에는 틀림없지만 그들의 행위에 정당성을 부여하는 재료는 아니다.

임꺽정을 다음과 같이 논하고 그린다

조선시대 임꺽정에 관한 모든 기록은 그를 의적이 아니라 도둑으로 기록하고 있다. 《명종실록》은 물론 박동량(朴東亮)의 《기제잡기(奇齋雜記)》, 이익(李瀷)의 《성호사설(星湖僿說)》, 안정복(安鼎福)의 《열조통기(列朝通記)》, 이덕무(李德懋)의 《청장관전서(靑莊館全書)》 등 임꺽정에 대해 언급한 모든 기록들에서 그는 도둑이다. 물론 이런 기록들은 모두 양반계급이 서술한 것으로서 백정 출신인 그의 행위를 지지할 리는 만무하다는 점은 감안해야 할 것이다.

그러나 임꺽정 등의 발호를 부패한 집권층 때문이라고 주장한 사람은 사건 당시의 사관(史官)뿐만이 아니었다. 유명한 의병장 조헌도 임진왜란 발생 3년 전인 선조 22년 4월 1일 상소문을 올려 임꺽정 사건을 거론했다.

"논평하는 사람은 '옛날에는 하나의 윤원형이 기탄 없이 탐욕을 부려 흉포한 자를 임용하자 안으로는 임꺽정의 난을 빚어냈고 밖으로는 을묘왜변(乙卯倭變)을 초래하였다'고 하였습니다. 그런데 지금은 백 사람의 윤원형이 있어서… 이때보다 심한 경우가 없었으므로 장차 사나운 도적이 국내에서 선동하여 결국 적의 침입을 막아내기 어렵게 될 것입니다. 지금 과연 바다를 에워싼 왜적이 발동하지 않는 지방이 없지만 자못 살인을 금하고 있으니, 이는 그 괴수(魁帥)에게 반드시 깊은 계책이 있는 것으로서 평민을 해치는 임꺽정과는 다른 자입니다.”

조헌은 임꺽정을 윤원형의 폭정의 산물로 규정했으나 그 역시 임꺽정을 평민을 해치는 도적의 두목 이상으로 보지는 않았다.

그러면 홍명희는 왜 소설 《임꺽정》에서 그를 의적으로 그렸을까?

그 근거는 당대의 기록으로는 앞서 인용한 《명종실록》 사관의 “도적이 성행하는 것은 수령의 가렴주구 탓이며, 수령의 가렴주구는 재상이 청렴하지 못한 탓”이라는 분석과 “윤원형과 심통원은 외척의 명문거족으로 물욕을 한없이 부려 백성의 이익을 빼앗는 데에 못하는 짓이 없었으니, 대도(大盜)가 조정에 도사리고 있는 셈이라”는 기술에서 찾을 수 있다.

벼슬아치들의 탐학이 심해지면서 생활의 파탄에 다다른 백성들은 관리를 살해하고 고위관리를 사칭하여 수령들을 골려 주거나, 관아를 습격하여 감옥을 부숴 버렸던 임꺽정 무리의 행적을 미화하게 되었던 것도 홍명희가 그를 의적으로 그리는 데 이바지했을 것이다. 임꺽정은 비록 정부군에 체포되어 처형되었지만, 농민들의 마음속에는 부패한 권력에 대항한 의적으로 살아 남아, 농민·천민들의 입에서 입으로 전해졌을 것이고 홍명희는 이런 구전설화를 장편소설 《임꺽정》에서 의적으로 형상화하였을 것이다.

더구나 사회주의자였던 홍명희는 당시의 식민지 체제에 대한 모순을 폭로하는 수단의 하나로 임꺽정을 선택한 것이다. 결국 의적 임꺽정은 의적이냐 도적이냐의 사실 여부를 넘어 그릇된 시대가 낳은 하나의 산물일 따름이다.

원균은 비난받아 마땅한 졸장이며 남의 공을 가로챈 시기배인가

졸장 원균과 선무일등공신 원균

영웅 탄생을 위해서는 희생양이 필요한 것인가?《삼국지》를 보면서부터 이런 의문이 들었다. 유비를 영웅으로 만들기 위해 조조는 희생양이 된 것이 아니냐는 생각 때문이었다.

유비와 조조의 차이점은 무엇인가? 굳이 한(漢)나라의 자리에서 바라본다면 둘 다 혼란기를 틈타 자신의 통일왕조를 세우려는 야심가요 역적들이었다. 다른 것이 있다면 자신이 한 왕실의 후예라는 유비의 일방적 주장뿐 나머지는 같았다. 그럼에도 불구하고 유비는 충신, 조조는 역적으로 매도된 책이《삼국지》이다.

같이 비교할 대상은 아니겠지만 유신시절의 이순신(李舜臣)은 민족의 성웅인 반면 원균(元均)은 민족의 역적이었다. 이순신은 나라를 위해 백의종군을 마다 않은 충신인 반면 원균은 공을 시기하여 충신을 모함하는 역적이었던 것이 그 시절엔 하나의 상식이고 고정관념이었다. 심지어 원(元)씨 성을 가진 아이들은 원균의 후예라고 놀림까지 받는 실정이었다.

그러나《선조실록》37년(1604) 6월 25일자는 세간의 이런 평가가 정당한 것인가에 대한 의문을 제기해 준다. 임진왜란의 공신들에 대한 포상기록인데 문신으로는 이항복(李恒福)과 정곤수가 호성(扈聖) 일등공신이었고, 무신으로는 이순신·권율(權慄)·원균이 선무(宣武) 일등공신이었다.

정곤수는 명나라에 원병(援兵)을 청할 것을 건의하고 청병진주사(請兵陳奏使)로 명에 파견되어 원병을 구해 온 공로로 끝까지 선조를 호종한 이항복과 함께 일등공신에 책봉된 인물이다.

선조는 조선을 구한 것은 조선의 장수들이 아니라, 명나라라는 논리를 갖고 있던 인물이므로 정곤수를 일등공신에 책봉한 것은 당연해 보인다. 그러나 현재의 일반적 통념에 역적인 인물인 원균이 400년 전인 당시에는 당당히 일등공신으로 책봉된 것이다. 그것도 그가 모함했다는 이순신과 같은 반열에 올라 있다. 이 기록은 원균도 조조처럼 한 영웅을 위한 후세의 희생양인지 모른다는 의심을 갖기에 충분하다.

도대체 역사의 진실은 무엇일까? 이를 알기 위해서는 후세의 가필적 진실이 아니라, 당시의 실체적 진실을 추적해야 할 것이다.

먼저 공신이 책봉되는 과정을 살펴보면 임진·정유재란이 끝난 후 의정부와 비변사(備邊司), 군공청(軍功廳) 등에서 공신책봉을 위한 엄격한 심사를 벌였다. 이원익(李元翼)·이항복·이덕형(李德馨) 등이 선조에게 공신 등급을 정해 올린 것은 정유재란이 끝난 6년 후인 선조 36년(1603)이었다. 그런데 당초 올린 이 녹공에서 원균은 일등이 아니라 이등이었다. 그는 어떤 과정을 거쳐 이등이 일등으로 격상되었을까?

이순신에는 박하고 원균에게는 후하다

원균을 일등으로 승급시킨 인물은 다름 아닌 국왕 선조였다. 그는 특별히 비망기(備忘記)를 내려 원균이 이등으로 녹공된 것에 불만을 표시했다. 비망기의 일부를 보자.

"원균을 이등에 녹공해 놓았다만, 왜란 발생 초기에 이순신은 원균이 구원을 요청해서 간 것이지 자진해서 간 것은 아니었다. 왜적을 토벌할 때 원균이 죽기를 결심하고 매양 선봉이 되어 용맹을 떨쳤다. 승전하고 노획한 공이 이순신과 같았는데, 그 노획한 적괴(賊魁)와 누선(樓船)을 도리어 이순신에게 빼앗긴 것이다."

선조는 이때뿐만 아니라 시종일관 원균을 옹호하고 이순신을 폄하하는데 심지어 원균이 대패해 전라우수사 이억기(李億祺) 등과 함께 전사한 칠천량해전(漆川梁海戰)도 그는 원균의 자리에서 바라본다.

"이순신을 대신해 통제사가 되어서는 원균이 재삼 장계를 올려 부산(釜山) 앞 바다에 들어가 토벌할 수 없는 상황을 극력 진달했으나, 비변사가 독촉하고 원수가 윽박지르자 패전할 것을 환히 알면서도 진(鎭)을 떠나 왜적을 공격하다가 드디어 전군이 패배하게 되자 그도 순국하고 말았다. 원균은 용기만 삼군에서 으뜸이었던 것이 아니라 지혜도 뛰어났던 것이다."

칠천량해전의 패인은 원균이 아니라 원균의 토벌불가 진달을 묵살한 도원수에게 있다는 것이 선조의 논리이다. 그러면서 선조는 "오늘날 공로를 논하는 마당에 도리어 이등에 두었으니 어찌 원통하지 않겠는가. 원균은 지하에서도 눈을 감지 못할 것이다"라면서 일등으로 승급시키라고 명령하는 것이다.

이에 심사자들은, "원균은 당초에 군사가 없는 장수로서 해상의 대전에 참여하였고, 나중에는 주사(舟師)를 패전시킨 과실이 있으므로 이순신·권율과는 같은 등급에 넣을 수 없어 이등에 녹공했던 것인데, 방금 성상의 분부를 받들었으니 일등으로 올려 넣겠습니다"라면서 일등으로 녹공했던 것이다.

그러나 이 기사를 작성한 사관(史官)은 "원균은 주함(舟艦)을 침몰시키고 군사를 해산시킨 죄가 매우 컸다"고 한마디 덧붙여 놓아 원균을 일등으로 승급한 선조의 처사를 부당하다고 비난했다. 당시 사관은 선조가 이순신 격하 사업의 일환으로 그와 대립했던 원균을 일등으로 승급시켰다는 사실을 알고 있었던 것이다.

재미있는 것은 칠천량해전 때 토벌불가를 외치는 원균을 윽박질러 전투에 나서게 한 원수가 바로 권율이라는 사실이다. 선조 32년(1599) 7월 19일 이조에서 도원수 권율의 추증을 건의하자 사관은 권율을 격렬하게 비판한다.

"영상(領相) 권철(權轍)의 아들 권율은 성품이 본래 우둔하고 겁이 많아서 위망이나 지략이 일컬을 만한 것이 없었다. 단지 행주(幸州)에서 한 차례 승첩을 거두자 갑자기 중명(重名)을 얻게 되어 도원수에 제수되었다. 오랫동안 적진과 대치하고 있으면서 한 가지의 계책이라도 내어 적을 꺾지는 못하고 오히려 적이 모습을 보이기도 전에 겁나서 늘 멀리 피하곤 하였다."

보통 가혹한 평이 아닌데 비판은 이것으로 끝나지 않고 칠천량해전으로 이어진다.

"정유년 주사(舟師)의 전투〔칠천량해전〕에서 아무리 조정의 명령이 있었다고는 하나 진실로 시기를 살피고 힘을 헤아려 왜적과 대결하기 어려운 상황을 즉시 보고했어야 했다. 그리고 제장(諸將)에게 분부하여 군사를 정돈하여 적을 가벼이 보지 말라고 했더라면 적이 많다고는 하나 필시 제멋대로 충돌해 오지는 못했을 것이다. 그러나 권율은 이런 계책은 염두에 두지 않고 멋대로 경거망동하면서 통제사(統制使) 원균(元均)을 형장(刑杖)하면서까지 급하게 독전(督戰)하였다. 그리하여 6년 동안 어렵게 모은 주사를 하나도 남김 없이 없앴으며, 그 많은 산책(山柵) 역시 한 곳도 보존하지 못함으로써 적군으로 하여금 무인지경에 들어가듯 호남·호서를 침입하게 만들었다.

그는 겁내고 나약하여 방략이 없는 것이 이와 같았는데도 조정에서는 그의 후임자를 구하기 어렵다 하여 다시 그에게 병권의 중임을 맡겼는데, 권율은 그때도 과거의 잘못을 고쳐 제진(諸鎭)을 독려하며 힘껏 적을 토벌하지 못하였다."

권율에 대한 사관의 가혹한 비판은 선조의 시각과 일치하는 것이다. 그러나 권율은 5년 후 선무일등공신에 책봉되었다.

권율에 대한 상반된 평가, 즉 행주산성의 대승도 사실이고, 왜적과 싸우기보다 도망가는 전술, 굳이 좋게 평가하자면 피하는 전술을 즐겨 사용한 것도 사실이다. 그리고 한번 크게 이겨보려고 마음먹고 달려들었던 칠천량해전에서 대패한 것도 사실이다. 그럼에도 불구하고 권율은 일등공신에 책봉되고 오늘날까지 행주대첩의 영웅으로 남아있는 것이다.

이런 점에서 볼 때 원균이 상대적으로 억울한 것은 사실이다. 그의 경력은 그가 불패의 신화를 지닌 용장은 아니지만 적어도 겁장(怯將)은 아님을 말해 주기 때문이다. 이순신보다 다섯 살이 많았던 그는 무과에 급제하여 조산(造山) 만호(萬戶)로 있으면서 변방의 오랑캐 토벌에 세운 공으로 부령부사에 특진되었으며, 병사 이일(李鎰)과 시전부락(時錢部落)을 격파한 공으로 선조 25년(1592) 경상우수사가 되었다. 이는 이순신이 자신의 실력이 아닌 유성룡(柳成龍)과 정탁(鄭琢)의 추천을 받아 종6품 정읍현감에서 정3품 전라좌수사로 파격 승진한 것과는 비교되는 것이다.

임란 초기에 왜군의 집중적인 공격을 받았던 경상좌우수영이 거의 궤멸되자 원균은 전라좌수사 이순신에게 원병을 요청해 이순신과 함께 옥포(玉浦)·당포(唐浦) 등지에서 큰 승리를 거두었다. 이때만 해도 원균과 이순신은 서로 의기가 투합하는 명콤비였다.

원균과 이순신이 다투었는데

그러던 두 사람 사이가 벌어진 것을 실록은 전공 다툼 때문이라고 전한다.

《선조수정실록》 25년 6월 1일자의 기록을 보자.

"처음에 원균이 이순신에게 구원병을 청하여 적을 물리치고 연명(聯名)으로 장계를 올리려 하였다. 이때 이순신이 '천천히 합시다'라고 말하고는 밤에 혼자 장계를 올리면서 원균이 군사를 잃어 의지할 데가 없었던 것과 적을 공격함에 있어 공로가 없다고 진술하였으므로, 원균이 듣고 대단히 유감스럽게 여겼다. 이로부터 각각 장계를 올려 공을 아뢰었는데 두 사람의 틈은 이때부터 생겼다."

《선조실록》 25년 6월 21일자는 원균과 이순신이 한산도와 당포에서 승전한 일에 대해서 상세히 기록하고 있는데, 대체로 이순신을 주역으로 기술하였지만 원균에 대해서도 공동작전의 한 축으로 적어놓았지 폄하하지는 않았다. 광해군 때 편찬한 《선조실록》은 총제관 이항복이 북인 기자헌으로 교체되면서 북인의 당파적 시각이 많이 들어가 북인에 대해서는 긍정적으로 서술하고 다른 당인들에 대해서는 부정적으로 서술했다.

인조반정으로 정권을 잡은 서인들은 《선조실록》의 이런 문제점을 지적하면서 수정실록을 편찬할 필요성을 제기했다. 이를 공식 제기한 인물은 대제학 이식(李植)인데 그가 상소를 올려 수정실록 편찬

의 당위성을 주장하자 서인들이 동조해 조선 역사상 최초의 수정실
록이 나오게 된 것이다. 이런 연유로 총재관은 김류(金瑬)였으나 실
상은 이식이 주관한 것으로 알려지고 있다.

《선조수정실록》은 대체로 이순신에 대해서는 칭찬으로 일관하면
서도, 원균에 대해서는 폄하를 일삼은 책으로서 '이순신=충신', '원
균=역적'의 전거가 된다.

《선조수정실록》의 사실상 책임자였던 이식이 이순신과 같은 덕수
이씨라는 점을 들어 이식이 종친의 자리에서 의도적으로 이순신을
추앙하고 원균을 폄하했다는 것이 '원균복권론'의 근거를 이루고 있
기도 한데 조선의 실록청이 한 인물에 의해 좌지우지되는 조직은 아
니라는 점에서 이 주장은 큰 설득력은 없다.

그보다는 이이의 제자들인 서인들이 주도하고 이황의 제자들인 남
인들이 동조해 성공한 인조반정 이후 집권층의 변화와 더 밀접한 관
련이 있을 것이다. 인조반정 직후 남인 이원익이 영상이 된 데서 알
수 있듯이 반정정권은 형식상으로 서·남인 연합정권이었다. 이순
신은 남인 영수 유성룡의 추천을 받았으므로 남인으로 분류된 반면,
북인이 집권했던 왜란 말기 조정에 비호자가 많았던 원균은 북인으
로 분류되었으므로《선조수정실록》이 이순신은 후하게, 원균은 박하
게 기술했을 것이다.

그러므로 원균을 제대로 평가하려면 두 실록에 대한 공동 검토가
필요할 것이다. 《선조실록》과《선조수정실록》을 토대로 평가하면 이
순신과 원균 두 사람은 승전에 대한 전공 다툼으로 사이가 벌어지기
시작하다가 다음해인 선조 26년(1593) 8월 이순신이 신설된 삼도수
군통제사에 겸임 발령되자 원균이 반발하면서 결정적으로 멀어지게
된다.

삼도수군통제사는 오늘날의 해군참모총장과 비슷한 직으로 수군

을 통괄하는 자리였으므로 관직에 먼저 진출한 원균이 후배의 지휘를 받는 것을 꺼리게 되었던 것이다. 《선조수정실록》은 원균이 이순신의 차장(次將)된 것을 부끄럽게 여기고 이순신의 지휘를 거부했다고 기록하고 있다. 이 때문인지 원균은 선조 27년 충청 절도사(忠淸節度使)로 옮기게 되고, 얼마 후에는 전라좌병사로 다시 옮기게 되는데 이는 모두 육군이었다.

인간사의 다반사인 선후배 사이의 승진 경쟁 때문에 두 사람이 숙적이 될 것까지는 없었지만, 원균이 이순신의 뒤를 이어 삼도수군통제사가 된 것이 후세 사람이 두 사람의 관계를 유비와 조조처럼 각색하는 계기를 마련해 준 것은 사실이다. 이 자리바꿈이 원균의 책략에 의한 것처럼 각색되면서 원균은 전민족적 공적(公敵)이 되었지만, 사실 이는 원균의 책략이 아니라 어리석은 조정이 왜장 가등청정의 계략에 넘어간 결과였다.

가등청정이 간첩 요시라(要時羅)를 이용해 자신이 어느 날 어느 섬에 숙박할 것이란 정보를 유출하자 조정에서는 이순신에게 가등을 치라는 명령을 내리는데 이것이 가등의 계략임을 알아차린 이순신이 출진하지 않자 조정의 명령을 따르지 않았다며 그를 하옥시키고 전남병사 원균을 삼도수군통제사로 삼았던 것이 사건의 개요이다. 선조 30년 2월 1일의 일이다.

결국 가등청정은 한 번의 계략으로 자신들이 가장 겁내던 불패의 용장 이순신을 제거하고, 또 다른 용장 원균을 민족적 공적으로 만들었으니 두 사람은 모두 가등청정 계략의 희생자가 된 셈이다.

원균과 이순신에 대한 건조한 평가

두 사람에 대한 호불호(好不好)의 감정을 배제하고 원균과 이순신을 정리하면 이렇다.

　첫째, 원균은 용감한 무장으로서 이순신만큼은 못하지만 나름대로 최선을 다해 싸웠다. 둘째, 후배인 이순신이 상관으로 임명되자 반발하였다. 셋째, 이순신이 투옥된 후 삼도수군통제사가 되었다. 넷째, 삼도수군통제사로서 도원수 권율의 명령을 받아 재침하는 왜군과 싸우다가 전사했다. 다섯째, 선조의 호의로 선무일등공신에 책봉되었다.

명량해전 때 이순신 장군이 학익진과 물살을 이용해 왜선을 격파한 진도 울돌목.
다리 위쪽이 해남이고 남쪽이 진도이다.

종합해 보면 원균은 불패의 신장(神將) 은 아니지만 공적(公敵) 이
되어야 할 이유도 없는 한 사람의 용감한 장수이자 왜적에 맞서 싸워
목숨을 바친 공신일 뿐이다.
　충무공 이순신은 그야말로 민족의 영웅으로 부르기에 손색이 없
다. 그러나 이순신이 영웅이 되기 위해 꼭 원균이 희생양이 되어야
하는 것은 아니다.
　이순신은 무(武) 를 숭상하는 인물이 집권하면 항상 추앙되었는

데, 근래에는 박정희가 그러했고, 조선시대에는 효종이 그러했다. 북벌군주 효종은 북벌에 대한 문신들의 냉소를 잠재우기 위해 이순신을 받들었던 것이다. 효종은 급서하기 두 달 전쯤인 재위 10년(1659) 윤3월 승지 이경억(李慶億)에게 이렇게 말한다.

"아침에 이순신의 비문(碑文)을 보았는데, 죽을 힘을 다하여 싸우다가 순절(殉節)한 대목에 이르러서는 눈물이 줄줄 흘러내리는 것도 깨닫지 못하였다. 이는 하늘이 우리나라를 중흥시키기 위하여 이런 훌륭한 장수를 탄생시킨 것이다. 순신의 재능은 악비(岳飛)와 같은데, 훨씬 작은 병력으로 큰 병력을 공격하는 데 능하였다. 그 당시 청정(淸正)의 간사한 모략에 빠져 잘못되어 견벌(譴罰)을 받기에 이르렀고 드디어 원균의 패배가 있게 되었다. 그러나 그 뒤 순신이 약간의 거북선을 가지고 대적을 격파하였으니, 참으로 쉽게 얻을 수 없는 인재이다."

그렇다. 이순신은 유독 인재 키우기보다 인재 죽이기에 열중하는 우리 풍토에서 쉽게 얻을 수 없는 인재임이 분명하다. 그러나 이순신을 추앙하기 위해 다수의 문신들이 왜적의 침입에 놀라 달아나기 바쁜 와중에 힘을 다해 싸웠던 원균 같은 무장이 희생양이 될 필요는 없다. 하물며 나라를 위해 전사했으니 더 말할 필요가 있으랴.

거북선을 둘러싼 신화들

"보라 우리 눈앞에 나타나는 그의 모습/거북선 거느리고 호령하는 그의 위풍/일생을 오직 한길 정의에 살던 그이시다/나라를 구하려고….

우리 국민 누구나 한번쯤은 불러봤을 충무공 노래의 몇 소절이다. 우리 국민의 뇌리 속에 충무공 이순신은 거북선〔龜船〕과 한데 어울린 이미지로 남아 있다. 이순신과 거북선은 별개의 독립된 이미지가 아니라 하나의 통일된 이미지로 각인되어 있는 것이다.

거북선에 대해서는 그 신비스런 외형만큼이나 많은 이야기들이 떠돌아 다녔다. 그중에는 거북선이 세계 최초의 잠수함이란 이야기까지 있었다. 초등학교 시절에는 이를 사실로 믿기도 했겠지만 사물을 현실적으로 바라보게 되면서 거북선이 세계 최초의 잠수함이라는 사실은 자연히 과장이라는 것을 알게 되었으나, 거북선이 세계 최초의 철갑선인지 아닌지에 대해서는 아직도 반신반의하는 사람이 많다.

거북선은 과연 세계 최초의 철갑선인가? 그리고 거북선은 정말 이순신의 발명품인가?

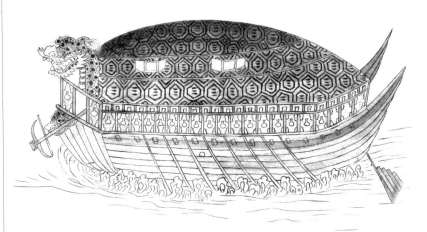

통영향토박물관에 소장되어 있는 거북선 그림. 조선 후기의 것이다.

거북선은 누가 만들었나

거북선이 이순신의 발명품인지 여부부터 살펴보자. 거북선이 실록에 처음 등장하는 것은 임진왜란 때가 아니라, 그 약 200여 년 전인 태종 13년(1413) 2월이다. 태종은 이때 통제원(通濟院) 남교(南郊)에서 머물다가 돌아가는 길에 임진도(臨津渡)를 지나다가 거북선(龜船)과 왜선(倭船)이 서로 싸우는 상황을 참관하는데 이는 물론 실전이 아니라 모의훈련이었다.

어쨌든 이 시절 이전에 거북선이 존재했던 것이 증명되는 셈인데 학자들은 고려시대부터 존재했던 것으로 추측하고 있다.

우리나라가 일찍이 거북선을 만든 이유는 태종이 '왜선'과 싸우는 것을 참관하는 데서 알 수 있듯이 왜선을 격파하기 위해서였다. 그러나 태종 때의 거북선은 실록에 더 이상의 설명이 없어서 어떤 형태였는지 알 수 없다.

거북선은 임진왜란 이전에도 존재했던 것이 분명하지만, 현재 우리가 생각하는 거북선은 사실상 이순신의 창작품이라고 보아도 큰 무리는 없다. 임진왜란 당시의 사람들부터 거북선을 이순신의 발명품으로 여기는 것이 한 증거이다.

《선조수정실록》25년 5월 1일자는 "이순신은 전쟁에 앞서 전투장비를 크게 정비하면서 자의로 거북선을 만들었다"고 기록하고 있다. 이 기록을 작성한 사관들이 거북선이 이전에도 존재했는지를 몰라서 이순신이 거북선을 '자의로 만들었다'고 기록했을 리는 없다. 사관은 거북선의 존재 의의가 이순신이 다시 만든 이후부터 있게 되었다고 생각해서 이렇게 기록했을 것이다.

이순신이 거북선을 만들었다는 사실은 당시 하나의 상식이었다. 비단 《선조수정실록》의 사관뿐만 아니라, 임란 후인 광해 14년(1622)에 비변사가 이순신이 만든 대로 거북선을 만들 것을 주청하자 광해군은 "빨리 이순신의 거북선을 만들며 무기를 수리하고 사졸들을 훈련시켜 착실히 변란에 대비하기를 한결같이 순신이 한 것과 같이 하라"고 명령한다.

국왕의 입에서 '이순신의 거북선'이란 말이 자연스레 나올 정도로 거북선은 이순신의 것이었다. 이런 인식은 임란 이후 보편적인 것이 되었는데 인조 17년(1639) 최명길은 임금에게 "경기 수사(京畿水使)에게 거북선을 제조하여 시험해 보도록 하려는데 이것은 이순신이 창제한 것입니다"라고 말하는데 이 역시 거북선의 발명자가 이순신임을 증명하는 것이다.

선조 9년(1576) 서른 둘의 늦은 나이에 무과에 급제한 이순신이 유성룡의 추천으로 전라좌도 수군절도사로 임명된 것은 마흔 일곱 살 때였다. 당시 조선은 개국 후 200여 년 간 계속된 평화에 취해 국방을 소홀히 하였는데 수군절도사로 임명된 이순신은 이런 기류에 아랑곳하지 않고 군사를 훈련시키고 무기를 보수하는 일에 전력을

조선이 가고도 조선은 남은 나라

기울였다. 거북선을 다시 발명했다고 해도 좋을 만큼 그 성능을 대폭적으로 개선한 것은 바로 이때였다. 거북선은 이순신의 손을 거치며 새로 발명되었다고 말해도 좋을 만큼 환골탈태하게 된 것이다.

판옥선과 거북선

그럼 거북선이 과연 철갑선인지를 알아보자. 이를 위해 먼저《선조수정실록》25년 5월 1일에 기록된 거북선의 모습을 보자.

"거북선은 배 위에 판목을 깔아 거북 등처럼 만들고 그 위에는 우리 군사가 겨우 통행할 수 있을 만큼 십자(十字)로 좁은 길을 내고 나머지는 모두 칼·송곳 같은 것을 줄지어 꽂았다. 그리고 앞은 용의 머리를 만들었는데 그 입은 대포 구멍으로 활용하였다. 뒤에는 거북의 꼬리를 만들고 그 꼬리 밑에 총 구멍을 설치하였다. 좌우에도 총 구멍이 각각 여섯 개가 있었는데 군사는 모두 그 밑에 숨어 있도록 하였다. 사면으로 포를 쏠 수 있게 하였고 전후 좌우로 이동하는 것이 나는 것처럼 빨랐다."

이분(李芬)의《이순신행록(李舜臣行錄)》도 이순신이 만든 거북선의 모습을 전한다.

"위에는 판자를 덮고 판자 위에 십자 모양의 작은 길을 내어서 사람들이 위로 다닐 수 있게 하였다. 나머지는 모두 칼과 송곳을 꽂아서 사방으로 발붙일 곳이 없었다. 앞에는 용머리를 만들고 입에는 총구멍을 만들고 뒤에는 거북꼬리를 만들었다. 대개 모양이 거북 모양과 같았으므로, 이름을 거북선[龜船]이라 하였다."

거북선에는 약 150여 명이 탈 수 있었는데 지붕을 전부 덮어 적이 올라오는 것을 막음으로써 노를 젓는 노군(櫓軍)과 전투원 모두를 보호할 수 있었던 세계 최초의 군선(軍船)이었다. 용의 머리와 거북의 몸통·꼬리를 한 기괴한 모습의 거북선이 입에서 황을 태워 연기를 만들다가 때로는 대포와 총을 쏘며 바다를 휘젓는 모습은 왜군을 공포에 떨게 했을 것이다.

이런 거북선이 철갑선이라는 사실을 전해 주는 기록은 없지만 거북선이 철갑선이란 주장은 꽤 있다. 일제시대에 연희전문 교수였던 언더우드(Horace h. Underwood)는 한국 선박사를 쓰면서 동료교수 정인보(鄭寅普)의 말을 빌려 대원군이 거북선 같은 철갑선을 만들었다는 사실을 기록했으나 그 자신은 거북선이 철갑선이라고 믿지 않았다.

1930년대 조선일보사의 편집고문으로 있으며 진단학회(震檀學會)에도 관여했던 문일평(文一平)은 거북선이 철갑선임을 확신한 사학자였는데 그가 거북선이 철갑선임을 확신하는 전거는 명치유신(明治維新) 이래 일본인들의 한반도 정복기사인《정한위략(征韓偉略)》에 있다. 이 책은 거북선이 철갑선이어서 일본의 포화가 해를 미칠 수 없었다고 기록하고 있는 책이다.

'거북선=철갑선'이란 신화는 일제 식민통치에 시달린 우리 민족에게는 하나의 상식이 되어서 진단학회에서 발간한《한국사─근세전기편》의 저자 이상백(李相佰)도 거북선은 "철갑선(鐵甲船)으로서 세계의 선구가 되는 것"이라고 기록하고 있다.

그러나 거북선의 재료에 대해서는 종래의 판옥선(板屋船)에서 유래하는 것으로 본 언더우드의 착상이 더 현실적이고 과학적이다. 판옥선은 조선 중기 이후 우리 수군의 주력 전선이었는데, 그 기원은 조선 전기의 맹선(猛船)에 있다. 맹선은 각각 80명, 60명, 30명이 승선하는 세 종류가 있었는데, 판옥선과는 병사들을 보호할 수 있는 상장(上粧)의 유무에 차이가 있다. 상장이란 앞뒤로 길게 도리나무를 설치하고 일정한 간격으로 기둥을 설치한 후 기둥과 기둥 사이에 판자로 된 방패를 붙인 것을 말한다.

즉 맹선은 선체에 병사들이 발붙이고 싸우는 발판이 되도록 갑판을 깐 평선(平船)인데 비해 판옥선은 선체 위 전면에 상장을 꾸려 하체와 상장의 이중구조로 돼 있는 배였다. 여기에서 상장의 가장 중요한 기능은 싸우는 병사들을 적의 화살이나 총탄으로부터 보호하는 것이었다.

거북선은 《조선왕조수군연구》를 쓴 김재근(金在瑾)이 본 대로 판옥선과 그 기본 구조가 동일한 것이었다. 두 배의 차이는 판옥선이 평탄한 갑판을 덮고 있는데 비해 거북선은 거북의 등 모양의 둥근 개판을 씌운 데 있다. 즉 거북선은 판옥선의 상갑판과 상장을 제거하고 대신 둥근 개판을 씌운 배였다.

만약 거북선이 철갑선이라면 그 모습을 기록하는 사람들이 나무가 아닌 철로 만들었다는 특이한 사실을 기록하지 않았을 리 없다. 정조 19년(1795)에 편찬한 《이충무공전서》에 실린 통제영구선(거북선)과 전라좌수영구선의 그림은 거북선이 평평한 철이 아니라 나무를 잇대어 만든 배임을 보여 주고 있다.

부딪쳐 깨뜨린다

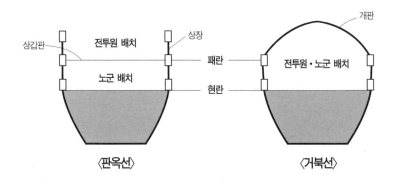

우리 역사의 수수께끼

왜군과 접전할 때 우리 수군은 먼 거리에서 함포사격으로 왜선을 깨뜨리는 것이 기본전술의 하나였다. 그리고 당시 조선의 배들은 빠른 동작을 요구하는 해적선에서 유래한 왜선보다 두터운 재료를 썼기 때문에 충돌했을 경우 일반적으로 왜선이 더 크게 부서지게 마련이었으므로 굳이 철선을 만들 이유도 많지 않았다. 당시 조선의 군선은 육중한 소나무로 만든 반면 일본 전함은 얇은 삼(杉)나무로 만들어서 약한 편이었다. 우리 해전사에 '부딪쳐 깨뜨린다'는 뜻의 당파(撞破) 전법이 자주 등장하는 이유는 왜선과 우리 군선 재료의 이런 차이에서 기인하는 것이었다.

이순신은 자신이 직접 쓴 《난중일기》에서 임진왜란이 발생하는 1592년 2월 거북선에 쓸 범포(帆布) 29필을 받아들여 3월 27일 거북선의 함포사격을 했다고 기록하고 있다. 그에게 쓸 수 있는 자금은 그만큼 한정되어 있었다는 뜻이다. 거북선 표면을 씌울 정도의 철이 그에게 있었다면 그는 다른 무기를 만들었을 것이다.

앞의 《선조수정실록》에 나오는 대로 "나는 것처럼 빨랐다"는 기록은 거북선의 재질이 무엇인지를 암시해 준다. 동력이 아니라 노를 젓는 무동력선의 재질이 쇠일 경우 나는 것처럼 빠르기는 쉽지 않을 것이기 때문이다. 그리고 당시 기술로서는 바닷물의 염기에 철이 부식되는 것을 막을 수가 없었다. 이런 여러 가지 점들을 종합적으로 검토해 볼 때 거북선은 목선이었을 확률이 훨씬 더 높다.

그러나 거북선이 목선이었다고 해서 그 진가가 떨어지지는 않는다. 거북선의 진가는 철갑선 여부에 있는 것이 아니라 실제 전투에서 보여 주는 효용성에 있기 때문이다.

《선조수정실록》25년 5월 조에서 전투장면을 인용해 보자.

"싸울 때에는 거적이나 풀로 덮어 송곳과 칼날이 드러나지 않게 하였는데, 적이 뛰어오르면 송곳과 칼에 찔리게 되고 덮쳐 포위하면

213

조
선의 고
가 선 의 진도
실 면 나라

화총(火銃)을 일제히 쏘았다. 그리하여 적선 속을 횡행(橫行)하는 데도 아군은 손상을 입지 않은 채 가는 곳마다 바람에 쏠리듯 적선이 격파되었으니 언제나 승리하였다."

이처럼 거북선은 조선군에게는 불패의 신화를 남긴 무적의 병선이었으나, 왜군에게는 도저히 격파할 수 없는 불사조이기도 했다. 《선조실록》 25년 6월의 한산도 · 당포해전에서 이순신은 왜군을 끌어들이기 위해 일부러 도망가는 척하자 이 계략에 걸린 왜선이 쫓아오자 역습하는 장면이 나온다. 조선 수군이 "거북선으로 돌진하여 먼저 크고 작은 총통(銃筒)들을 쏘아대어 왜적의 배를 모조리 불살라버리니, 나머지 왜적들은 멀리서 바라보고 발을 구르며 울부짖었다."

거북선의 위력에 겁을 먹은 왜군은 "전라도 등의 수병과 거북선을 조발하여 바다를 포위하게 하니, 왜노(倭奴 : 왜군)는 쥐 죽은 듯이 자리를 지키기만 하고 감히 움직이지 못할(선조실록 25년 6월)" 정도로 거북선이 나타나면 대응 자체를 포기하기도 했다.

따라서 선조 28년 10월에 비변사에서 보고한 대로 "적이 꺼리는 바가 이 거북선에 있는" 상황이 되었던 것이다.

업그레이드 거북선, 창선

이순신이 사망한 지 9년 후인 선조 39년(1606)에는 겸 삼도통제사 이운룡(李雲龍)은 창선(槍船)이란 것을 만들기도 한다. 이운룡은 자신이 창선을 만든 것을 보고하면서 거북선의 단점을 설명한다.

"거북선은 전쟁에 쓰기는 좋지만 사수(射手)와 격군(格軍)의 숫자가 판옥선(板屋船)의 125명보다 적게 수용되지 않고 활을 쏘기에도 불편하기 때문에 각 영(營)에 한 척씩만을 배치하고 더 이상 만들지 않고 있습니다."

거북선은 승선원이 많고 활을 쏘기 불편한 단점이 있기 때문에 자신이 창선을 만들었다는 것이다. 자신이 만든 창선을 이운룡은 "판옥선도 아니고 거북선도 아닌 다른 모양의 배"라고 설명하는데 "칼과 창을 빽빽이 꽂았으므로" 이름이 창선(槍船)이라는 것이다. 이 설명만으로 보면 거북선과 어떻게 다른지 상상하기 쉽지 않은데, 그의 보고에 따르면 "격군 42명을 나누어 태우고 바다에 나아가 노를 젓게 하였더니 빠르기가 나는 듯하였고 활쏘기의 편리함도 판옥선보다 나았다" 한다. 말하자면 작은 거북선인 셈이고 개량 거북선인 셈이었다. 여기에도 역시 창선이 철갑이란 표현은 없는 것으로 보아 거북선뿐만 아니라 판옥선, 창선 등 당시의 모든 군선은 목선이었음이 분명하다.

최근에 발견된 임란 당시 거북선에 관한 자료는 거북선의 몸체 길이가 12발(약 18m)이고 높이가 14척(약 4.8m)이며 앞뒤로 돛대를 두 개 달았다는 내용이 들어 있다. 현재까지 알려진 기록에 의하면 거북선은 몸체 길이가 26~28m, 높이가 6m 정도로 추정되었는데, 이는 현재까지의 기록이 틀렸다기보다는 거북선도 여러 종류가 있었음을 말해 주는 것이다.

이순신이 새로 발명하다시피 개량한 거북선은 그 자체로 우리 민족의 우수한 과학기술 수준을 세계에 자랑할 만한 수작이다. 비단 철갑선이라고 주장해야 그 우수성이 드러나는 것은 아니다. 오히려 기존의 판옥선을 획기적으로 개량해 이전에도 판옥선과 싸워 봤던 왜군들을 벌벌 떨게 만든 그 자체가 주위의 낯익은 것에서 해결의 실마리를 찾는 실학정신의 발로일 것이다. 목선이라 해도 거북선은 그 자체로 당시 세계에서 가장 뛰어난 군선이었음에는 아무도 이의를 달지 못할 것이다.

선조는 왜 이순신 같은
전쟁영웅들을 제거하려 했는가

중국으로 도망가려고 한 왕

소설이든 역사서든 임진왜란과 관련된 책을 볼 때 두 주먹을 불끈 쥐고 가슴을 치게 하는 내용이 있다. 바로 이순신이나 김덕령 같은 전쟁영웅들이 모함을 받아 죽음의 위기에 몰리는 장면이다. 그리고 그들을 죽음으로 모는 인물이 국왕 선조라는 점에서 분노는 가중된다. 선조는 왜 이순신 같은 전쟁 영웅들을 제거하려 했을까?

100여 년의 전국(戰國) 시대를 종결지으며 일본열도를 통일한 풍신수길(豊臣秀吉 : 도요토미 히데요시)이 20만 대군을 동원하여 조선을 침략한 것은 선조 25년(1592), 조선이 개국한 지 정확히 200년 만이었다. 그 동안 북방의 여진족과 남방의 왜구에 의한 전란이 없었던 것은 아니지만 이는 국지전에 불과했고, 국가 전체의 운명이 걸린 전면전은 이번이 처음이었다.

부산첨사(釜山僉使) 정발(鄭撥)과 동래부사(東萊府使) 송상현(宋象賢)은 부산과 동래에서 적과 맞아 싸웠으나, 패배하며 전사했고 중앙에서 파견한 순변사 이일(李鎰)과 도순변사 신립(申砬)도

상주와 충주에서 각각 패배하고 말았다. 왜군이 부산에 상륙한 지 불과 10여 일만에 도순변사 신립마저 패배하자 평화에 익숙해 있던 조정은 공포에 휩싸였다.

왜군이 북상하는 동안 조정은 그 대책을 논의했는데 끝까지 맞서 싸우자는 주전론이 우세한 가운데 다른 계책도 둘이 있었는데, 그중 하나가 서울을 버리고 도망가자는 파천(播遷)이었고 다른 하나가 만주의 요동으로 망명하자는 요동내부책(遼東內附策)이었다.

그런데 이 두 계책의 입안자와 결정자가 다름 아닌 바로 국왕 선조 자신이었다는 사실은 임진왜란 유공자의 비극을 예고해 주고 있었다. 선조는 신하들의 극렬한 반대에도 불구하고 행선지도 정하지 않은 채, 서울을 버리고 파천을 단행하였다. 파천은 외침에 맞서 죽음으로 나라와 백성의 구할 책임을 저버리고 자신의 안전만을 도모한 소인배의 행위로서 국왕이 취할 행동은 아니었다. 이는 6·25사변 때 서울을 사수하겠다고 방송해 놓고 자신은 대전으로 도망간 대통령 이승만의 행위와 본질적으로 같은 국민 배신행위였다.

국왕이 도망가자 분노한 서울 백성들은 궁궐에 난입했는데, 그중 천민들은 자신들의 호적을 관리하는 장예원(掌隷院)에 불을 질렀다. 백성들의 봉기에 놀란 선조는 파천 결정자가 자신이라는 사실을 숨기기 위해 희생양을 조작했는데, 그의 이런 정치공작에 의해 영의정 이산해(李山海)는 파천 주청자로 둔갑되었고, 좌의정 유성룡(柳成龍)은 파천을 적극 반대하지 않은 죄로 파면당했다.

멀리 평산까지 도망간 선조는 요동내부 의사를 내비치기 시작했다. 요동내부란 국가와 백성을 버리고 국왕과 소수의 비빈(妃嬪)만이 난리를 피해 요동에 들어가 명나라의 백성으로 살겠다는 망명론이었다.

이번에도 신하들은, "난을 당하면 임금은 당연히 힘써 나라와 백성을 지켜야 하고, 신하 또한 마땅히 나라와 운명을 함께 해야 합니다. 전하께서 요동으로 망명할 계획을 철회하신다면 신들이 어찌 감히 성을 지키지 않겠습니까"라며 목청 높여 반대했다. 그러나 임진강 방어선이 붕괴되었다는 소식을 접한 선조는 신하들의 반대를 무릅쓰고 요동내부 계획을 관철하려 하였다.

그러나 선조의 요동내부는 실현되지 못한다. 선조가 계획을 철회했기 때문이 아니라 명나라에서 망명을 거절했기 때문이다. 명나라는 조선이 일본과 결탁해 명을 침략하려 한다는 의혹을 가지고 있었다. 명은 "조선이 실제로는 왜구와 함께 모의하여 거짓으로 가짜 왕을 정해 길을 인도하여 명에 쳐들어온다"고 생각해서 선조의 요동내부를 거절하였던 것이다. 실제로 명 조정에서는 최세신(崔世臣) 등을 보내어 그 진위(眞僞)를 확인하기도 하였다.

선위론에 담긴 뜻

제 한 몸 건사하는 것이 가장 중요하다고 생각한 선조는 국왕의 책무에서 벗어나기 위해 세자에게 왕위를 물려주겠다는 선위론(禪位論)을 밝히기도 했다. 당초 선위론은 요동내부의 걸림돌이었던 국왕의 직무를 세자에게 양위하고 전쟁터를 벗어나 안전지대인 요동으로 도망가기 위한 계획이었다.

그러나 명의 원군이 도착하고, 이순신 등의 활약으로 전황이 조선에게 유리하게 뒤바뀌자 선위론은 파천과 요동내부로 실추된 국왕의 권위를 회복하려는 의도적인 정치행위로 뒤바뀌었다.

선조가 임진왜란 7년 동안 선위를 밝힌 횟수는 《선조실록》에 기록된 것만 해도 20회나 된다. 명군 도착 이후 선조의 선위론은 항상 '임시' 내지 '섭정(攝政)'이라는 단서가 붙는 데서도 알 수 있듯이,

우리 역사의 수수께끼

때로는 명의 문책을 피하기 위한 방도로 이용되었고, 때로는 신하들의 충성도를 시험하기 위한 방도로 사용되었다.

실제로 선조가 선위론을 밝힐 때마다, 모든 신하들은 며칠씩 업무를 중단한 채 정청(庭廳)을 열고 꿇어앉아 선위의 부당성을 목청 높게 외치는 것으로 자신의 충성심을 보여 주어야 했다. 선조가 선위론을 밝힐 때마다 세자 광해군은 신하들과 같이 엎드려 울면서 명을 거두어 달라고 빌어야 했으니 전시에 이만저만한 정력 낭비가 아니었다.

선조의 이런 정치 행태를 볼 때 그가 당시 백성들의 높은 인기를 얻고 있던 이순신(李舜臣), 김덕령(金德齡), 곽재우(郭再祐) 등 전쟁영웅들을 제거 대상으로 점찍은 것은 당연한 현상일 것이다. 일본군이 쳐들어오자 나라와 백성을 내팽개친 채 도망간 선조와 목숨을 바쳐 나라와 백성을 지킨 이들의 행위가 극명하게 대비되는 것은 자연스러운 일이었다.

선조는 환도(還都) 이후에도 전란에 지친 백성들의 마음을 위로할 생각은 하지 않고 강제로 군수용이란 명목으로 재산을 빼앗았으며 부역도 강화하여 백성들의 분노를 샀다. 이런 학정에 난민으로 변한 농민들은 관청을 습격하는 등 민란을 일으켰다. 선조는 이들을 선무(宣撫)할 생각은 하지 않고 군사를 보내 잔혹하게 진압하고, 그 연루자는 진위 여부를 가리지도 않고 처형했다.

김덕령의 억울한 죽음

선조는 오히려 전쟁 영웅 중에 농민봉기의 연루자가 있으면 속으로 쾌재를 불렀는데, 선조의 이런 올가미에 걸려든 대표적인 인물이 김덕령이었다. 김덕령은 1594년 1월에 담양에서 3,000여 명의 의병을 모아 순창과 남원을 걸쳐 영남으로 진출하였는데, 이때 의령에 주둔하고 있던 곽재우에게 글을 띄워 의병 상호간의 협력체제를 구축한 전략가이기도 했다.

선조는 진주에 주둔 중인 김덕령에게 각도 의병을 모두 소속시킬 정도로 한때는 그를 이용했는데, 그만큼 김덕령은 의병장으로서 명성이 있던 인물이었다. 그런데 충청도에서 민란을 일으킨 이몽학(李夢鶴)이 사람을 모으면서 "나는 충용장(忠勇將) 김덕령, 병조판서 이덕형(李德馨)과 도원수 권율(權慄) 등과 내통하고 있으므로, 이들은 거사만 하면 반드시 우리에게 호응할 것이다"라고 거짓으로 선전하였다.

당시 진주에 있던 김덕령은 도원수 권율의 명령에 따라 이몽학의 봉기를 진압하기 위해 출진했다가, 중간에 난이 진압되었다는 보고를 듣고 돌아왔는데, 영문도 모른 채 진주목사 성윤문(成允文)에게 체포당했다. 이후 좌의정 정탁(鄭琢), 우의정 김응남(金應南) 등이 적극적으로 무고임을 주장했으나, 그는 20여 일간에 걸친 혹독한 고문으로 서른 살이라는 젊은 나이에 생을 마쳤다.

김덕령이 무고하게 죽었음은 《선조수정실록》에 적힌 그의 항변이 말해 준다.

"신이 이몽학과 함께 반역할 뜻이 있었다면 당초 도원수의 명에 따라 어찌 이몽학을 치러 출병하였을 것이며, 또한 다시 명을 받고 그대로 군진(軍陣)에 돌아왔겠습니까. 다만 신이 만 번 죽어도 용서받지 못할 일이 있다면, 계사년(1593)에 모친상을 당했으나 3년 상을 치르지 못한 채… 상복(喪服)을 전복(戰服)으로 바꾸어 칼을 쥐고 나섰으나, 수년간 종군(從軍) 끝에 조그만 공도 세우지 못한 것에 있습니다. 따라서 충성도 없으면서 효도의 의리마저 어겼으니 차라리 그 죄로 신을 죽여 주십시오."

그는 선조 29년(1596)에 죽었으나 120년이 지난 영조 때 신원될 정도로 그의 억울한 죽음은 대대로 식자들의 탄식거리였다.

김덕령 같은 의병장이 죽어 가는 판국에 임진왜란 최대의 전쟁영웅인 이순신이 무사할 수는 없었다. 이순신은 출진 명령을 어겼다는 죄명으로 옥에 갇혔는데 《선조실록》 30년 3월의 기사는 그가 받은 혐의를 구체적으로 말해 준다.

"이순신은 조정을 속였으니 임금을 업신여긴 죄가 있으며, 적을 내버려두고 잡지 않았으니 나라를 저버린 죄가 있고, 심지어 남의 공로를 빼앗고 또 남을 죄에 빠뜨렸으니 방자하고 기탄이 없는 죄가 있다."

이순신이 걸려들자 선조는 그를 죽이기로 결심했다.

"이러한 여러 종류의 죄가 있으니 구원할 수 없고 마땅히 사형에 처해야겠는데… 이제 본격적인 고문을 가하여 실정을 알아내고자 하니, 어떻게 처리함이 좋은지 대신들에게 물어 보아라."

그러나 우의정 이원익(李元翼)과 정탁 등이 구명운동을 전개한 데다가, 선조의 의견에 적극적으로 동조하는 신하가 없어서, 이순신은 겨우 목숨을 건진 채 서인으로 강등되어 원수부에 충군(充軍) 되었다. 백의종군은 이렇게 이루어진 것이다.

그러나 이순신은 남은 전선 12척을 가지고 명량해전에서 대승을 거두면서 재기에 성공했고, 철수하는 일본군과 벌인 최후의 결전 노량해전에서 적의 유탄에 맞아 순국하고 말았다.

이순신의 죽음을 둘러싼 의혹들

선조의 이런 행태와 이순신의 극적인 죽음이 맞물리면서 조선시대부터 그의 죽음에 대해서 많은 의문이 제기되었다. 이순신이 적의 유탄에 의해 죽은 것이 아니라, 자살하거나 다른 곳에 은둔하였다는 것이 그 주요 내용이다.

이순신의 자살론을 본격적으로 제기한 인물은 조선 숙종 때의 문신인 이민서(李敏敍 : 1633~1688)이다.

"김덕령이 죽고 난 후 여러 장수들이 저마다 스스로 제 몸을 보전하지 못할까 걱정하였다. 곽재우는 마침내 군사를 해산하고 산속에 숨어 화를 모면했으며, 이순신도 바야흐로 전쟁 중에 갑주를 벗고 앞장서 나섬으로써 스스로 탄환에 맞아 죽었다. 호남과 영남 등지에서는 부자 형제들이 서로 의병이 되지 말라고 경계하였다."

이 글 이후 이순신의 자살론은 증폭되었는데 최근에는 자살한 것이 아니라, 은둔하였다는 설이 제기되었다. 은둔설은 이순신의 조카인 이분(李芬)이 쓴 행장(行狀)을 근거로 삼고 있는데, 그 내용은 다음과 같다.

"19일 새벽, 공이 한창 독전(督戰)하다가 문득 지나가는 탄환에 맞았다. '싸움이 한창 급하다. 내가 죽었단 말을 하지 말라'는 말을 마치고 공은 세상을 떠나셨다. 그때 공의 맏아들 회(薈)와 조카 완(莞)이 활을 쥐고 곁에 섰다가 울음을 참고 서로 말했는데… '그렇지만 지금 만일 곡성을 내었다가는 온 군중이 놀라고 적들이 또 기세를 얻을지도 모릅니다.' …그런 다음 곧 시체를 안고 방안으로 들어갔기 때문에, 오직 이순신을 모시고 있던 종 김이(金伊)와 회, 완 세 사람만이 그의 죽음을 알았을 뿐, 공이 직접 믿던 부하 송희립(宋希立) 등도 알지 못했다. 그대로 기를 휘두르며 독전하기를 계속하였다."

총을 맞고 처음에는 '내가 죽었단 말을 하지 말라'고 말하다가 곧바로 죽었다는 대목도 이상하지만, 전투가 한창일 때 총사령관이 총에 맞았는데 그 주위에 부하들이 없었다는 것은 있을 수 없다는 것이 은둔설의 근거이다.

또한 군인도 아닌 20세 전후의 맏아들과 조카인 회와 완이 몇 시간 동안이나 깃발을 흔들면서 은밀히 함대를 지휘했으나, 아무도 몰랐다는 것도 말이 안 된다는 것이다. 은둔설은 실제 함대를 지휘한 인물은 아들과 조카가 아니라 송희립 등 이순신이 신뢰했던 측근 장수라고 주장한다. 은둔 계획과 관련해 송희립 등에게 화가 미치지 않게 하기 위해서 아들과 조카가 지휘한 것으로 말을 맞추었다는 것이다.

즉 은둔설의 요지는 이순신은 노량해전에서 죽은 것이 아니라 방안으로 들어간 후 모처로 숨어 은둔했다는 것이다.

이러한 자살설과 은둔설은 그야말로 '설'로서는 모르지만 역사적 사실로 주장하려면 몇 가지 문제점을 설명해야 한다. 그가 자살설의 근거로 든 이분의 행장은 이순신의 죽음을 장렬하고 극적인 것으로 미화하기 위해 서술된 것이지, 은둔하기 위한 계획에 맞추어 서술된 것은 아니란 점이 문제가 된다. 그는 이순신 사망 35년 후에 태어난 인물로서 이순신의 죽음을 직접 목격한 것도 아니었다. 자살설이 설득력을 가지려면 현장을 직접 목격한 사람의 증언이 있어야 한다.

즉 이민서는 임진왜란 당시 파천과 요동내부를 주장했으면서도 오히려 이순신을 죽이려 하고 김덕령을 죽인 선조의 용렬한 행위를 비판하기 위한 목적으로 자살설을 제기한 것에 불과하다.

은둔설도 마찬가지이다. 당시 전라우수영의 기록에 따르면, 대장선에는 항상 90명의 기를 든 나졸(羅卒)이 배치되어 있었고, 이순신이 있던 곳에도 60명의 군사들이 있었다. 수십 명의 부하들이 지켜보는 상황에서 어떻게 장수가 일부러 총에 맞거나, 몰래 살아남아 은둔할 수 있겠는가? 당시 일본군의 조총은 일부러 총에 맞아도 살수 있을 정도로 나쁜 성능이 아니었다.

《선조실록》에는, "이순신 진중에 정운(鄭雲)이라는 사람이 왜의 조총을 맞고 죽었는데, 참나무 방패 3개를 관통하고 쌀 2석을 또 뚫고 지나 정운의 몸을 관통한 다음 선장(船藏)으로 들어갔다"는 기록이 나오는 데서 알 수 있듯이 명중하면 거의 죽게 되어 있었다. 게다가 이순신이 맞은 조총은 임진왜란 초기의 것도 아니고 1594년 이후 대대적으로 개량한 조총이다.

당시 상황을 지휘했던 도원수 권율은, "통제사 이순신이 죽은 뒤에 다행히 손문욱(孫文彧) 등이 지혜롭게 일을 처리하여 우리 군사들이 죽을 각오로 싸웠습니다. 손문욱이 친히 판옥선에 타고 적의 상황을 살펴보고 지휘 독전하였습니다"라고 전황을 보고했는데, 이 보고서가 이순신의 순국 장면과 일치하는 것이다.

즉 선조가 이순신 같은 전쟁영웅들을 견제하려 한 것은 사실이지만 그렇다고 해서 이순신이 자살하거나 은둔한 것은 아니었다.

도망가는 왕을 뒤따른 사람들이 전쟁의 공신

전쟁영웅들에 대한 선조의 박한 대우는 공신 책봉과정에서도 드러난다. 임진 · 정유재란의 유공자에 대한 논공행상(論功行賞)은 선조 34년 3월에 시작해서 선조 37년 10월에 끝났다. 당시 공신은 문신에게 준 호성공신(扈聖功臣)과 무신에게 준 선무공신(宣武功臣), 두 종류가 있었다. 호성공신은 '임금〔聖〕을 뒤따른〔扈〕공신'이란 뜻에서도 알 수 있듯이 도망가는 선조를 뒤따른 신하들을 포상한 것이고, 선무공신은 실제 무공을 세운 장수들을 포상한 것으로서 선무공신이 훨씬 많아야 함에도 불구하고 실제로는 호성공신이 더욱 많았다. 호성공신은 86명인데 비해 선무공신은 18명에 지나지 않았던 것이다.

그나마 선무일등공신은 이순신, 권율, 원균 등 이미 죽은 사람 세

경복궁 전경. 선조가 왜군이 도착하기도 전에 도성을 버리고 도망가자
분노한 백성들은 대궐에 난입해 불을 질렀다.

명뿐이었고 살아있는 사람은 아무도 일등공신에 책봉되지 못했다.
곽재우, 이원익(李元翼) 등 당시 생존했던 사람들도 일등공신에 추
천되었으나, 거부된 반면 이등으로 추천된 원균은 일등으로 올리라
고 명령했다. 즉 이순신에게 공이 집중되는 것을 막기 위해 원균을
일등으로 올린 것이다. 그리고 살아 있는 사람에게 선무일등공신을
준다는 것은 의주로 도망쳤던 선조로서는 도저히 용납할 수 없었던
일이었다.

　반면 호성공신은 자신을 따라다닌 인물이므로 많은 수를 책봉했던
것이다. 물론 사관은 선조의 이런 의도를 잘 알고 있어서, "선조가
호종한 공을 녹공하려는 것은 대개 이 무리들을 위한 배려로 훗날 난
리 때면 달려오게 하기 위한 것이다"라고 비판하였다.

　임진왜란에 대한 선조의 평가는, 조선이 일본을 물리친 것은 명의
구원병 때문이지, 조선 장수들의 분투 때문이 아니라는 자기 변명적
이고 자기 방어적인 논리가 전부이다. 용렬한 인물이 윗자리에 앉아
있는 것이 얼마나 큰 비극인가를 선조는 단적으로 보여 준다.

인
조
반
정
은
혁
명
인
가
쿠
데
타
인
가

실리주의자 광해군과 사대주의자 인조의 족적

광해군을 내쫓은 명분들

《광해군일기》에 따르면 반정이 일어나던 재위 15년(1623) 3월 12일, 운명의 날 밤에 광해군은 어수당(魚水堂)에서 여러 여인들과 연회를 하며 술에 취해 있었다 한다. 그때 광해군의 조카뻘로서 반정군들에 의해 임금으로 추대된 능양군은 연서역(延曙驛) 마을에 주둔하였다. 반군 대장인 전 강계부사 김류(金瑬), 부장 전 평산부사 이귀(李貴) 등은 전 병조좌랑 최명길(崔鳴吉)·김자점·심기원 등과 홍제원(弘濟院) 터에 모여 있었고, 북병사(北兵使) 이괄(李适) 등이 1,000여 명의 반군을 이끌고 기다리고 있었다. 이들이 밤 삼경에 창의문으로 들이닥치니 놀란 광해군은 젊은 내시의 등에 업혀 대궐 담을 넘어 의관 안국신의 집으로 도망친다. 그리고 세자는 광해군을 뒤쫓다가 찾지 못하고 장의동(莊義洞) 민가에 숨어들었다.

이 기록에 의하면 밤마다 향락을 좇아 국사를 멀리하던 광해군이 의(義)의 기치를 건 반정군에 의해 쫓겨나는 장면을 연상시킨다.

이틀 후에는 광해군에 의해 서궁(西宮)에 유폐되었던 인목대비가

226
우리 역사의 수수께끼

왕을 폐위해 광해군으로 삼고 능양군을 즉위시킨다는 교지를 발표한다. 대비의 교서는 인목대비에 대한 광해군의 패륜을 지적하는 것으로 시작해 광해군에 대한 저주로 일관하는데 천자의 고명을 받은 어머니인 자신을 폐하고 자신의 부모를 형벌하여 죽이고 일가를 몰살시켰으며 품속의 어린 자식을 빼앗아 죽였다는 것이다. 그리고 형(임해군)과 아우(영창대군)를 죽였다고 비난하면서 여러 차례 큰 옥사와 궁궐을 짓기 위한 토목공사, 그리고 부역과 수탈이 많아 백성들이 살 수가 없었다는 비난을 곁들인다. 그러나 그를 폐위시키는 본격적인 명분은 명나라를 배신했다는 것이다. 교서를 보자.

"어디 그뿐이겠는가. 우리 나라가 명나라를 섬겨온 지 200여 년이 지났으니 의리에 있어서는 군신 사이지만 은혜에 있어서는 부자 사이와 같았고, 임진년에 나라를 다시 일으켜 준 은혜는 영원토록 잊을 수 없는 것이다. 그래서 선왕(선조)께서는 40년간 보위에 계시면서 지성으로 중국을 섬기셔서 평생 한 번도 서쪽을 등지고 앉으신 적이 없었다. 그런데 광해는 은덕을 저버리고 천자의 명을 두려워하지 않았으며 배반하는 마음을 품고 오랑캐(후금, 곧 청나라)와 화친하였다.

이리하여 기미년에 중국이 오랑캐를 정벌할 때 장수(강홍립)에게 사태를 관망하여 향배(向背)를 결정하라고 은밀히 지시하여 끝내 우리 군사 모두를 오랑캐에게 투항하게 하여 추악한 명성이 온 천하에 전파되게 하였다. …천리(天理)를 멸절시키고 인륜을 막아 위로 중국 조정에 죄를 짓고 아래로 백성들에게 원한을 사고 있는데, 이러한 죄악을 저지른 자가 어떻게 나라의 임금으로서 백성의 부모가 될 수 있으며, 조종의 보위에 있으면서 종묘·사직의 신령을 받들 수 있겠는가. 이에 그를 폐위시키노라."

인목대비의 교지는 부모를 폐하고 형제를 죽이는 광해군의 패륜과 임진왜란 때 도와준 명나라에 대한 배신이 광해군 폐위의 주된 명분임을 보여 주고 있다. 이 두 비난은 정당한 것일까?

광해군은 패륜아인가

먼저 인목대비 가족에 대한 이른바 패륜행위에 대해 살펴보자. 임진왜란이 발생했을 때 집권당이었던 동인이 쫓겨난 후 잠시 서인이 집권했다가 종국에는 일본에 대한 강경책을 주장하고, 의병장도 다수 배출한 북인들이 집권하게 된다.

그러나 선조 말년 북인들은 선조의 후사를 둘러싸고 둘로 갈라지는데 유영경(柳永慶)이 이끄는 소북(小北)은 인목대비의 아들 영창대군(永昌大君)을 지지한 반면 이이첨(李爾瞻)·정인홍(鄭仁弘)이 이끄는 대북(大北)은 전란 중에 세자로 책봉된 광해군을 지지했다. 선조는 내심 적자(嫡子)인 어린 영창대군을 지지했으므로, 세자 광해군은 몇 번이나 위기에 몰렸다가 선조가 사망하는 바람에 겨우 왕위에 오를 수 있었다. 이런 상황에서 광해군을 위협할 소지가 있는 두 종친은 친형 임해군(臨海君)과 영창대군이었다.

광해군은 즉위한 그 달에 임해군이 반역을 꾀하였다는 명목으로 유배 보낸 후 다음해에는 이이첨 등의 주장을 받아들여 현감(縣監) 이직(李稷)을 시켜 그를 살해했다. 동복(同腹) 형을 살해한 이 조치는 분명 문제가 있는 것이지만, 다시 말해 이는 왕조국가에서 국왕 친형의 처신이 얼마나 어려운 것인지를 말해 주는 것이기도 하다.

광해군이 서자인 반면 영창대군이 적자라는 점에 위기의식을 지닌 대북정권은 영창대군도 노리게 되는데, 재위 5년(1613) 4월에 조령(鳥嶺)에서 일어난 서얼들의 강도사건인 '칠서(七庶)의 옥'이 영창대군을 과녁으로 삼는 구실을 제공한다. 강도사건의 범인을 잡고 보니 의외로 대갓집의 서자 일곱 명이 관련되어 있었다. 이중 박순(朴淳)의 서자인 박응서(朴應犀)가 국문 도중 이이첨에게, "우리는 보통 절도범이 아니라 국구(國舅 : 임금의 장인·인목대비의 아버지)와 손잡고 영창대군을 추대하려 했다"고 자백함으로써 불똥이 영창대군에게 튀는 것이다.

이는 대북의 이이첨이 영창대군을 제거하기 위해 꾸민 사건이란 혐의가 짙었는데 어쨌든 김제남은 이 사건으로 사약을 마시게 되었고 영창대군 또한 서인으로 강등되었다가 다음해 2월 강화부사 정항(鄭沆)의 손에 살해되고 말았다.

졸지에 아버지와 아들을 잃은 인목대비의 슬픔과 분노는 주체할 수 없었으나, 광해군과 대북이 정권을 잡은 상태에서는 어쩔 수가 없었다. 그러던 광해군 10년(1618) 드디어 대북의 정인홍·이이첨·허균 등은 인목대비의 폐모론(廢母論)을 주창하고 나서는데 이는 분명 문제가 있는 조치였다.

유교국가 조선에서 비록 국왕이고 계모라지만 자식이 어머니를 폐모시킬 수는 없었다. 이는 국가 권력의 차원을 뛰어넘은 강상(綱常)과 윤리 차원의 문제였던 것이다. 평생 당파가 없었던 이항복과 남인 온건파인 이원익이 끝까지 폐모에 반대해 귀양가는 것은 폐모론이 얼마나 무리한 조치인가를 보여 주는 단적인 예다.

비록 이런 논쟁들이 백성들의 민생과는 동떨어진 것이지만, 이런 무리한 조치들은 그렇지 않아도 대북에게 정권을 빼앗긴 소외감에 떨고 있던 서인들에게 쿠데타의 명분을 제공했다. 서인들은 이를 빌미로 쿠데타를 결심한 것이다.

광해군은 명나라의 은혜를 배신했다?

서인들의 또 다른 반정명분인 명나라의 은혜를 배신했다는 배명론(背明論), 혹은 배척했다는 배명론(排明論)에 대해 살펴보자. 인목대비는 명나라가 '의리에 있어서는 군신 사이지만 은혜에 있어서는 부자 사이'라며 광해군이 명나라를 배신한 것을 부왕 선조와 어머니인 자신을 배신한 것과 같은 선상에서 비판했다.

과연 명나라는 아버지와 같은 나라이며 광해군은 이런 명나라를 배신했는가?

광해군이 세자로서 조정을 둘로 나누는 분조(分朝)를 이끌고 치른 임진왜란은 동아시아 사회가 근본적 변화 과정에 있음과 조선 또한 이 변화에 맞게 환골탈태해야 함을 보여 준 개국 이래 초유의 국난이었다. 임진왜란은 더 이상 권리만 있고 의무는 없는 양반사대부들이 사회를 이끌고 갈 수 없음을 보여 준 사건이었으며, 성리학은 더 이상 사회의 지도이념이 될 수 없음을 보여 준 사건이었다. 광해군은 이런 사회 변화에 적응할 줄 아는 현군(賢君)이었다.

광해군과 대북정권이 즉위 원년인 1608년에 경기도에 대동법을 실시한 것이 이들이 변화에 적응하려 했다는 한 증거이다. 대동법 실시 이전, 가난한 농민들은 많은 공납(貢納)을 부담해야 하는 반면, 부유한 사대부는 적은 액수만을 납부하는 불공평 과세였는데, 소유토지를 기준으로 한 누진세인 대동법은 이런 불균형을 시정할 수 있었던 획기적인 세법이었던 것이다. 당연히 전주(田主)인 양반들의 반대가 잇따랐는데 광해군은 이들의 반발을 무마하며 경기도에 대동법을 시험 실시하는 단안을 내렸던 것이다.

이외에도 광해군은 전란의 피해를 복구하는 데 탁월한 능력을 발휘했다. 1611년에는 양전(量田)사업을 실시하여 전란 때 황폐화된 토지를 다시 측량했으며, 전란 때 소실된 서적 간행에도 힘을 기울

우리 역사의 수수께끼

여 《신증동국여지승람》·《국조보감》 등을 다시 편찬했고, 전란 때 불탄 춘추관·충주·청주 사고(史庫)에 보관했던 역대 국왕들의 실록과 중요한 전적(典籍)들을 보관하기 위해 적상산(赤裳山) 사고를 설치했다.

이런 정책들도 시의적절한 것이지만 광해군 정책의 꽃은 현실적인 외교정책이었다. 그는 명나라가 자국의 황제 계승 싸움 때문에 자신의 책봉을 늦추고 요동도사 엄일괴(嚴一魁)를 대표로 조선의 왕위 계승에 대한 진상조사단을 파견하자 명나라에 극도의 반감을 가졌다. 이때 엄일괴는 강화도 교동의 유배지에 있던 광해군의 친형 임해군을 만나기도 하는데 이런 행동들은 임해군을 죽음으로 몰고 가는 한 역할을 했다. 자신을 인정하지 않으려는 명나라에 대한 이런 반감을 광해군은 급변하는 동아시아 정세에 응용할 줄 아는 지혜를 지닌 임금이었다.

평양감사에 무장 박엽을 임명하여 대포를 주조케 하는 등 전쟁에 대비하던 광해군은 명나라가 여진족이 세운 후금〔청나라〕을 정벌하기 위해 군사파견을 요청하자 강홍립을 도원수, 김응서를 부원수로 하는 1만여 명의 조선군을 파견하면서 강홍립에게 밀지를 내렸다.

전력을 다해 후금과 싸우지 말고 상황을 보아 유리한 쪽에 붙어 전력을 보존하라는 밀지였다. 한 마디로 실리외교를 취하자는 것이었는데 전쟁에 나가 본 강홍립은 이미 명이 후금의 상대가 아님을 알고 후금과 싸우는 체하다가 항복하고는 조선의 참전이 자의가 아님을 후금에게 설명했다.

후금은 명과 후금 사이에 낀 조선의 사정을 이해하고 동정을 표시했는데, 강홍립은 후금 진영에서 광해군에게 계속해서 밀서를 보내어 조선은 후금의 사정을 속속들이 알 수 있었다. 간단하게 말해 남의 전쟁에 우리가 피를 흘릴 이유가 없다는 것이 광해군과 대북정권의 외교정책이었다.

그리고 외교정책은 현실적인 측면을 가장 우선적으로 고려해야 한다는 것이 기본 생각이었다. 그래서 이들은 일본에 대한 원한도 묻어둔 채 전란 때 선릉(宣陵)과 정릉(靖陵)을 훼손한 범인의 인도만을 요청하는 형식적인 절차를 거친 뒤 수교에 응했던 것이다. 명나라가 요동으로 망명하겠다는 선조를 일본의 앞잡이로 생각해 받아들이지 않은 사건은 명나라가 얼마나 자국 이기주의적인 관점에서 임진왜란을 바라보았는지를 보여 준다.

광해군은 이처럼 냉혹한 외교현실을 정확히 읽고 현실적인 외교정책을 펼쳤다. 광해군의 이런 현실적 외교정책은 7년간의 전란에 지친 조선 백성들에게는 절실한 것이었다. 조선에게 필요한 것은 '숭명(崇明)'이니 '배청(排淸)'이니 하는 명분놀음이 아니라 황폐화된 백성들의 마음과 국토를 안정시킬 수 있는 시간이었고, 광해군의 실리외교는 이런 평화를 가져왔다.

조선 민중의 평화를 깬 인조반정

그러나 조선 민중의 이런 평화는 인조반정에 의해 밑바닥에서부터 깨지고 말았다. 당시 백성들은 인조반정을 탐탁하게 여기지 않았다. 반정 명분인 폐모니 패륜이니 숭명이니 하는 것들은 백성들의 피부에 와 닿지 않는 높고 먼 세계의 일이었고, 백성들은 광해군의 치세에 만족하고 있었다. 인조반정은 백성들의 싸늘한 시선을 받는 불필요한 쿠데타에 지나지 않았다. 인조반정 일등공신인 이서(李曙)의 반정 직후에 대한 회고를 들으면 이 쿠데타에 대한 당시 백성들의 시각을 알 수 있다.

"갑자기 광해군을 폐하고 새 임금을 세웠으므로 소식을 들은 나라 사람들은 새 임금이 성덕이 있는지 알지 못했으므로 상하가 놀라 어쩔 수 없었고, 성패가 정해지지 않은 터에 위세로써 진압할 수도 없어 말하기 지극히 어려운 사정이 있었다."

백성들은 광해군이 폐위되어야 할 이유를 알지 못했다. 광해군은 연산군같이 자신의 향락을 위해 백성들을 희생시킨 임금이 아니라, 오히려 백성들을 위해서 대동법 같은 개혁을 실시한 애민(愛民) 군주였다.

비록 서궁에 유폐된 인목대비나 정권에서 소외된 서인들에게는 광해군의 모든 치세가 부정의 대상이겠지만, 일반백성들에게 이는 자신들과는 직접 상관없는 지배층 내부의 일이었다. 임해군과 영창대군, 그리고 김제남이 죽은 것 같은 사건이 비록 바람직한 것은 아니지만 역대 왕실에서도 얼마든지 있었던 왕가의 다반사였을 뿐이고 중요한 것은 평화였다.

그러나 인조반정으로 서인정권이 들어서자 평화는 깨지기 시작했다. 반정 주체 세력은 자신들끼리의 평화도 지키지 못했다. 반정 1년 만인 1624년에 반정공신 가운데 한 명인 이괄이 난을 일으키자 인조가 서울을 버리고 공주로 도망가는 등 한동안 나라가 시끄럽더니 겨우 진압하였다. 서인정권 내의 자중지란인 이괄의 난은 엉뚱하게도 후금에게 침공구실을 주었다는 점에서도 인조반정은 탄생하지 않았어야 할 정권이었다. 서울을 점령했다가 진압된 이괄의 잔당이 후금으로 도망가 인조 즉위의 부당성을 호소하자 조선 내부의 분열을 눈치챈 후금군은 1627년 1월 압록강을 넘으니 곧 정묘호란이었다. 인조는 이괄군을 피해 서울을 버리고 공주로 도망간 지 3년만에 다시 강화도로 피난할 수밖에 없었다.

다행히 이때는 후금군도 조선과 장기적인 전면전을 벌일 형편이 아니어서 후금을 형으로 모시며 세폐(歲幣)를 바치는 정묘조약을 맺는 것으로 휴전에 동의하고 후금군은 물러갔다.

이때 후금군의 위력을 본 인조와 서인정권으로서는 국방력을 강화해 후금과의 일전에 대비하든지, 아니면 후금과 화친정책을 취하든지 둘 중의 하나를 선택해야 했는데, 서인정권은 국방력 강화도, 화친정책도 거부하며 허울뿐인 친명배청만을 드높게 외쳤다.

중원을 정복하기 전에 배후의 조선문제를 해결해야 했던 후금은 국호를 청으로 바꾼 후 인조 10년(1632) 형제관계를 군신관계로 바꿀 것과 더 많은 세폐를 바칠 것을 요구하면서, 아울러 주전론(主戰論)을 주장하는 대신들과 왕자들을 볼모로 보낼 것을 요청했다.

광해군의 실리 외교정책을 부인하고 들어선 인조와 서인정권으로서 오랑캐에게 인질을 보내는 것은 심각한 자기부정이었기에 받아들일 수 없었다. 드디어 인조는 재위 14년(1636) 3월 향명대의(向明大義)를 위해 후금과 화(和)를 끊는다는 내용의 선전교서를 팔도에 내려보냈다. 명나라를 향한 대의를 밝히기 위해 후금과 국교관계를 단절한다는 내용이었다. 문제는 선전교서를 현실적 관계로 전환시킬 수 있는 힘이 조선에게는 없다는 점이었다. 내용도 없이 큰소리부터 쳐 본 셈이었다.

드디어 그해 12월 청 태종은 여진족 7만, 몽고족 3만 등 총 12만 명으로 구성된 군사를 이끌고 압록강을 건넜다. 임경업이 지키는 의주의 백마산성을 우회해 남하한 청군은 보름이 채 안 돼 개성을 점령했는데 강화도로 피신해 장기 항전을 꾀하려던 인조는 길이 끊기는 바람에 한 겨울에 남한산성으로 들어갔다.

농성 40여 일만에 주화파 최명길은 인조의 명을 받아 "조선 국왕은 삼가 대청국 관온인성(寬溫仁聖) 황제께 말씀을 올리나이다. 소방(小邦)이 대국을 거역하여 스스로 병화(兵禍)를 재촉했고 고성(孤城)에 몸을 두게 되어 위난이 조석에 닥쳤습니다"로 시작하는 굴

욕적인 항복문서를 작성했고, 인조는 삼전도에 나아가 세 번 무릎을
꿇고 아홉 번 머리를 조아리는 삼궤구복(三跪九伏)의 황제 알현 예
를 행하며 용서를 빌었다.

그리고 소현세자·봉림대군과 삼학사를 비롯한 수많은 왕자·대
신들이 볼모로 심양에 끌려가게 되었다. 이들 서인 대신들이야 자신
들의 잘못으로 초래된 일이니 그렇다고 치더라도 이 과정에서 백성
들이 받은 고통과 상처는 이루 말할 수가 없었다.

이런 상처를 낳은 인조반정은 우리 역사에서 있어서는 안될 반동
쿠데타의 전형이었다. 이들 서인 정권이 집권한 후 두 차례에
걸친 병화로 임란의 상처를 입었던 조선은 또 한번 결정적
인 타격을 받았으며, 국가 재건에 쏟아야 할 힘을 엉뚱한
데 낭비하게 되었다.

서인들은 현실적 요구를 무시한 채 숭명의리(崇明義
理)·향명대의(向明大義) 같은 공허한 명분론을 확대
재생산해 냈는데, 이는 태어나지 않았어야 했던 쿠데타
정권의 생리상 불가피한 것이었고, 그 과정에서 백성들
만 피해를 입었던 것이다.

그리고 이런 명분론의 결과는 정치적으로 서인의 장기
집권, 경제·사회적으로 양반사대부의 특권유지, 사상
적으로 반동적인 예론(禮論)의 고착화 등 조선후기 사회
가 발전해 나가는 데 결정적인 장애로 작용했다. 이 모든
것의 시작이 인조반정이란 잘
못된 쿠데타에 있었
고, 그것은 우리 역사
의 엄청난 퇴보였다.

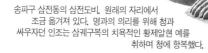

송파구 삼전동의 삼전도비. 원래의 자리에서
조금 옮겨져 있다. 명과의 의리를 위해 청과
싸우자던 인조는 삼궤구복의 치욕적인 황제알현 예를
취하며 청에 항복했다.

동성촌은 왜 언제 생겨났을까

같은 성끼리 모여 산다

우리 나라에는 어느 지역을 가든지 동성동본(同姓同本)끼리 모여 사는 동성촌(同姓村)이란 특이한 마을들이 있었다. 도시화와 함께 농촌이 해체되면서 이 동성촌도 빠른 속도로 해체되어 한 마을이 모두 한 성으로 구성된 완전한 동성촌을 찾기는 쉽지 않지만, 그 잔영은 전국 어디에서나 쉽게 찾아볼 수 있다. 마을구성원 가운데 김해 김씨가 상대적으로 많은 수를 차지하고, 그밖에 전주 이씨, 경주 박씨 등이 어울려 사는 마을을 찾는 것은 그리 어려운 일이 아니다.

과거 우리 농촌에는 얼마나 많은 동성마을이 있었을까? 아직 농촌이 전면적으로 파괴되지 않았던 일제시대의 한 통계자료를 보면 그 수를 추측할 수 있을 것이다. 자료의 신빙성은 좀더 연구해 봐야 하겠지만 1930년의 조선총독부 동성촌 실태조사에 따르면, 우리나라 마을 총수는 2만 8,336곳인데, 이 가운데 동성마을은 무려 절반이 넘는 1만 4,672곳이었다. 불과 60여 년 전인 1930년에 전국 마을의 반 수 이상이 동성촌일 정도로 이는 광범위하게 존재하였다.

이런 동성촌은 왜 언제 생겨난 것일까?

조선 중·후기 종법과 동성촌

그 기원은 후삼국 시대부터 고려 초기에 걸쳐 성립한 각 지방의 토성(土姓)에서 그 유례를 찾을 수 있지만, 현재 동성촌의 직접적인 뿌리는 조선 중·후기부터라고 보아야 할 것이다. 동성끼리 모이게 되는 법적·이념적 기초가 된 것은 종법(宗法)이다.

종법이란 당내(堂內), 즉 집안이나 문중 같은 친족조직 및 제사의 계승과 종족(宗族)의 결합을 위한 친족제도의 기본이 되는 법을 말한다. 종법의 보급과 동성촌의 형성은 밀접한 관계가 있다. 종법에 따른 제사의 계승, 상속과 분가(分家)에 의한 본(本)—분가(分家)·종(宗)—지가(支家)의 발생, 그리고 그 결과로 형성된 문중(門中) 조직 자체가 동성촌의 발달 과정을 말해 주는 것이다.

경북 안동의 하회마을. 집성촌은 양반 사대부들이 지배신분을 유지하려는 방편이자 왜란과 호란 후 일반 양인들이 스스로를 보호하기 위한 장치이기도 했다.

종법은 앞 세대에서 다음 세대로 이어지면서 실현되는데, 문중 또는 종중(宗中)이 조직되면 각 구성원의 가정에서 발생할 수 있는 세대 단절의 위험을 동성촌 조직을 통해 대처해 갈 수 있다.

조선초기에는 외손이나 서자도 대를 이을 수 있었는데, 후기 들어 이런 식의 계승이 금지되고 동성의 양자(養子)가 제사를 받들게 된 것도 종법의 보급과 동성촌의 형성과 밀접한 관련이 있다. 조선사회 종법은 17세기에 본격적으로 보급되기 시작하여 18세기에 일반화하는데 종법 보급 정도에 따라, 동성촌도 같이 형성되어 간다.

동성촌 형성의 사회적 기반은 상속제도의 변화였다. 조선초기에는 아들과 딸, 친손(親孫)과 외손(外孫)의 구별이 엄격하지 않았으며, 재산상속도 남녀를 차별하지 않는 자녀균분제(子女均分制)가 원칙이었다. 이때에는 남자가 장가를 가서 처가살이하는 것이 전혀 이상하지 않은 하나의 사회적 풍습이었다. 따라서 사위가 장인·장모의 재산을 이어받는 경우가 많았고, 양자(養子)를 들이는 대신 사위가 대를 잇는 경우가 허다하였다.

그러나 조선 후기 들어 예법과 종법이 강화되면서 17세기에서 18세기에 이르면 여성은 재산 분배에서 배제되면서 종법에 따른 적장자(嫡長子) 중심의 상속이 이루어졌다. 장자 중심의 상속이 이루어지면서 장자는 부모의 재산을 온전하게 계승할 수 있게 되었고, 한 마을이 점차 적장자를 중심으로 모여 살게 된 것이다.

동성촌 형성의 단적인 예는 안동 하회마을을 들 수 있다. 풍산 류씨 류종혜(柳從惠)가 그의 처인 흥해 배씨 배상공(裵尙恭)과 함께 이 마을에 정착한 시기는 조선 초기인 15세기 초였다. 뒤이어 이들의 딸과 사위가 자식들을 데리고 이곳에 이주해 오고, 반대로 아들들은 처나 외가(外家)의 고향으로 갔다. 이후 안동 권씨인 권옹(權雍)과 경주 안씨인 안종생(安從生)이 각각 손녀 사위가 되어 이곳으로 옮겨왔는데, 이곳에 처음 정착한 류종혜의 손자 류소(柳沼)가 다시 권옹의 사위가 되어 이 마을로 이주해 왔다. 이후에도 이런 자녀와 외손의 출입은 계속되었다.

그 결과 이 하회 동안(洞案) 자료에 따르면, 17세기 중반까지는 류씨 이외에도 안씨·권씨 등이 상당수 거주하고 있었지만, 17세기 후반에 이르면 풍산류씨의 동성마을로 변했다.

집단을 통해서 지배신분을 유지

조선시대의 양반 사대부는 지배계급이었지만, 소수의 집권층이나 퇴직한 고위관료들을 제외한 대부분 양반들은 국가에 의한 신분보장을 받을 수 없었다. 따라서 이들은 개인보다는 집단인 동성촌을 형성해 가문(家門) 또는 문중(門中)의 테두리 내에 거주하는 것으로 지배계급의 신분을 계속 유지하려 했다. 그리고 지배계급의 신분을 계속 유지하기 위한 각종 제도적인 장치를 마련하였는데, 오늘날까지도 많이 남아 있는 족보(族譜), 문집(文集), 묘비(墓碑), 사우(祠寓), 누정(樓亭) 등이 그런 것들이다.

특히 사우는 동성촌의 공통 직계조상의 제사를 받드는 곳으로, 자연스럽게 동성결합의 사회적 기능을 담당하였다. 또한 족보와 조상의 문집 간행, 조상의 묘비 설치 등도 동성결합의 사회적인 기능이었다.

국가로부터 신분을 보장받을 수 없는 대부분의 양반들은 이런 장치들을 매개로 한 같은 성씨의 결합을 통해서만 자신들의 신분을 유지할 수 있었다. 동성촌은 이런 정치적 필요성에 의해 형성된 특수 마을인 셈이다. 그러나 전국 각지의 무수히 많은 동성촌은 이런 현상이 비단 양반들만의 현상이 아님을 보여 주고 있다. 기껏해야 10퍼센트를 넘을 수 없었던 조선 초·중기의 양반 비율은 전국 반수 이상의 동성촌과는 상호 모순되는 것이 분명하기 때문이다. 즉 양반들만 아니라 일반 양인들도 동성촌을 형성하게 되는 것이 분명한데, 그 계기는 임진·병자 양란이었다.

동성결합은 한 곳에 모여서 생활을 영위할 수 있는 경제적 토대가 있어야 했는데, 일부 양인들이 상당한 토지를 모을 수 있었던 것은 양란(兩亂) 이후였다. 임진왜란 이전에 170만 결에 달했던 전국 농토는 임란 이후에 54만 결로 줄어들게 되는데 이는 농지를 개간할 능력이 있는 양인들에게 농지를 확대할 수 있는 기회가 왔음을 뜻했다. 국가에 세금을 납부할 부담이 있는 토지가 54만 결로 줄었다는 사실은 또한 일부 양인들이 세금부담에서 벗어나 상당한 토지재산을 소유할 기회가 주어졌다는 뜻도 되는 것이다.

또한 양란으로 인한 혼란은 일부 양인들에게 자신을 얽매고 있던 토지에서 벗어나 자유롭게 같은 성씨끼리 결합할 수 있게 했다. 또한 양인들도 전쟁에서 공을 세워 신분 상승을 할 수 있는 기회를 주기도 했다. 이런 여러 가지 요인들은 양반이 아닌 양인들도 동성촌을 형성할 수 있게 했다. 양인들의 동성촌 형성은 지방관리들의 억압과 수탈로부터 어느 정도 자신들을 방어할 수 있는 장치이기도 했다.

동성촌의 장학제도

조선 초기에 집권층이 되는 길은 과거에 합격하는 것이었다. 하지만 중기 이후부터는 과거만이 아니라, 유교지식 습득과 그 이념의 실천을 통해서도 가능하였다. 이들은 유반(儒班)이라 하여 벼슬을 통한 환반(宦班)과 비교된다. 일반 양인은 과거에 의해 환반이 되거나 유반, 즉 사림집단의 구성원이 됨으로써 지배층에 편입될 수 있었다. 조선 초기에는 일반 양인들도 과거에 응시할 수 있었으나 상당한 경제력을 지니고 있어야 과거 준비를 할 수 있었다.

양인들은 이런 경제적 기반을 마련하기 위하여 동성촌의 도움을 받아야 했는데 동성촌의 공유재산 가운데 장학전(獎學田)이 그 기능을 하는 토지였다.

그러나 양반에 비해 양인은 재산이 적었기 때문에 동성촌의 구성원 모두에게 이런 기회가 보장되는 것은 아니었지만, 그 구성원 중 어느 누가 과거에 합격하면 구성원 전체가 신분상승을 바라볼 수 있었다. 신분은 문벌(門閥), 즉 문중에 의해 규정되고 세습되기 때문이다. 따라서 양인층이 신분상승과 관리들로부터 자신들을 보호할 목적으로 동성촌을 만들었는데 그것은 양란 후에나 가능하였다. 양란 이후 양반층이 급격히 확대되는 것은 이런 동성촌의 확대와 밀접한 관련이 있다.

그러나 동성촌은 1948년의 토지개혁으로 공유재산이 격감하며 쇠미해지다가 도시화·자본주의화가 본격 진행되면서 빠르게 해체되어 갔다.

정리하면 동성촌은 부계혈연에 의한 배타적인 촌락으로서 후삼국 후부터 형성되었고 조선시대에 들어 일반화되었는데, 조선 초기에는 양반들의 동성촌이 일반적이었으나 양란을 거치면서 일반 양인들에게까지 확대되었다가 해방 이후 해체되어 갔다.

홍길동은 실존 인물인가

왕이 된 의적

홍길동은 우리나라에서 세종대왕이나 충무공 이순신만큼 유명한 인물이다. 얼마 전 서울방송에서 '홍길동'을 극화하면서 홍길동의 여러 모형을 만들어 판매하려 하자, 홍길동의 연고권을 주장하는 전남의 한 군에서 항의 방문해 중단한 경우가 있었을 정도로 홍길동은 인기 인물이다. 그러나 홍길동이 실존 인물인가를 물어 보면 선뜻 대답하기가 쉽지 않다.

과연 홍길동은 실존 인물인가?

이 질문에 대답하기 위해 허균(許筠)이 지었다고 전해지는 《홍길동전》의 내용을 살펴보자. 이 책에 따르면 서자 출신의 홍길동은 활빈당(活貧黨) 두목이다. 허균은 하필 조선 역사상 가장 안정되었다는 세종 때를 무대로 《홍길동전》을 그려내는데, 허균은 홍길동을 홍판서의 시비(侍婢) 춘섬의 소생으로 설정하였다. 어려서부터 도술을 익히고 장차 훌륭한 인물이 될 기상을 보인 홍길동은 아버지를 아버지라 부르지 못하는 천출(賤出)의 한을 지니고 있다. 그의 비범한 재주가 화근이 될 것을 염려한 이복(異腹) 식구들은 자객을 시켜 그를 없애려고 하지만 그는 신통력으로 위기에서 벗어난다.

집을 떠나 도적의 소굴로 들어가 우두머리가 된 홍길동은 기묘한 계략과 도술로써 지방 수령들의 불의한 재물을 탈취하여 빈민에게 나누어주되 백성들의 재산은 절대 손대지 않았다. 그 뒤 길동은 이상국인 율도국(硉島國) 왕이 되어 나라를 잘 다스린다는 것이 소설의 줄거리이다.

현재 우리에게 형성된 홍길동의 이미지는 허균의 《홍길동전》에서 제시한 이미지와 동일한 것이다. 즉 홍길동은 의적(義賊)의 이미지를 지닌 영웅인 것이다.

《실록》에 그려진 홍길동

그러나 《실록》에 보이는 홍길동은 그리 바람직한 모습은 아니다. 역사상에 실재하는 홍길동은 연산군 때의 대표적인 화적(火賊) 두목이었다.

《연산군일기》에 의하면 연산군 6년 10월에, "듣건대, 강도 홍길동을 잡았다 하니 기쁨을 견딜 수 없습니다. 백성을 위하여 해독을 제거하는 데 이보다 큰 것이 없습니다"라는 기록이 있다. 실록상의 기록은 홍길동을 '강도'로 묘사하고 있는 것이다. 그러나 홍길동은 단순한 강도가 아니었다. 의금부의 위관(委官) 한치형(韓致亨)은 홍길동에 대해 이렇게 보고한다.

"강도 홍길동이 옥정자(玉頂子 : 관)와 홍대(紅帶 : 허리띠) 차림으로 첨지(僉知)라 자칭하며 대낮에 떼를 지어 무기를 가지고 관부(官府)에 드나들면서 기탄 없는 행동을 자행하였습니다."

그는 밤에 몰래 활동하던 단순한 강도가 아니라 정3품 무관직 첨

지행세를 하던 간 큰 강도였던 것이다. 홍길동은 또 동래 현령(東萊縣令)을 지낸 당상관 엄귀손(嚴貴孫)을 매수해 정도유착(政盜癒着) 현상을 만들어낸 인물이기도 하다.

당시 연산군은, "엄귀손은 비단 홍길동의 와주(窩主)일 뿐 아니라 바로 같은 무리이다. 이 같은 행동이 있는데도 어떻게 벼슬이 당상(堂上)에까지 올라간 것인가"라고 탄식하기도 했다.

연산군이 쫓겨난 후 《중종실록》에는 영사(領事) 장순손(張順孫)이 홍길동을 추국했던 당시의 사정을 말해 주고 있다.

"홍길동(洪吉同)의 무리들은 신이 찰리사(察理使)로 가서 추국(推鞫)했는데, 홍길동이란 자가 당상의 의장(儀章)을 했기 때문에 수령도 그를 존대하여 그의 세력이 치성하게 되었습니다. 그래서 길동이란 자를 조옥(詔獄)에서 추국하였던 것입니다."

홍길동은 당상관 행세를 하며 부하들을 거느리고 다녔기 때문에 지방 수령들조차도 그를 극진히 대접하였던 것이다. 원래 강도사건은 포도청에서 다루게 되어 있으나, 그는 체제를 흔든 국사범 취급을 받아 역모나 사대부들에 관한 사건을 취급하는 조옥(詔獄)인 의금부에서 조사했던 것이다.

또한 《중종실록》 8년 8월 29일의 기사에 따르면 호조에서, "충청도는 홍길동이 도둑질한 뒤로 유망(流亡)을 회복하지 못하여 양전을 오래도록 하지 않았으므로 세(稅)를 거두기가 실로 어렵습니다"라는 보고를 하고 있는데 이는 홍길동이 체포된 지 10여 년이 지났음에도 그 사건의 여파가 남아 있었음을 보여 주는 것이다. 실로 충청도 일대에 끼친 홍길동 무리의 영향은 대단했던 것이다.

문제는 연산군 때 활약했던 도둑 홍길동과 허균(許筠) 소설 속의 홍길동이 같은 인물인가 하는 점이다. 허균 소설의 홍길동(洪吉童)은 실록에서는 홍길동(洪吉童), 또는 홍길동(洪吉同)이라고 그려 아이 동(童) 자와 같을 동(同) 자를 혼재하고 있는데, 이는 홍길동이 정확한 한자 이름을 갖지 못한 천출(賤出)이었음을 말해 주는 것이다.

선조와 광해군 때 활약했던 허균은 약 100여 년 전인 연산군 때의 홍길동에 대해서 알고 있었을까? 그가 생존했던 선조 21년에도 홍길동의 이름은《실록》에 등장한다.

"선왕조(先王朝)에서는 정승을 잘 가려 뽑아 풍속이 순미(淳美)하므로 강상(綱常)의 변(變)이 없고 다만 홍길동(洪吉同)·이연수(李連壽) 두 사람이 있었을 뿐이었기 때문에 항간에서 욕을 할 때는 으레 이 두 사람을 그 대상으로 삼았는데, 지금은 정승을 할 만한 사람을 얻지 못하여 풍속이 괴패(乖敗)하고 강상의 변이 곳곳마다 일어나므로 홍길동·이연수의 이름을 욕하는 자가 없어졌다고 하였다."

이 기사를 보면 홍길동은 그리 아름다운 이름이 아니라 욕으로 사용되었던 저간의 사정을 말해 준다. 이름이 욕으로 사용된 홍길동과 의적(義賊) 홍길동 사이에는 많은 괴리가 있는 것이 사실인데, 그 괴리는 그가 의적으로 알려지게 된 활빈당(活貧黨)과의 관계에서 메워 보아야 할 것이다. 홍길동이 활빈당의 두목이었다는 사실이 밝혀진다면 그는 의적의 반열에 오를 수 있기 때문이며 현존하는 이미지가 사실이 되기 때문이다.

그러나 적어도 기록상으로는 실존 인물 홍길동이 활빈당의 두목이었다는 자료가 전혀 없다. 다만 그의 이름은 조선 후기에도 여러 형태로 나타나고 있는데 그 중에는 실학자 이익(李瀷 : 1681~1763)의 평도 있다.

"옛부터 서도(西道 : 황해도)에는 큰 도둑이 많았다. 그중에 홍길동이란 자가 있었다. 그로부터 세월이 많이 흘러서 어찌되었는지는 잘 모르나, 지금에 이르기까지 그의 이름은 장사꾼들이 맹세하는 구호에도 들어 있다."

연산군 때의 강도 홍길동은 100여 년 후인 선조 때에는 욕으로 통용되다가, 그후 약 150여 년이 흐른 영조 때에는 장사꾼들이 맹세하는 구호로 그 이미지가 변화하였다. 즉 조선 전기의 실존 인물이었던 홍길동은 중기를 지나 후기로 이르면서 욕에서 맹세의 대상으로 승격한 것이다. 그가 어떤 과정을 거쳐 장사꾼의 맹세의 대상이 되는지는 불분명하지만 활빈당과 관련한 기록은 조선 후기에도 여전히 존재하지 않는다.

도둑 홍길동을 의적으로 각색한 사람들

그러나 그가 욕의 대상에서 맹세의 대상으로 변화하는 과정은 주목할 만한 것이다. 이는 조선 후기 들어 파탄에 달한 농민 경제와 관련이 있는 것이다. 부패한 정치에 좌절한 백성들은 조선 전기의 유명한 강도 홍길동을 부패한 관료나 부호들을 처벌하고 그 재산을 빈민들에게 나누어주는 의적 홍길동으로 변화시켜 대리 만족을 얻은 것이다. 강도 홍길동이 메시아 홍길동으로 부활한 셈인데 그 배경에는 조선 후기의 부패한 정치구조가 있었다. 농민들은 홍길동을 자신들의 한을 대신 풀어줄 영웅으로 인식하기 시작한 것이다. 그리고 이런 이미지의 전환 과정에 허균의 《홍길동전》은 중요한 역할을 한 것이다.

소설 속의 홍길동은 조선 후기 백성들이 영웅으로 삼을 만한 요소를 고루 지니고 있는 존재이다. 천출 소생이라는 신분도 그렇거니와 손오공처럼 자신의 분신(分身)을 조작하여 탈출하거나 하늘을 나는 신통력을 지닌 점도 그렇다. 그리고 고통에 찌든 현실에서 벗어날

수 있는 이상사회 율도국도 농민들을 매료시킬 만한 소재였다.

허균이 활동하였던 시대에는 서얼(庶孽) 차별은 중요한 사회문제로 부각되었다. 선조 초기에 서얼 1,600명이 집단으로 자신들의 억울함을 국왕에게 호소한 사건은 당시 서얼문제가 얼마나 심각한 문제였는지를 보여 준다.

이후 조선은 쌓인 서얼의 불만을 달래주기 위해 적자가 될 수 있는 길을 열어두기도 했지만, 그 길이 너무 좁아서 여러 사람이 혜택을 입을 수 없었다. 임진왜란 와중에 벌어진 서얼 출신 송유진(宋儒眞)과 이몽학(李夢鶴)의 봉기는 적서차별의 한이 얼마나 뼛속 깊은 것인지를 잘 말해 준다.

광해군 5년(1613)에도 서양갑(徐羊甲) 등 7명의 서얼이 여주 강변에 모여 군신부자(君臣父子)의 의리를 끊는다는 의미로 자신들을 '무륜(無倫)'이라 부르고, 사람들을 모아 반란을 도모한 사건이 일어났는데 허균은 바로 이들과 어울린 인물이었다. 허균은 이 사건의 불똥이 자신에게 튈 듯하자 당시 집권당인 북인에게 아부해 목숨을 부지하기도 했다.

서양갑 같은 서자들이 《홍길동전》과 관련이 있다는 사실은 허균과 동시대 학자인 이식(李植)의 문집 《택당집(澤堂集)》에서도 알 수 있다.

"세상에 전하는 말이 《수호전》의 작가는 3대(代) 동안 농아(聾啞 : 벙어리)가 되어 그 응보를 받았다. 도적들이 그것을 존중했기 때문이다. 허균과 박엽(朴燁) 등이 《수호전》을 즐겨, 그 적장(賊將)들의 이름을 따서 서로 별명(別名)을 지으며 서로 농을 했는데, 허균은 또한 《홍길동전》을 지어 《수호전》에 견주었다. 그의 무리 서양갑·심우영(沈友英) 등은 직접 그 행동을 실천하다가 한 마을이 재가 되었고, 허균 역시 반역으로 죽임을 당했다."

허균은 농민이 그린 홍길동과 자신의 추종자이기도 한 서얼의 한
을 풀어 줄 상징적인 인물을 주인공으로 삼아 《홍길동전》을 쓴 혁명
적 사상가였다. 이후 홍길동은 농민들의 영웅으로 변화하면서 민중
들에 의해 개작되는 과정이 발생했다. 허균의 《홍길동전》 이후에 지
어진 다른 《홍길동전》에는 홍길동이 집을 떠나기 전 어머니에게 자
신도 장길산(張吉山)처럼 "아름다운 이름을 후세에 남겨 보겠다"라
고 말하는 장면이 나온다.

광대 출신의 도적 우두머리 장길산이 활동한 시기는 조선 후기 숙
종 때였다. 연산군 때의 실존 인물인 홍길동과는 무려 200여 년, 그
리고 허균의 《홍길동전》이 쓰여진 때부터는 거의 100여 년 후에 활
동했던 인물이다. 또한 길동이 고국을 떠나면서 왕을 찾아가 식량을
빌리는 장면도 마찬가지이다. 왕은 대동당상(大同堂上)을 불러 홍
길동에게 대동미(大同米)를 내어 주는데, 대동법은 허균 당시에는
경기도 일부 지역에 시험적으로 실시했던 제도로서 100여 년 후인
숙종 때에 와서야 전국에 확대 실시된 제도이다.

이처럼 《홍길동전》은 세월이 흐르면서 개작되는데 이
런 개작의 주체는 한 명이 아니라 조선후기 백성들의 '민
심' 그 자체일 것이다. 《숙종실록》에 극적(劇賊)으로 등
장하는 장길산이 "후세에 아름다운 이름을 남긴 인물"
로 변화하는 것은 조선 왕조가 망하기를 바라는 백
성들의 바람이 낳은 극적 전환이다.

조선후기 도적들의 활동이 민간전승을 통해 영웅
적인 이야기로 꾸며지고 그것이 소설로 옮겨지는 경
우가 있는데, 장길산 역시 그런 과정을 거쳐 영웅으로

조선 연산군 때 유명한 도적이었던 홍길동은 조선 후기
농민생활이 파탄에 이르면서 민간전승을 통해 관에 대항한
의적이자 영웅으로 이미지가 바뀌어 간다.
홍길동은 많은 작가들에게 의로운 인물을 표현하는 상상력의
기반이 되고 있다(만화가 석현지가 그린 홍길동).

형상화되어 《홍길동전》에 삽입된 것이다.

홍길동은 연산군 당시에 활약했던 간 큰 강도였는데, 오랜 기간 이미지 변화 과정을 거쳐 의적(義賊)으로 변화하였다. 그리고 그런 이미지 변화 과정에는 도탄에 빠진 조선 후기 백성들의 변화를 바라는 마음이 실린 것이다.

즉 강도 홍길동은 오랜 시간에 걸쳐 의적이나 활빈당의 우두머리로 이미지가 변화하는데, 여기에는 허균의 《홍길동전》이 큰 역할을 수행한다. 그리고 그 배경에는 당시의 정치 상황에 대한 백성들의 불만이 담겨 있는 것이다.

강화도에서 살아남은 사람과
남한산성에서 살아남은 사람의 차이

100여 년을 단일정당으로 존재했던 서인

조선의 여러 정당을 일컬을 때 흔히 사색(四色)당파라는 표현을 쓴다. 조선의 4대 정당인 남인·북인·노론·소론을 일컫는 말이다. 이 4대 정당의 뿌리는 모두 조선 전기의 사림파였다. 훈구파에 맞서 싸우던 사림파는 조선 제14대 임금 선조 때 정권을 잡자 둘로 갈라진다. 선조 8년(1575 : 을해년) 김효원의 이조전랑 추천 문제를 둘러싸고 동인과 서인으로 갈라지는 것이다.

이중 동인은 선조 22년(1589 : 기축년) 발생한 정여립(鄭汝立) 옥사를 둘러싸고 다시 남인과 북인으로 갈라진다. 하지만 서인은 현종 14년(1673) 무렵까지도 하나의 정파를 유지할 정도로 단일성을 유지하고 있었다.

무려 100여 년 가까이 한 정당의 틀을 유지해 오던 서인은 현종 10년 한 인물의 사망을 계기로 분열이 시작되어 숙종 때 완전히 분당된다. 미촌(美村) 윤선거(尹宣擧)의 죽음이 그것이다.

송시열이 모욕적인 묘갈명을 쓴 두 가지 이유

조선시대에는 선비가 세상을 떠나면 평소의 지인들이 평생의 행적을 기록한 행장과 묘갈명을 써 주는 것이 관례였다. 윤선거의 아들 윤증(尹拯)도 이에 따라 박세채(朴世采)에게는 행장을 써 줄 것을 요청하고, 당대 최고의 유학자로 명성이 높던 우암(尤庵) 송시열(宋時烈)에게 묘갈명을 써줄 것을 요청했는데 박세채와 송시열은 이에 흔쾌히 응했다.

송시열은 윤선거와 함께 이이의 제자인 김장생(金長生)과 그의 아들 김집(金集)에게 사사한 동문 사이였으므로 송시열이 아버지의 묘갈명을 명문으로 지어줄 것으로 예상한 윤증의 기대는 지나친 것이 아니었다.

그러나 송시열은 이런 예상을 깨고 "자신은 윤선거에 대해 잘 모르니, 다만 박세채의 행장에 따라 기술만 할 뿐 짓지는 않는다〔我述不作〕"라는 성의 없는 묘갈명을 지어 주면서 갈등이 시작되었다. 윤증이 고인에 대한 예의가 아니라며 고쳐줄 것을 거듭 청했으나 송시열은 자구를 수정하는 시늉에 그쳤을 뿐 내용은 하나도 고쳐 주지 않았다.

윤증은 원래 아버지 선거에게 사사하다가 권시(權諰)의 딸과 혼인한 다음에는 권시에게도 사사했고, 그전에는 김집에게 주자학을 배우다가 김집의 권유에 의해 송시열에게도 사사했으므로 송시열은 그의 여러 스승 중 한 명이기도 했는데 송시열이 끝내 묘갈명 수정을 거부하자 사제 사이가 소원해졌던 것이다.

뿐만 아니라 송시열은 주위 사람들에게 윤선거의 묘갈명에 대해 말하면서 윤선거에게는 두 가지 흠이 있다고 비판했는데, 하나는 윤휴와 절교하지 않은 것이고 다른 하나는 강도(江都)의 일, 즉 강화도 사건에 관한 것이었다.

조선의 진실

가깝고도 먼 나라

송시열이 사문난적(斯門亂賊)으로 규정한 윤휴와 절교하지 않았던 사건과, 병자호란 때 강화도에서 있었던 한 사건이 윤선거의 흠이라는 것이었다.

윤휴 문제는 송시열과 윤선거 사이의 사상 문제였다. 윤휴는 한때 송시열 못지 않은 재사로 이름을 날린 유학자로서 윤선거는 물론 한때 송시열과 친구이기도 했다. 한때 다정했던 송시열과 윤휴는 주자(朱子)로 추앙 받던 주희(朱熹)에 관한 생각 차이를 두고 사이가 벌어지기 시작했다. 송시열은 주자가 성현이니 무조건 그의 학설이 옳다고 생각한 반면 윤휴는 그렇지 않았다. 즉 송시열은 주희를 절대적인 존재로 떠받든 반면 윤휴는 상대적인 존재로 바라본 것이다.

그중 하나가 《중용(中庸)》에 대한 주석인 윤휴의 〈중용주(中庸註)〉에 대한 둘의 다툼이었다. 윤휴가 주희와 달리 해석하는 것을 본 송시열이 "중용에 대한 주자의 주가 그르고 그대의 학설이 옳단 말인가?"라고 따지자, 윤휴는 "그대는 자사(子思)의 뜻을 주자만 알고 나는 알 수 없다고 생각하는가?"라며 반격한 것이다.

이때만 해도 송시열과 윤휴는 정적이라기보다는 학설을 달리하는 학자 사이였으나 효종 사망을 계기로 발생한 제1차 예송논쟁을 거치면서 정적으로 변했다. 1차 예송논쟁 때 송시열이 1년복설을 주장한 데 맞서 윤휴는 3년복설을 주장했는데, 뒤이어 남인 허목(許穆)·윤선도(尹善道)가 윤휴의 설을 지지하며 송시열을 공격하자 둘은 정적으로 변해 간 것이다. 이후 송시열은 윤휴를 유학을 어지럽히는 적이란 뜻의 '사문난적(斯門亂賊)'으로 공격하면서 그를 '적휴(賊鑴)', '참적(讒賊)'이라고 불렀다.

윤휴 문제로 의견이 갈리자 송시열과 윤선거 등 서인의 대표적인 유학자들은 효종 4년(1653) 황산서원(黃山書院)에 모여 이 문제를 논의하게 되었다. 이 자리에서 송시열이 윤휴를 사문난적이라고 공격하자 윤선거가 "이는 윤휴의 학설이 고명하기 때문"이라고 변호했는데 이에 분노한 송시열은 "윤휴보다 당신이 먼저 왕법(王法)의 심판을 받아야 한다"고 공격의 화살을 윤선거에게 돌렸다.

현종 6년(1665) 계룡산 동학사(東鶴寺)에서 열린 율곡 연보 편찬 집회에서 두 사람은 윤휴 문제를 둘러싸고 다시 부딪친다. 송시열이 윤선거에게 단도직입적으로, "주자가 옳습니까, 윤휴가 옳습니까?"라고 양단간의 선택을 요구하자, 궁지에 몰린 윤선거는 "흑백으로 말한다면 윤휴가 흑이며, 음양으로 말한다면 윤휴가 음이겠습니다"라고 항복할 수밖에 없었다. 윤휴가 옳다고 말하면 같은 사문난적으로 몰릴 것이기 때문이다.

이로써 송시열은 윤선거가 윤휴와 결별했다고 생각했으나 윤선거가 사망했을 때 윤휴가 보내온 조문(弔文)을 아들 윤증이 받았다는 말을 듣고 윤휴와 윤선거가 몰래 교제하고 있었다고 의심하게 되었다. 송시열은 윤선거가 끝내 윤휴와 절교하지 않은 것을 그의 흠이라고 생각해 고인의 묘갈명을 모욕적으로 써 주었던 것이다.

강화도 사건은 윤선거의 절의 문제에 대한 공격이었다. 병자호란이 일어나던 인조 14년(1636)에 청나라 사신이 입경하자 윤선거는 성균관의 유생들을 규합, 사신의 목을 베어 숭명(崇明) 의리를 지킬 것을 주장했던 반청론자였다. 병자호란이 일어나자 그는 가족과 함께 강화도로 들어갔는데 이곳에서 동지인 권순장(權順長)·김익겸(金益兼)과 함께 유병(儒兵)을 일으켜 청병과 끝까지 싸우기로 약속했다.

드디어 청군이 입성하여 강화가 함락되려 하자 권순장과 김익겸은 김상용(金尙容)과 함께 남문(南門)을 지키다 순사했고, 윤선거의 부인도 절개를 잃을 것이 두려워 목숨을 끊었으나, 윤선거는 인조가 있는 남한산성으로 향하는 종친 진원군(珍原君)의 종자(從者)가 되

어 미복(微服) 차림으로 강화도를 빠져 나와 목숨을 건졌다. 윤선거
가 강화도에서 죽지 않고 살아남은 이 사건이 바로 '강화도 사건'으
로 서인 분열의 한 단초가 된다.

이는 한때 송시열도 이해한 바였으나 윤휴 문제가 발생하자 이해
하는 자세를 철회하고 다시 문제 삼기 시작했으며 급기야 모욕적인
묘갈명으로 나타났던 것이다. 그후 숙종 즉위년에 2차 예송논쟁에서
패한 송시열이 경상도 장기로 유배가자 윤증은 유배지까지 찾아가
묘갈명을 고쳐줄 것을 요청했으나 송시열은 끝내 거부했다.

증오의 정치와 화해의 정치의 상반성

이렇게 되자 윤증은 송시열에 대해서 겉으로는 스승의 예를 취했
으나 속으로는 이미 스승의 연을 끊고 그를 원망하게 되었다. 숙종 6
년(1680) 경신환국으로 재집권한 서인들이 남인에 대한 처벌을 둘
러싸고 강온파로 갈릴 때 윤증은 온건파를 대표하여 강경파를 대표
하는 송시열과 맞서게 된다. 이런 분열은 단순한 개인 감정의 표출
이 아니라 집권 서인들의 정국운용 방식에 대한 정세관의 차이에서
비롯된 것이다.

송시열이 남인에 대한 강경론을 주창해 드디어 숙종 6년 윤휴를
사사(賜死)하기에 이르자, 송시열과 절연할 것을 결심한 윤증은 송
시열의 학문과 덕행상의 결함을 지적한 편지를 작성해 송시열에게
보내려고 하는데 이것이 숙종 7년의 〈신유의서(辛酉擬書)〉이다.

이 편지에서 윤증은 송시열이 목청만 드높게 춘추의리(春秋義理)
와 숭명벌청(崇明伐淸)을 내세웠으나 이는 모두 허장성세여서 "눈
에 보이는 것은 (송시열의) 벼슬이 높아지고 명성이 넘쳐흐른 것 뿐"
이라고 비판했다. 편지를 작성한 윤증이 먼저 박세채에게 보이자,

그는 지나치게 송시열을 자극할 우려가 있다며 만류하여 보내지 않았는데, 박세채의 사위이자 송시열의 손자인 송순석(宋淳錫)이 이 편지를 몰래 가져다 송시열에게 줌으로써 윤증이 이런 편지를 썼음을 안 송시열은 "나를 죽일 자는 분명 윤증이다"라고 분노하게 되었다.

이 사건은 둘 사이를 공식적으로 의절시키는 결과를 가져와 송시열을 지지하는 측에서는 윤증을 스승을 배신한 인물로 모는 배사론(背師論)을 제기하며 그를 비난하게 되었다.

그러나 이는 단순히 배사(背師) 여부로 단정지을 문제는 아니었다. 윤증이 송시열과 절연하는 계기는, 물론 아버지 윤선거의 묘갈명 문제지만 그 이면에는 당쟁이 치열했던 숙종 대의 정치노선에 대한 갈등에 있었기 때문이다.

숙종 6년의 경신환국으로 서인이 재집권한 후 윤증은 더 이상 남인에 대한 정치보복이 없는 화해의 정치로 갈 것을 주장했다. 서인과 남인은 다 같은 사대부인만큼 더 이상의 살륙은 중단하고 화해할 것을 촉구했던 것이다. 반면 제2차 예송논쟁에 패해 귀양까지 갔던 서인 강경파의 시각은 달라서 이들은 집권 후 남인에 대한 강경책으로 일관해 남인 영수 허적(許積)과 윤휴를 비롯해 오정창(吳挺昌) 등을 사형시켰다.

즉 송시열과 윤증의 갈등은 윤선거의 비문을 둘러싼 가문간의 갈등이나 사제 사이를 둘러싼 개인간의 갈등 차원이 아니라, 경신환국 이후 집권 서인의 정국운용을 둘러싼 노선상의 갈등으로 보아야 할 것이다. 그러나 이 즈음만 해도 서인의 분당은 뚜렷이 드러나지 않았던 당내의 갈등 정도였으나, 숙종 8년에 발생한 역모 고변 사건을 둘러싸고 분당으로 치솟는다.

송시열은 숙종 6년의 경신환국으로 서인이 집권한 이후 잠깐 영중

추부사에 출사한 것을 제외하고는 출사하지 않고 배후에서 서인에게 영향력을 끼쳤으나, 숙종 8년(1682) 출사하면서 본격적인 정치력을 시험받게 되었다.

그가 출사하자마자 맞닥뜨린 최초의 사건은 남인 허새(許璽)·허영(許瑛) 등에 대한 무고사건이었다. 숙종 8년이 임술년이므로 임술고변이라 부르는 이 사건에서 전 병사 김환(金煥)은 외척 김석주와 김익훈의 사주를 받아 허새와 허영이 역모를 꾸몄다고 고변해 그들을 사형에 처했는데, 그후 이 고변이 무고인 것으로 드러나 말썽이 생긴 것이다.

이 사건을 둘러싸고 승지 조지겸, 호군 이익 등 젊은 서인들은 무고자 김환과 배후조종자 김익훈을 처벌해야 한다고 주장한 반면 영

충남 논산군 노성면에 있는 윤증 고택. 윤증은 조선 오백년 역사상 유일하게 임금이 얼굴 한 번도 보지 않고 우의정을 제수한 인물이다. 그러나 그는 그마저도 거부한 산림처사였다.

의정 김수항, 좌의정 민정중 등은 김환과 김익훈을 옹호했다.

양자의 의견이 갈리자 숙종은 출사하는 송시열의 결정에 따르기로 했는데 승지 조지겸은 숙종의 명을 받고 여주까지 마중 나가 송시열을 만났다. 송시열은 무고사건에 대한 조지겸의 설명을 듣고 무고자 처벌에 동의했다.

젊은 서인들은 이 소식을 듣고 환호했으나 도성에 들어와 서인 중진들을 만난 후 생각이 달라진 송시열은 무고자 처벌에 동의하지 않을 뿐만 아니라, 숙종에게 "김익훈의 조부 김장생은 신의 스승인데 신이 익훈을 잘 인도하지 못해서 이 지경에 이르렀으니 잘못은 신에게 있습니다"라면서 오히려 김익훈을 구원했다. 송시열의 이런 태도 변화에 실망한 젊은 서인들은 등을 돌리게 되었다.

윤증은 숙종 9년(1683) 5월 숙종의 부름을 받고 서울로 향하다 과천에 사는 아버지의 제자이자 동문인 나량좌(羅良佐)의 집에 머무르며 정국을 관망했다. 그가 쉽게 귀경하지 않자 이미 출사해 있던 박세채가 과천까지 찾아와 정국 현안에 대해 의논하는데 이 자리에서 윤증은 자신이 출사하기 위한 세 가지 조건을 내건다.

첫째, 잇단 옥사로 남인들이 원한을 가지고 있는데 이것을 풀 수 있는가? 둘째, 정치에 부당하게 간섭하는 세 외척(外戚 : 김석주·김만기·민정중)의 정치 간여를 금지시킬 수 있는가? 셋째, 현재의 정치행태를 보면 집권당이 자기 당 사람만 등용하고 반대 당 사람은 무조건 배척하는데 이를 시정할 수 있겠는가?

윤증이 내건 세 가지 조건은 남인과의 반목과 대립을 극복하고 화해의 정치를 수행하자는 것과, 외척이 정치를 좌우하는 비정상적인 정치체제를 정상적인 정치체제로 전환하자는 주장이 담겨 있었다. 이것은 격렬한 당쟁과 무고 같은 공작정치에 익숙한 비정상적인 정치체제를 정상적인 정치체제로 전환해야 한다는 시대정신의 표출이었다.

윤증은 그 구체적인 후속조처로 남인을 무고해 죽음에 이르게 하고도 오히려 공신의 작위를 받은 김익훈 등의 훈록(勳錄)을 삭제할 것을 주장했다. 그래야 남인들의 원한이 풀어지지 않겠느냐는 것이었다.

박세채는 윤증이 제기한 세 가지 문제 제기가 모두 타당한 것임을 인정했으나, 그 자신은 이를 해결할 능력이 없음을 실토했다. 이에 따라 윤증은 서울로 올라오지 않고 고향으로 돌아갔다. 서울에 올라온 박세채도 곧 사직하고 고향에 내려가자, 송시열도 사직하고 금강산을 거쳐 고향으로 돌아갔으나, 서인 정권에 대한 송시열의 영향력은 증대되었다.

이후 숙종은 거의 매년 벼슬을 제수하면서 윤증을 불렀으나 그는 끝내 출사를 거부했다. 송시열과 윤증의 정치노선이 갈리자 두 사람의 정치노선에 대한 찬반 여부를 둘러싸고 서인이 분열되는데, 송시열을 지지한 세력이 노론(老論), 윤증을 지지한 세력이 소론(少論)이 되었다. 송시열이 연장자인데다 당시 대로(大老)라는 애칭으로 불리고 있었기 때문에 노론이 되었고 연소자인 윤증이 소론이 된 것이다.

물론 집권당은 송시열의 노론이었는데 영의정이 그의 지시를 받아야만 일을 처리할 정도의 위세를 누렸다. 그러나 송시열은 숙종 15년(1689) 장희빈 아들의 원자 정호를 반대하다 83세의 나이로 사약을 마시고 객사한 반면 끝내 출사를 거부한 윤증은 숙종 35년에 드디어 우의정을 제수했으나 이마저 거부하고 향리인 충청도 이성(尼城)에서 86년이란 천수를 누렸으니 죽음의 장면은 상반되는데, 이는 어쩌면 증오의 정치와 화해의 정치의 상반성을 말해 주는 것인지도 모른다. 송시열의 고향이 충청도 회덕(懷德)이기 때문에 송시열

258
우리 역사의 수수께끼

과 윤증의 논쟁을 회니논쟁(懷尼論爭)이라 하고 그 논쟁의 시말을 정리한 책을 《회니본말(懷尼本末)》이라고 한다.

　노·소론의 분열은 단순히 사제 사이의 갈등이라기보다는 병자호란이란 국난과 화해와 개방성을 요구하는 시대적 흐름에 대해 저항했던 세력과 적응하려 했던 세력의 갈등이라고 보아야 할 것이다.

　사족(蛇足)을 덧붙이자면 윤선거가 강화도에서 죽지 않고 살았다고 비판한 송시열은 병자호란 당시 남한산성에 있었다. 따라서 이는 살아 남은 모든 자의 슬픔이지 남한산성에서 살아남은 사람이 강화도에서 살아 남은 사람을 비판할 도덕성을 갖는 재료일 수는 없을 것이다.

조선시대 상속제도는 남녀를 차별했나

회교 국가보다도 낮은 한국여성의 국제 지위

유엔개발계획(UNDP)이 평균 수명, 문맹률, 취학률, 여성 가계소득 기준 등을 종합 평가해 순위를 매긴 남녀평등지수가 우리나라는 174개 평가대상국 중 37위로, 33위의 홍콩, 35위의 폴란드 등과 비슷한 수준이었다. 그러나 여성의원과 행정부 고위 공직자 비율 등 여성의 권한을 종합한 여성의 지위는 무려 83위로서 회교국가인 쿠웨이트(75위)보다도 낮은 수준이었다. 여성이 차지하는 의회의석 비율은 3퍼센트이고, 고위 행정·관리직 비율은 4.4퍼센트로 극심한 여성차별사회로 알려져 있는 이란의 여성의석 비율(4.9퍼센트)보다도 낮은 최하위 수준이다.

간단히 말해서 한국에서 여성이 남성과 독립적으로 자아를 실현하는 것은 불가능에 가까운 수준으로 심하게 말하면 사람 취급을 못 받는 것이다. 남녀고용평등법, 보육지원법, 여성발전기본법 등 법률상으로는 남녀가 평등하지만 현실적으로는 극심한 불평등 사회가 우리 사회이다.

이런 현상이 어디에서 비롯되었을까?

흔히 극단적인 남녀차별 사회로 알려져 온 조선시대를 그 주범으로 든다. 과연 그러할까? 남녀평등은 말이나 법률로만 가능한 것이 아니라 남녀평등을 가능하게 하는 구조가 선행되어야 하는데, 여성이 평등한 대접을 받을 수 있는 기본 요건의 하나가 바로 재산상의 독립이라는 점에는 이론의 여지가 없을 것이다.

얼마 전 남녀의 상속을 차별했던 법률이 폐지되면서 적어도 법률적으로는 남녀의 재산상속이 평등해졌지만 현실적으로는 그렇지 못하다. 재벌 2세로서 경영권을 넘겨 받는 것은 항상 남성이라는 사실이 단적으로 이를 말해 준다. 그러면서 조선시대에도 재산 상속 때 남녀를 차별했을 것으로 이해하고 있다. 과연 그러한지 살펴보자.

조선시대의 상속은 가옥·토지·노비 내지는 가재도구 등을 포함하는 재산상속과 식구를 관리하는 가장권(家長權)을 상속받는 신분상속, 그리고 제사(祭祀)에 관한 권리·의무를 상속받는 제사상속이 있었다.

그중 가장 큰 비중을 차지하는 것이 노비와 토지의 상속으로 조선시대의 재산분쟁은 주로 이 둘을 중심으로 이루어졌다. 16세기 전반까지는 노비의 비중이 높았고, 그 후반부터는 토지의 비중이 높아졌는데 이는 16세기에 사화(士禍)와 당쟁이 격화되어 집권세력이 빈번하게 교체되면서 노비의 소유주가 바뀐 현상과 관련이 있다. 한 사대부가 정권다툼에서 패배해 역적으로 몰리면 식구 중 남자는 사형을 당하고 여자는 종으로 전락하면서 노비와 토지까지 승리자가 모두 차지하기 때문에 벌어지는 현상이었다.

임진왜란과 병자호란을 겪고 난 17세기부터는 노비 지배체제에 커다란 변화가 생긴다. 당시 벼슬아치들은 서울에 거주하면서 인맥·학맥으로 연결되고 혈연·지연으로 얽힌 지방수령을 통해서,

또는 각읍(邑)에 존재했던 유향소(留鄕所)와 연결된 경재소(京在所)를 통해 여러 지역에 흩어져 있던 노비를 관리했으나, 임진왜란 이후 경재소가 혁파되면서 노비관리에 어려움이 있었다. 이런 현상 때문에 양란 이후인 17세기부터는 토지의 비중이 노비보다 높아져 갔다.

재산상속은 물(物)에 대한 지배권 내지 관리권 상속이기 때문에 신분상속과는 다르지만, 물려주는 사람과 상속받는 사람이 물을 매개로 구속된다는 점에서는 신분상속과도 관계가 있으며, 이는 또한 제사상속과도 밀접한 관계를 맺게 된다. 즉 재산상속을 중심으로 신분, 제사상속이 서로 얽히게 되는 것이다.

《경국대전》 상속법에는 남녀차별이 없다

조선의 헌법인 《경국대전》의 상속 규정을 보면 일반적인 추측과는 달리 남녀 사이에 차별이 없는 철저한 자녀균분제(子女均分制) 상속을 규정하고 있다. 물론 《실록》이나 각종 상속관련 고문서(古文書)를 살펴보면 법제적인 평등규정과는 차이가 나는 경우가 있고, 가부장제를 유지하기 위해 제사를 받드는 적장자를 우대하는 경우는 있지만, 본질적으로는 자녀균분제가 관철되었다.

남녀가 평등하게 상속받다 보니 세칭 장가 잘 가서 부자가 되는 경우도 종종 있었다. 사림파의 영수 김종직이 바로 부인이 막대한 유산을 물려받는 바람에 형편이 핀 인물인데, 퇴계 이황에게도 비슷한 전설이 전해지고 있는 것 등이 이런 현상을 말해 주는 것이다.

조선시대에 상속차별은 남녀 사이에 있었던 것이 아니라 적서(嫡庶), 즉 적자녀와 서자녀 사이에 있었는데 서얼 중에서도 천첩(賤妾) 소생의 자녀는 양첩(良妾) 소생의 자녀에 비해 많은 차별을 받았다. 이는 조선이 신분제 사회이기 때문이고 재산상속에 관한 한 남녀차별 사회는 아니었다.

맏아들인 적장자를 우대한 것도 남녀차별이라기보다는 빈번한 제사 비용을 보태 주기 위한 의도였다.

조선시대 상속관행을 보여 주는 고문서가 바로 '재산을 나눈 기록'이란 뜻의 '분재문기(分財文記)'인데, 이 문서는 재산이 어떻게 자녀에게 분배 또는 상속되는지를 상세히 보여 주고 있다. 이 분재문기는 허여(許與)·화회(和會)·별급(別給)문기 등이 있는데 허여문기는 '재산을 허여(許與)하는 문기'라는 뜻이지만 포괄적 의미로 사용되었다. 허여문기는 조상 전래의 유산이나 재주(財主) 부부의 재산을 한 묶음으로 일시에 자녀 모두에게 일정한 수량으로 나누어준 것을 기록한 문서인데 여기에서는 아들과 딸이 평등하게 나누어 받는 자녀균분제가 원칙으로 적용되었다.

화회문기는 부모가 재산을 나누어주지 못하고 세상을 떠났을 경우에, 보통 부모의 3년 상(喪)을 마친 후 자녀가 모두 한자리에 모여 회의를 통해 부모의 유산을 나눈 것을 기록한 문서이다. 이 역시 자녀균분제가 원칙이었는데, 나이가 어리거나 이미 사망한 경우는 적게 분배되거나 제외되는 경우도 있었다.

별급문기는 조부모(祖父母)·부모·외조(外祖) 부모·처(妻) 부모 등이 내외혈손(內外血孫)에게 재산을 일부 나누어 준 것을 기록한 문서인데 이 경우는 앞의 허여·화회문서들과는 달리 차등 있게 나누어주었다. 이 경우 차별은 아들과 딸이라는 성(性)에 대한 차별이 아니라 자녀에 대한 부모의 애정이나 자녀의 효도의 정도에 따른 차별이었다.

어떤 경우에는 이 별급을 통해 《경국대전》에 규정된 적서 사이의 차별이나, 양·천첩자녀 사이의 차별보다도 더 많은 재산이 서얼에

게 돌아갈 수 있었다. 즉 적서(嫡庶)를 떠나 평소에 부모에게 효도
한 자녀에게는 많이 나누어주고 그렇지 못한 자녀에게는 조금 나누
어준 것이니 효(孝)가 사라진 오늘날에 본받을 만한 제도인 것이다.

이런 문서는 적어도 조선 전기인 15~16세기까지는《경국대전》
같은 조선초기의 법전(法典) 규정대로 일정한 원칙과 형식에 따라
가족단위로 작성·비치되었다.

우리나라는 중국과 같은 유교문화권에 속해 있었으나 상속제도나
혼례, 주거문화 등에 있어서는 중국과 차이가 있었다. 적어도 조선
전기까지는 재산상속에서 중국보다 남녀평등의 원칙이 법제적으로
나 실질적으로 지켜지고 있었다.

이는 여성의 지위가 높았던 고려시대의 전통을 이어받은 것이었
다.《고려사(高麗史)》나 현존하는 고려시대 고문서에는 상속관계
기록이 별로 남아 있지 않지만, 전해지는 단편적인 기사들을 검토해
보면 고려시대의 재산상속은 남녀차별이 없는 균분(均分) 상속제였
다는 사실을 알 수 있다.

그러면 부부유별(夫婦有別)이 오륜(五倫)의 하나였던 유교국가
조선은 왜 고려의 유제(遺制)인 남녀균분상속제를 계속 유지했을
까? 여기에는 조선의 지배층이었던 사대부들의 정치적 의도가 개입
되어 있었다. 사대부 전체의 이익을 계속 유지하기 위해 조상 전래
의 토지와 노비를 자녀에게 균등하게 상속하도록 국가 차원에서 조
장했던 것이다. 여기에는 부의 집중을 방지함으로써 지배층에서 탈
락하는 사대부의 발생을 억제하려는 의도가 있었다.

사대부 공동의 계급적 이해에 따른 선택으로서 지배층의 신분을
안정적으로 장기간 유지하려는 방안이 남녀균등상속이었던 것이다.
즉 사대부 공동의 이익을 위해서 자녀의 균등상속이 필요했던 것이
고, 이런 이유 때문에《경국대전》에서 자녀의 균분상속제가 명문화

경북 예천군의 안동 권씨 지파인 예천 권씨 종갓집. 조선 초·중기까지 평등했던 남녀관계는 양란 이후 지배층이 보수·반동화하면서 극심한 남성우위 관계로 변해 간다.

된 것이다. 그리하여 조상 전래의 재산을 파는 행위는 불효로 규정 하였고, 부득이하게 판매할 경우에도 법전에 제한규정을 두었는데, 예를 들면 내외(內外)인척 사이에만 재산을 사고 팔도록 권장하였 던 것이다.

조선시대 재산상속의 또 다른 특징은 철저한 분할주의(分割主義) 상속제도이다. 가령 영남의 토지는 아들 갑에게 주고 호남의 토지는 딸 을에게 주며, 충청도의 토지는 또 다른 아들 병에게 주면, 상속하 는 부모나 받는 자식이 모두 편리했을 텐데 그렇게 하지 않고 영남에 있는 토지를 갑·을·병에게 나누어주고, 또 호남에 있는 토지도 갑·을·병에게 나누어주는 식으로 쪼개어 상속했다.

여기에는 어느 지방의 유산을 한 사람이 관리함으로써 발생할 수 있는 분리의 개념을 막고 재산이 전국 어느 곳에 있든지 나누어 소유 함으로써 공동소유 개념을 유지하기 위한 것으로 보인다. 즉 재산을 매개로 가문이 결속할 수 있도록 하기 위해 분할상속한 것이다.

또한 국가차원에서도 재산의 남녀균분과, 분할주의는 상호견제하고 균형을 이룰 수 있는 효과가 있어서 부(富)와 권력의 집중을 예방할 수 있었던 것이다.

그런데 양란 이후 18세기 경부터는 개방과 진보를 요구하는 사회 밑바닥의 흐름과는 달리 사대부들이 보수화되면서 재산상속에 있어서도 남녀차별이 일반화되었다. 조선 초기는 사대부들이 성리학적 질서를 유지하려 했지만 한 사회의 관습을 급격하게 바꿀 수는 없었다. 법적으로는 적장자가 제사를 승계하고, 다른 성씨를 가진 사람이 제사를 받들지 못하게 금지했지만, 실제로는 부모의 애증(愛憎)에 따라 맏아들을 제치고 다른 아들이 가통(家統)을 잇거나, 아들이 없는 경우 사위가 제사를 지내는 사례가 빈번했다.

지배층의 보수화와 조직화되는 남녀차별

그러나 양란 이후인 17세기부터 사회 밑바닥에서부터 신분제 해체 등을 요구하는 목소리가 커지자 이에 위협을 느낀 양반 사대부들은 기존의 성리학적 통치질서를 강화하여 지배층의 지위를 계속 유지하려 하였다. 이런 과정에서 남녀균분상속의 문제점이 지적되었고, 예법이 강화되면서 제사를 지내는 의무가 하나의 권력이 되어 갔다. 이에 따라 17세기에는 종손(宗孫)과 지손(支孫)을 차별하면서 적장자 우위상속제가 나타나고, 남녀를 차별하기 시작하였다.

사회 밑바닥의 변화 요구에 맞서 사대부는 예학을 강조했는데, 자기 신분에 맞게 행동하는 것이 기본사상인 예학은 종법(宗法) 제도를 발전시켰다. 종법은 직계조상의 제사를 계승하는 적장자를 중심으로 하는 친족조직인데 이런 종법제가 보급되면서 제사는 장자만 상속하게 되었다.

조선 초기에도 물론 장자가 제사를 지내는 것이 원칙이었지만, 아들이 없고 딸만 있는 경우에는 양자(養子)를 들이지 않고 사위나 딸, 또는 외손(外孫)이나 어머니 동생의 아들을 양자로 삼아 제사를 지내게 했고, 딸의 아들인 외손자도 제사를 지내게 했었는데 17세기 이후에 딸은 제사에서 철저하게 소외되었다.

조선 초기에는 아들과 딸이 돌아가면서 제사를 지내는 경우도 있었으나 17세기 이후에는 아들이 없는 경우에도 딸은 제사를 지낼 수 없었고, 양자를 들여 후사를 잇게 일반화되었던 것이다. 조선 초기인 15세기에 편찬된 족보는 '부(父)→자(子)'의 친계(親系)로 이어지는 제사 상속보다 '부→여(女)→자'의 외계(外系)로 이어지는 제사상속이 빈번했으나, 17세기 조선 사대부가 보수 반동화되면서 여자는 철저하게 이방인으로 전락하게 된 것이다.

그러다가 18세기 이르러 이런 관행이 사대부 사회에 일반화되면서, 재산도 적장자에게 집중적으로 상속되고 여자는 배제되었다. 오늘날 전국 각지에 남아 있는 거대한 고가(古家)들, 이른바 종가(宗家) 집들은 이러한 시대적 분위기의 산물인 것이다.

그리고 일제시대에 여성을 비하하는 일본문화가 전파되면서 남녀차별은 더욱 심해졌다. 결국 조선 여성들은 양란 이후 조선 사대부 사회가 보수화되어 가면서 점차 '인간'으로 태어나 '여자'로 길러졌던 것이며, 오늘날 우리 사회의 극심한 남녀차별은 이런 보수적이고 그릇된 사회의 버려야 할 유제(遺制)인 셈이다.

과거에도 지역차별이 있었는가

〈훈요십조〉에서 등용을 제한한 이유

지역차별 문제가 빈부격차, 통일문제와 함께 현 시대 최대의 화두라는 데 이의를 제기할 사람은 많지 않을 것이다. 지역차별에서 기인한 지역감정은 한국 현대정치에서 그 무엇보다도 막강한 위력을 과시하는 하나의 현실이 되었다. 심지어 지역감정은 선거에서 계급과 정책에 우선하는 투표의 원인이 되기도 한다. 지역감정을 해소하는 것은 그야말로 후진적인 우리 정치문화를 선진화시키는 정치개혁의 처음이자 마지막이라고 해도 과언이 아니다.

그러나 이 지역감정을 이용하려는 정치인은 많아도 실제 지역차별이 언제 시작되었으며 과거에도 지역차별이 있었는지를 이성적으로 판단하려는 정치가나 학자는 드문 것 같다. 과연 과거에도 지역차별과 지역감정이 존재했을까?

고려 왕건이 즉위 26년(943), 후삼국 통일 7년째에 대광(大匡) 박술희(朴述希)에게 남긴 〈훈요십조(訓要十條)〉의 한 구절이 고려시대부터 지역차별이 있었던 것처럼 인식되는 근거가 되기도 했다.

〈훈요십조〉 중 해당 항목을 《고려사》에서 인용해 보자.

"여덟째, 차령산맥 이남〔車嶺以南〕과 금강 바깥 쪽〔公州江外〕은 산형(山形)과 지세(地勢)가 모두 거꾸로 뻗쳤으니, 인심 또한 그러하다. 저 아래 고을 사람이 조정에 참여하여 왕이나 왕실의 인척과 혼인하여 나라의 정권을 잡게 되면, 나라에 변란을 일으키거나, 통합당한 원한을 품고 왕이 거동하는 길을 범해서 난을 일으킬 것이다."

풍수지리설을 근거로 인심이 사나울 것이니 등용해서는 안 된다는 훈계이다. 일반적으로 차령산맥 이남은 별 이의 없이 현재의 천안과 아산 아래쪽, 즉 현재의 충남 남부지역으로 인식되어졌으나 금강 바깥쪽은 위치가 어디인지 논란이 있어 왔다. 대체로 금강 아래쪽인 호남지방으로 인식되어 오다가 최근에는 '바깥(外)'이 아래가 아니라, 위쪽을 뜻한다는 연구결과가 나오면서 논란이 일기도 했다.

바깥이 아래쪽이 아니라 위쪽을 뜻한다면 현재까지의 고정관념을 깨는 획기적인 결과가 될 것이지만, 다음의 '저 아래 고을의 사람〔彼下州郡人〕'이 분명 아래 지방의 사람을 가리키므로 객관적 설득력은 약하다. 고려의 서울인 개성 아래쪽부터 금강 위쪽까지, 즉 충청과 경기지역을 가리킨다고 볼 수도 있지만 이 역시 견강부회(牽强附會)의 성격이 짙다.

비록 이 구절이 풍수지리설을 근거로 등용의 제한을 훈계하고 있지만 보다 큰 요인은 "통합 당한 원한"이란 말이 보여 주듯이 후삼국 통일과정에서 있었던 정치적 사건들에 있다.

송악(松岳)의 호족이었던 왕건은 신라 효공왕(孝恭王) 2년(898)에 태봉(泰封)의 궁예(弓裔)가 송악에 도읍하자, 그의 수하에 들어가 정기대장(精騎大將)의 직책을 받았다. 그후 궁예가 실정을 범하자 장군 홍술(弘述) 등이 쿠데타를 일으켜 궁예를 베고 수상 왕건을 추대했다. 왕건은 이로써 임금이 되었으나, 그가 쿠데타의 주동 인물이 아니므로 왕권이 미약해 많은 도전을 받았다.

마군장군(馬軍將軍) 환선길(桓宣吉) · 마군대장군 이흔암(伊昕巖) · 순군리(徇軍吏) 임춘길(林春吉) · 청주사(淸州師) 진선 및 그 동생 선장(宣長) 등은 태조 초년에 잇따라 반란을 일으켜 갓 즉위한 왕건을 위협했는데, 이중 이흔암은 웅주(熊州 : 공주), 임춘길의 거사지는 청주였으니 모두 차령산맥 이남에 해당하는 지역이었다. 환선길은 출신지가 불분명하나 이흔암과 비슷한 직명으로 보아 그 역시 이 지역을 기반으로 한 인물일 것이다.

왕건의 숙적 진훤

태조 왕건이 차령 이남 공주강 바깥 지역에 대해 원초적인 거부감을 느끼게 되는 보다 본격적인 인물은 바로 후백제의 진훤(甄萱 : 견훤으로도 읽는다)일 것이다. 신라 경애왕(景哀王) 4년(927)에 진훤은 경주에 침입해 포석정에서 놀고 있던 경애왕을 죽이고 왕족 김부(金傅)를 세워 후사로 삼으니 그가 바로 신라의 마지막 임금 경순왕(敬順王)이다. 이 소식을 듣고 크게 분노한 왕건은 신라에 조사(弔使)를 보내는 한편 직접 기병 5,000명을 이끌고 개선 중에 있던 진훤을 지금의 대구 동북인 공산(公山) 아래 미리사[美利寺 : 현 동화사(桐華寺)] 앞에서 공격했다. 그러나 도리어 진훤에게 대패하여 포위되었다가 장수 신숭겸(申崇謙) · 김락(金樂) 등이 몸을 바쳐 보호하는 바람에 겨우 몸을 건져 도망칠 수 있었다.

이후 왕건은 팔관회 때 두 장수가 없는 것을 애석하게 여겨 두 공신의 허수아비에 복식을 입혀 참석시킬 정도였다. 고려 예종 15년(1120)에 예종이 직접 '두 장수를 애도한다'는 뜻의 《도이장가(悼二

將歌)》를 지은 것도 이들을 추모한 것인만큼 이 전투는 고려 건국 과
정에 있어서 최대의 위기였다.

바로 이런 위기를 초래한 진훤의 활동지역이 옛 백제지역이었으므
로 이 지역 출신에 대한 반감과 두려움 때문에 등용을 저지하려 한
것이다.

호남의 정여립, 영남의 이인좌, 관서의 홍경래

조선시대의 지역차별도 정치적인 사건에서 비롯되는데 호남차별
론의 근거가 되는 정여립(鄭汝立)의 난, 영남차별의 계기가 되는 이
인좌(李麟佐)의 난, 그리고 서북차별이 계기가 되어 일어난 홍경래
(洪景來)의 난 등이 그런 예들이다.

조선시대의 호남차별로 흔히 이해되는 정여립 사건은 선조 22년
(1589)에 발생했다. 정여립은 선조 2년(1570) 식년문과에 급제하여

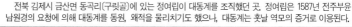

전북 김제시 금산면 동곡리(구릿골)에 있는 정여립이 대동계를 조직했던 곳. 정여립은 1587년 전주부윤
남원경의 요청에 의해 대동계를 동원, 왜적을 물리치기도 했으나, 대동계는 훗날 역모의 증거로 이용된다.

가깝고도 먼 나라,
조선의 진실

예조좌랑을 거쳐 홍문관 수찬이 되었다. 그는 원래 율곡 이이와 우계 성혼에게 사사한 서인이었으나, 1583년 서인을 탈당하여 당시 집권당인 동인에 입당했다. 동인 입당 후 이미 사망한 이이와 성혼을 비판하여 서인들로부터 스승을 배신한 자라는 격렬한 비난을 받았으며 선조로부터도 배척당하자 고향인 전주 남문 밖[현재의 완주군 상관면]으로 돌아갔다.

그러나 집권 동인의 실세였으므로 감사나 수령이 다투어 그의 집을 찾았는데 그는 진안 죽도(竹島)에 서실을 지어 놓고 대동계(大同系)를 조직하고 매달 활을 쏘는 사회(射會)를 열었는데 이 대동계가 바로 모반의 증거로 채택되었다. 대동계는 비밀조직이 아니라, 선조 20년(1587) 전라도 손죽도에 왜구가 침입했을 때 전주부윤 남언경(南彦經)의 요청을 받고 공식적으로 출동해 왜구를 물리쳤을 정도로 널리 알려진 조직이었다.

그는 대동계를 황해도 안악·해주 등으로 확대했는데 이 과정에서 서인의 모사 송익필(宋翼弼)의 사주를 받은 황해도 관찰사 한준(韓準) 등의 고변으로 역모로 몰리게 된다. 관군이 잡으러 온다는 소식을 들은 정여립은 아들 옥남(玉男)과 함께 죽도로 피신했다가 관군이 포위하자 자결하고 말았다.

이 사건은 정여립 모반이 사실인지 그 진위조차 불분명해서 조선시대에도 서인의 무고라는 주장과 모반은 사실이라는 주장이 대립되어 왔다. 그러나 최근에는 모반의 사실 여부를 떠나 정여립을 대동사상을 지닌 혁명가로 이해하려는 새로운 흐름이 나타나고 있다.

사건 150년 후쯤인 영조 때에 남하정(南夏正)이 저술한《동소만록(桐巢漫錄)》에는 정여립이 죽도에서 놀고 있을 때 선전관 등이 달려와 박살한 후 자결로 보고했다고 적고 있는데 이 책은 남인, 즉 동인의 자리에서 적은 책이라서 정여립을 옹호하는 자리에서 썼다고 처도, 이이와 송익필의 제자인 서인 김장생(金長生)이 지은 〈송강행록(松江行錄)〉에 고변이 있자 사람들이 정여립의 상경을 기대하고 있었는데 정철은 그의 도망을 미리 알고 있었다고 적은 것을 보면, 이 사건에 대한 의문은 동인과 서인을 막론하고 광범위하게 퍼져 있었다.

어쨌든 당시 정여립이 도망간 것이 역모의 증거로 굳어져 국청이 열리고 정철(鄭澈)이 위관이 되어 사건을 조사했는데 이 과정에서 동인의 영수였던 이발(李潑)을 비롯해 수많은 동인들이 숙청되었다. 이 사건으로 연루되어 화를 입은 인물들이 무려 1,000여 명에 달하는 것으로 알려지고 있을 정도로 이 사건은 동인들에게 큰 타격을 주었는데, 그중에서도 정여립이 살았던 전주지역 사대부들의 피해가 가장 컸다.

바로 이 사건으로 전라도 전체가 반역향으로 낙인 찍혀 호남 출신 사대부들의 관계 진출이 제한받았다는 것이 정여립 사건을 호남 차별론에 연결시키는 논자들의 주장이다.

그런데 정여립 사건이 조선시대 호남 차별론의 근거가 되기 위해서는 두 가지 결점이 있다. 하나는 위관 정철 또한 서울에서 태어났으나 전주에서 가까운 전라도 담양 출신이라는 점이다. 정철은 위관을 맡으며 심지어는 어릴 때 함께 수학했던 동문들마저 죽음으로 몰고 가 이 지역 사대부들의 저주를 받았다. 이 사건이 지역차별의 전제가 되려면 위관을 다른 지역 사람이 맡았어야 했는데 그렇지 않았다는 점이다.

다른 하나는 이 지역이 원래 서인 지역이라는 점이다. 조선의 정당을 지역별로 나누면 대체로 동인은 영남이 중심이고 서인은 충청·호남이 중심이었다. 즉 집권당 지역에서 발생한 역모 사건이 정여립 사건이기 때문에 이로 인해 호남 전체가 반역향으로 찍히지는 않았다. 다만 나주와 함께 호남의 대읍인 전주지역의 연루자가 워낙 많아서 그 후손들의 출사가 제한되었으므로 호남이 지역차별 받은 것처럼 여겨진 것은 사실이다.

반면 영조 4년(1728) 발생한 이인좌의 난은 실제로 영남을 반역향으로 낙인찍어 이 지역인들의 출사 자체를 좌절시켰다. 조선의 20대 임금 경종과 21대 영조 때에는 서인에서 분당한 노론과 소론의 정쟁이 치열했는데 특히 경종 때는 경종을 지지한 소론과 연잉군〔영조〕을 지지한 노론의 다툼이 격렬해 왕세제(王世弟)인 연잉군에게 정권을 넘기려던 노론 사대신이 사형당하는 커다란 사건이 발생하기도 했다.

이런 와중에 경종이 재위 4년만에 사망하고 영조가 즉위하자 소론 강경파였던 이인좌는 경종이 영조와 노론에 의해 독살당했다고 믿고 선왕〔경종〕의 복수를 명분으로 소론 및 남인강경파와 함께 소현세자의 증손인 밀풍군(密豊君) 탄(坦)을 추대해 난을 일으켰으니 이것이 세칭 이인좌의 난, 또는 무신난(戊申亂)이다. 이인좌 군(軍)이 그해 3월 15일 상여에 무기를 싣고 청주성에 진입해 청주병사 이봉상(李鳳祥)을 살해하고 청주성을 점령하자 호남과 영남 일부지역에서도 호응했다. 호남에서는 태인 현감 박필현(朴弼顯)이 유배중인 박필몽(朴弼夢) 등과 연결해 전라감사를 연결하려 하였으나 실패했다.

그러나 영남지역에서는 정희량(鄭希亮)이 이인좌의 동생 이웅보(李熊輔)와 함께 안음과 고창을 점령했고, 이어 정희량의 인척인 조성좌(曺聖佐)와 함께 합천과 함양을 점령해 기세를 올렸다.

그러나 북상하던 주력 이인좌 군이 안성과 죽산에서 오명항(吳命恒)이 이끄는 관군에게 패해 이인좌·목함경(睦涵敬) 등이 생포되면서 패배하고 말았다.

이 사건에 분개한 영조는 대구부 입구에 '영남을 평정한 비'란 뜻의 〈평영남비(平嶺南碑)〉를 세워 이 사건을 영남지역의 반란으로 규정짓고 나아가 영남을 반역향으로 지목해 일체의 과거 응시를 중지시키는 강경 조치를 취했다.

문제는 난의 수괴 이인좌가 영남인이 아니라 청주 송면 출신의 충청인이며 그가 난의 봉화를 올린 지역도 충청도 청주라는 점이다. 영남의 여러 현들은 청주에서 비롯된 반란에 호응한 동조지역일 뿐인데도 영조는 이 사건을 영남에서 일어난 사건으로 단정지었다. 왜 그랬을까? 이 지역이 남인지역이기 때문이다.

이인좌의 당색이 소론 강경파이긴 하지만 그는 남인 강경파인 청남(淸南) 영수 윤휴(尹鑴)의 손자사위이기도 했다. 그리고 영남 각 지방에서 난에 호응한 것도 이곳이 남인 고장이기 때문으로 보았던 것이다. 그래서 이 난 이후 남인의 등용을 제한한 것이었다. 비록 이 난과 직접 관련이 없다 해도 영남인은 출사나 진급에 제한을 받았다.

영조 10년에 이조판서 송인명이(宋寅明)이, "영남 사람은 비록 의망(擬望 : 추천)이 되더라도 낙점(落點)을 받지 못하는 자가 많습니다"라고 문제를 제기한 것이 이를 말해 준다. 영조 13년에 좌의정 김재로(金在魯)가, "조정에서 영남인에 대한 대우를 다른 도와 다르게 하는 것은 마땅하지 못합니다"라고 말한 것도 그 반증이다.

이때 병조판서 민응수(閔應洙)가, "영남의 풍속이 벌써 한층 변하였습니다. 옛날의 경우는 모두 남인(南人)이었는데, 지금은 그중에 더러 갈리어 나가 다른 자가 있습니다"라고 말한 것은 영조 정권이 남인은 무조건적인 적(賊)으로 바라보고 있었음을 의미한다. 이로 인해 영조 연간에는 영남인들의 출사가 막혔으니 조선후기의 지역차별은 영남에 행해진 것이었다.

사도세자의 아들 정조가 이 지역을 끌어안아 우군(友軍)으로 삼으려 한 것은 그와 영남이 같은 반노론이라는 점에 착안한 것이었다. 정조 12년(1788) 영남 유생 이진동(李鎭東) 등이 이인좌 난 당시 영남에서 이에 맞서 싸운 사대부의 명단을 기록한《무신창의록(戊申倡義錄)》을 갖고 상경하자 정조는 이들을 특별히 알현한 후 이렇게 말한다.

"영남이 이인좌 난에 가담한 것은 일부 흉도들만의 소행인데 이로 인해 영남 한 도를 어찌 다 버릴 수 있겠는가? 영남을 이인좌 난의 소굴이라 한다면 서울에서도 역적이 많이 나왔으니 서울을 모두 반역의 소굴로 삼아야 하지 않겠는가? 이인좌 난 후 영남을 남인들의 고장이라 하여 등용치 않은 것은 이상스럽다. 영남도 마땅히 서울과 같은 것이다."

이처럼 정조는 사도세자를 죽인 노론에 대항하기 위해 영남과 전략적으로 제휴하려 했고, 그 결과 재위 16년에는 동인의 지주인 퇴계 이황을 모신 도산서원(陶山書院)에서 특별 과거인 별시(別試)를 베풀어 강세백(姜世白) 등을 직접 합격시키기도 했다. 이때 과장에 모인 유생이 7,000여 명이 넘었으니 이 별시는 차별받던 영남인들의 신원 장소이기도 했다. 그러나 노론의 뿌리는 워낙 깊어 국왕 정조로서도 어쩔 수 없는 것이었는데 노론 숙청을 결심하던 그가 24년을 재위한 후 의문사 한 다음에는 다시 등용이 제한되었다.

조선후기의 영남차별은 지역차별이 문화나 지역인들의 관습 등이 아닌 정치적 사건의 어두운 유산임을 보여 준다.

순조 11년(1811) 발생한 홍경래(洪景來)의 난 또한 지역차별의 역사를 보여 주는 한 사건이다. 홍경래는 정조 22년(1798) 사마시에 실패한 후 과거를 포기했는데 그 동기를 과거제도의 부패상과 서북인, 즉 평안도인에 대한 차별에서 찾았다는 점에서 이 사건은 지역차별이 그 한 뿌리를 이룬다. 그가 사대부인 진사 김창시(金昌始) 등을 끌어들일 수 있었던 것도 바로 서북인에 대한 지역차별이 주된 이유이다.

물론 이 사건은 17, 18세기에 이르러 농업기술의 발달에 따른 상품화폐경제의 발달과 농민층의 분화 등 사회 저변에서 신분제 해체가 가속화된 반면, 중앙정치는 오히려 세도정치라는 반동으로 흐른 데 대한 반발이긴 하지만, 고립된 상태의 정주성에서 수나 장비면에서 절대적으로 우세한 관군에 맞서 4개월 이상을 저항할 수 있었던 것은 지역차별에 대한 저항의 성격이 강하다.

봉기 초기에 쉽사리 가산·관산 등 7개 읍을 점령할 수 있었던 이유도 조선 후기 삼정의 문란에 따른 농민경제의 파탄과 함께 서북인에 대한 차별 대우도 중요한 동기를 이루고 있었다. 심지어 정주 사람들은 홍경래가 살해된 후에도 그의 죽음을 믿지 않을 정도였다. 정주 야담을 수록한 〈홍경래전〉은 그가 '성이 함락될 때 몸을 날려 성을 넘어서 먼 곳으로 도주하였으며, 그날 살해된 것은 가짜 홍경래였다'고 전한다. 이 야담은 당시 정주 사람들이 지역차별적인 조선 왕조에 저항한 서북 영웅 홍경래의 죽음을 인정하지 않고 있음을 보여 주고 있다.

대한민국판 지역감정의 원조

이런 지역차별의 역사는 일제의 점령과 함께 사라졌는데 이는 모든 권력을 일제에 빼앗긴 이상 지역차별을 통해 이익을 얻을 수 있는 정치세력 자체가 붕괴되었음을 의미한다. 독립운동 당시 서북파, 기호파 하는 파벌이 없었던 것은 아니지만, 상대방에 대한 적대감정으로 나타난 것은 아니었으니 이는 애향심 정도로 볼 수 있는

조선의 고실 가 나라 도 민

것이었다.

이런 경험 때문인지 해방 이후에도 지역차별은 존재하지 않았는데 이는 1961년도 보궐선거에서 목포 출신 김대중이 강원도 인제에서 당선된 것으로도 입증된다.

결국 오늘날 '망국적'이라고 불리는 대한민국판 지역감정의 원조는 '5·16 군사쿠데타'이며 그 사생아가 '12·12 군사쿠데타'이다. 이 두 번의 정변은 대한민국 정·재계의 주도층을 영남인이 독점하는 현상으로 나타나면서 호남·충청인의 지역적 반발을 샀다. 영남 지역 정치가들이 영남인들의 수적 우세를 정치에 이용하기 위해 호남고립 정책을 폈으나, 호남·충청인들이 지역적으로 연합하면서 오히려 고립되는 역전 현상을 경험하게 되었다. 지역감정이 전국적으로 확산되는 악화현상을 가져온 것이다.

지역감정의 역사는 불순한 동기를 지닌 소수의 정치가들이 권력을 쟁취, 혹은 유지하기 위해 다수의 민중들을 이용한 사례에 지나지 않는다. 정책이나 비전이 아닌 지역감정이란 전근대적인 감정을 정치에 이용하는 전근대적인 지역차별은 우리 역사에서 영원히 사라져야 할 잘못된 유산에 지나지 않는다. 지역에 대한 애향심을 정치로부터 해방시키는 것이 망국적인 지역감정을 해소하는 근본적 방법일 것이다.

동교동계·상도동계와 동인·서인

현재는 잘 사용하지 않지만 1980년대까지만 해도 우리 신문지상에는 동교동계·상도동계·청구동(실은 신당동)계 같이 특정 동네를 지칭하는 용어들이 낯설지 않게 등장했다. 정치에 조금이라도 관심이 있는 사람은 그 동네에 각각 김대중·김영삼·김종필 세 정치지도자의 집이 있다는 사실을 알고 있었으며, 나아가 이는 김대중·김영삼·김종필을 영수로 삼는 정치집단을 의미한다는 사실도 알고 있었다.

혹자는 정치지도자의 집이 있는 동네를 정치집단의 대명사처럼 사용하는 이런 현상을 우리 정치의 전근대적인 붕당성의 표출이라고 비난하기도 한다. 그러나 이런 사람들도 정치집단의 지도자가 사는 동네를 정치집단의 이름처럼 사용하는 관행이 우리 역사에서 상당히 뿌리가 깊은 것이라는 사실은 잘 모른다.

조선의 대표적인 정당을 각각 서인과 동인이라고 부르는 유래는 동교동계·상도동계라는 이름이 붙은 이유와 비슷하다. 동교동계·

상도동계가 멀리는 해방 직후의 한국민주당부터 4 · 19혁명 이후의 민주당, 박정희 정권 때의 신민당, 제5공화국 시절의 민주화추진협의회와 신한민주당이라는 외피 속에서 이승만 및 군사정권과 싸워온 동지였던 것처럼 서인과 동인도 조선 전기 성종 이래 훈구파와 싸워온 동지 사림파였다.

사림파는 무오 · 갑자 · 기묘 · 을사사화라는 네 차례에 걸친 훈구파의 정치 탄압을 물리치고 드디어 제14대 임금 선조 때에는 정권을 장악하게 되었다. 거친 탄압 속에서는 똘똘 뭉쳐 훈구파에 대응했던 사림파는, 그러나 집권하자마자 둘로 갈라지게 되었는데 그 계기는 김효원(金孝元)의 이조전랑 등용문제였다. 삼사 관료의 전형권이라는 막강한 권한을 갖고 있는 이조전랑에 사림파 김효원이 추천되자, 명종 비 인순왕후의 동생 심의겸(沈義謙)이 "김효원은 한때 훈구파 윤원형의 식객이었다"며 반대하고 나섬으로써 김효원의 전랑직 취임을 찬성하는 동인과 반대하는 서인으로 나뉜 것이 동서 분당의 시작이었다.

김효원의 집이 광화문의 동쪽인 건천동에 살고 있었기에 그를 지지하는 사림을 동인으로 불렀고 심의겸의 집이 서쪽인 정릉방(貞陵坊)에 살고 있었기에 그를 지지하는 사람을 서인이라 불렀던 것이다.

남인과 북인으로 갈리는 동인

이때 사림파에서 갈린 동인은 선조 22년(1589) 발생한 정여립의 난을 계기로 남인과 북인으로 다시 분당된다. 원래 율곡 이이의 문인으로서 서인이었던 정여립은 이이가 죽은 후 서인을 탈당해 동인에 입당한 다음부터 이발(李潑)과 친하게 지냈는데 이발은 이것이

빌미가 되어 죽게 된다. 이때 서인 정철에 이어 위관(委官)을 맡은 동인 유성룡(柳成龍)이 구해 주지 않았다는 것이 이유였다.

이발은 결국 70세의 어머니, 8세의 어린 아들과 함께 죽고 말았는데 서인이 몰락한 후 정권을 잡은 동인 중에서 이발의 죽음을 동정하는 세력은 북인이 되고 유성룡과 우성전(禹性傳)을 지지하는 세력은 남인이 되었다. 이발의 집이 북악(北岳)에 있었고 우성전의 집은 남산, 그리고 유성룡의 본가가 남쪽인 영남 안동지방이기 때문이었다.

임진왜란 당시 왜군에 대한 강경 대응을 주장해 정권을 잡은 북인들은 홍여순(洪汝諄)의 대사헌 임용을 이조전랑 남이공이 거부한 사건을 두고 대북(大北)과 소북(小北)으로 나뉘는데 홍여순을 지지하는 이산해 등이 대북, 남이공을 지지하는 김신국 등이 소북이 되었다. 그 유래는 분명치 않으나 이산해가 1538년생, 홍여순이 1547년생으로서 1565년생인 남이공과 1572년생인 김신국보다 연장이기 때문에 대북으로 불리고 남이공 등 신진 사류들은 소북으로 불린 것으로 보인다.

선조가 소북을 내치고 대북에게 정권을 주자 대북은 다시 골북(骨北)·육북(肉北)·피북(皮北)으로 나뉘게 되는데 골북은 홍여순이 영수(領袖)이고, 육북(肉北)은 이산해(李山海)가 영수이며, 피북은 중북(中北)을 가리키는 말로 보이는데 유몽인(柳夢寅)이 주축이었다.

소북도 유영경(柳永慶)을 지지하는 유당(柳黨)과 남이공(南以恭)을 지지하는 남당(南黨)으로 갈렸다.

임진왜란 후 선조의 후사를 둘러싸고 집권 북인은 다시 대북과 소북으로 통합되는데 광해군을 지지하는 이이첨 등이 대북, 영창대군을 지지하는 정인홍 등이 소북이었다. 선조 사후 광해군이 즉위하자 광해군을 지지한 대북이 정권을 장악하면서 소북은 몰락하고 말았다.

이처럼 동인이 남인과 북인으로 갈리고 북인이 다시 대북과 소북으로 나뉘었으며, 다시 대북이 골북·육북·중북으로 갈리고 소북이 유당·남당으로 갈린 것과는 대조적으로 서인은 비교적 오랫동안 단일 정당을 유지하고 있었다.

서인이 이처럼 오랫동안 단일 정당으로 존재할 수 있었던 것은 율곡 이이(李珥)와 우계 성혼(成渾)이라는 두 인물의 영향이 컸다. 이이와 성혼은 두 사람 사이의 논쟁인 '율우논쟁(栗牛論爭)'을 벌이는 등 때로는 의견이 다르기도 했지만 서로 상대방의 존재를 인정하고 공존해 왔다.

그러나 서인들도 광해군을 축출하는 인조반정을 통해 집권하자 갈라지기 시작했다. 인조반정을 주도한 김류(金瑬)·이귀(李貴) 등의 공신들이 훈서(勳西)가 되었고, 인조반정에 소극적 입장을 취한 세력이 청서(淸西)가 되었다. 이들 서인은 신흠(申欽)·김상용(金尙容) 등의 노서(老西)와 강석기(姜碩期) 등의 소서(少西)로 나뉘었다가, 윤방(尹昉) 집안의 윤서(尹西), 신흠 집안의 신서(申西)로 나뉘기도 하였다.

그후 인조 말년에 서인은 원당(原黨)과 낙당(洛黨), 산당(山黨)으로 갈리게 되는데, 원당은 원평부원군(原平府院君) 원두표(元斗杓)를 추종하는 세력이고 낙당은 상낙부원군(上洛府院君) 김자점(金自點)을 지지하는 세력이었다.

대동법을 둘러싼 산당과 한당의 정쟁

이 중에서 김집(金集)이 영수로 있었던 산당이 훗날 노론의 본류가 되어 조선이 망할 때까지 정국을 주도하게 된다. 양송(兩宋)으로

우리 역사의 수수께끼

불렸던 송시열·송준길 등이 소속된 이 당의 명칭이 산당인 것은 이들의 근거지가 연산(連山 : 김집)·회덕(懷德 : 송시열) 등 충청도 산림이었기 때문이다.

효종 연간에는 서인 일부가 한당(漢黨)을 이뤄 산당과 대립하는데, 한당의 영수인 김육(金堉)과 신면(申冕)이 모두 한강 위에 살고 있었으므로 이런 이름이 붙은 것이다.

이처럼 복잡한 계보를 일견하면 파벌을 위한 파벌, 분파를 위한 분파, 분당을 위한 분당 같지만 그 속사정을 알고 보면 그리 간단히 규정지을 수 있는 문제가 아니었다.

일례로 산당과 한당의 정쟁을 보자. 두 당이 대립하는 계기는 대동법(大同法) 시행 여부였다. 전세(田稅)·요역(徭役)·공납(貢納)의 3대 세법이 조선 세제의 근간을 이루는 세법이었는데 이 가운데 그 지방의 특산물을 내는 공납은 그 폐단이 심했다. 지방관과 아전들의 농간 때문에 인구가 많은 대읍(大邑)이나 인구가 적은 소읍(小邑)이 같은 양의 공물을 부과받는가 하면 대토지를 소유한 부유한 전주(田主)보다 남의 땅을 소작하는 가난한 전호(佃戶)가 더 많은 공물을 부과받기도 했다.

이 때문에 공납을 견디다 못한 농민들은 고향을 버리고 야반도주하기도 했는데, 이 경우 남아 있는 친족에게 대신 물리는 족징(族徵), 한 가족이 모두 도망가면 이웃에게 대신 물리는 인징(隣徵)이란 말이 생길 정도로 폐단이 컸다.

이런 부작용이 생기는 근본 이유는 공납이 토지 소유의 많고 적음에 따라 부과하는 누진세제가 아니라, 부자나 빈자나 모두 같은 호(戶)를 기준으로 하는 불합리한 세제였기 때문이다. 이런 모순을 해결하는 방법은 공물 부과의 기준을 호(戶)가 아닌 토지 소유의 많고 적음으로 바꾸면 되는 간단한 것이었다. 그리고 잡다한 공물 대신에

성균관 내에 있는 탕평비각. 영조는 당파싸움을 중지시키기 위해 탕평책을 주장했지만, 그 자신의 당파적 이해 때문에 한계가 뚜렷한 부분적인 탕평책밖에 쓸 수 없었다.

쌀이나 돈으로 통일해 받으면 해결되는 문제였다.

대동법은 바로 공물 부과의 기준을 호가 아닌 토지로 삼고, 부과 수단을 쌀로 통일하자는 법이었다. 이 경우 토지가 없는 가난한 농 민은 자연히 부과대상에서 제외되기 때문에 가난한 농민들은 대동법 의 시행을 쌍수 들고 환호했다. 마치 현재의 일부 정치인들이 가진 자들을 대변해 개혁법안들의 통과를 저지하려는 것처럼 많은 토지를 소유한 양반 전주들은 이 법의 시행을 극력 저지하려 해서 당시 조정 이 둘로 분열되었다.

이 논쟁에서 김육의 한당은 대동법 시행을 적극 지지한 반면, 송 시열의 산당은 이 법의 시행을 극력 반대했다. 결국 이 법은 양반 전 주들의 반대 때문에 광해군 즉위년(1608)에 경기도에 시범 실시되었다가 그 효과를 인정받아 점점 다른 도로 확대되어 정확히 한 세기 만인 숙종 34년(1708)에 전국적으로 확대 실시되었다.

이 법을 둘러싸고 양반 전주들을 대변하는 송시열의 산당은 농민 들을 대변하는 한당의 김육을 거세게 몰아세웠는데 이 때문에 지평 (持平) 김시진(金始進)은 경연에서 효종에게 이런 말을 한다.

"송준길 · 송시열 등이 우의정 김육을 공격하는 것이 너무 심합니 다. 우상(右相) 또한 사대부인데 어쩌다 일이 이 지경까지 이르게 됐는지 모르겠습니다."

산당의 양송(兩宋)과 김집 · 김상헌 · 김경여 등의 김육에 대한 공 박은 냉전시절 조금만 진보적인 주장을 펴면, '공산주의자' 내지는 '용공'으로 몰아붙이던 정치탄압과 비슷한 것이었다.

대동법을 둘러싼 산당과 한당의 공방은 조선의 정당사가 일인 사 학자 폐원탄(幣原坦 : 히데하라)의 "주의(主義)를 가지고 서로 존재 하는 공당(公黨)이 아니라, 이해 관계에서 서로를 배제하는 사당(私 黨)"이란 주장이 근거 없는 비방임을 입증해 주는 한 사례이다. 나아 가 세정조(細井肇 : 호소이)처럼 "조선인의 혈액 속에는 싸움을 좋아 하는 특이한 검푸른 피가 있어서 당파 싸움이 계속된 것"은 더욱 아 님도 말해 준다.

앞 장의 〈서인을 노론과 소론으로 분당시킨 강화도 사건이란 무엇 인가〉에서 살펴보았듯이 집권 서인이 숙종 때 노론과 소론으로 나뉘 는 것은 야당이 된 남인에 대한 온건론과 강경론의 차이였다. 즉 야 당에 대해 강경 탄압을 할 것인지, 아니면 야당을 포용하는 화해의 정치로 갈 것인지에 대한 정책 차이를 놓고 갈리는 것이다.

대동법이나 노 · 소론의 분당은 조선의 정당사가 일제 사학자들의 악의적인 비난과는 정반대로 전세계적으로도 유례가 없을 정도로 선 진적인 정당정치 형태임을 여실히 보여 준다. 물론 그 와중에 성리학의 영향으로 지나친 명분주의에 빠져 실제보다는 명분과 이론만 드높았던 문제점도 없지는 않다. 그러나 이런 부분적 문제점들 때문에 조선정당사 전체를 부정할 수는 없다. 인간사에 완벽은 있을 수 없으며 인류 역사 자체가 달리 말하면 오류를 시정해 나가는 과정인 것이다.

사색정당의 이름에는 조선 정치가들의 치열했던 고민과 삶이 담겨져 있는 우리 역사의 일부분이다. 결코 비하할 재료들이 아니라, 오히려 선진적인 정당정치 형태로 연구해야 할 대상이다. 조선의 정치사를 다시 보자. 거기에는 현재의 우리 못지 않은, 아니 우리보다 훨씬 더 인간과 세상, 그리고 대의(大義)를 고민했던 조상들이 그곳에 있을 것이다.

불교의 미륵과 기독교의 예수

미륵(彌勒)은 범어(梵語) 'Maitreya'의 음역(音譯)으로 '아직 오지 않은 부처'인 미래불이다. 그러나 실제 신앙심으로는 '멀지 않은 장래에 올 부처'인 당래불(當來佛)이다. 그 멀지 않은 장래는 석존(釋尊)이 입멸(入滅)한 후 56억 7000만 년이 지나야 하는 장구한 세월이니 산술적 계산으로는 오지 않는 세월이지만 그렇게 생각하지는 않는다.

지금도 마을입구나 인근 야산에 미륵불을 조성해 놓은 마을은 전국 어디서나 쉽게 찾아 볼 수 있다. 이 미륵불은 마을 주민들이 특정 사찰과 관계없이 마을 단위로 세운 것이 특징인데, 그 외형이 거칠고 투박하여 농민들의 소박한 종교적 심성을 그대로 보여 준다. 한마디로 이 미륵불은 조각미나 불교적 예술성을 거의 찾아보기 힘든 못생긴 서민풍의 돌부처이다.

이런 미륵불은 언제 조성되었을까?

그 기원은 삼국시대까지 거슬러 올라간다. 우리나라 최대의 거대한 석탑의 잔영으로 유명한 전북 익산의 미륵사(彌勒寺)는 그 단적인 예이다. 백제 30대 무왕(재위 600~641)이 왕비의 부탁으로 익산 금마면 용화산(龍華山) 아래에 미륵사를 건립하고, 그곳에 미륵사지 석탑을 조성했다.

이 탑은 우리나라 최고최대(最古最大)의 석탑으로 현재 동북면의 한 귀퉁이 6층까지만 남아 있으나, 본래는 평면방형(平面方形)으로 6층 이상의 탑신을 형성하였을 것으로 추정된다. 지금은 전하지 않지만 미륵사에 미륵불이 있었을 것임을 추측하기는 어렵지 않다. 그러나 삼국시대의 미륵신앙은 설화에서 볼 수 있듯이 국가적 차원에

충남 당진군 정미면 수당리의 미륵삼존불. 조선 후기 백성들은 이 고통스런 세상에서 자신들을 구해줄 수 있는 메시아로서 미륵불을 조성했다. 우측의 목잘린 미륵은 고통스런 민중의 생활을 말해 주는 듯하다.

서 이루어져 현재 중심을 이루고 있는 민중 중심의 미륵신앙과는 차이가 있다.

고려시대에도 미륵신앙이 확산되어 미륵불이 많이 조성되었는데 논산 은진면 반야산 관촉사(灌燭寺) 미륵석불이 보여 주듯이 거대한 것이 특징이었다. 이런 미륵불은 왕실과 귀족 등 지배층의 지원 아래 사찰이나 청정도량(淸淨道場)에 세워진 것으로서 역시 민중 중심의 미륵불과는 달랐다. 그러나 약 11세기경에 조성된 것으로 추정되는 운주사의 미륵불처럼 동시대의 왕실이나 귀족 중심의 미륵불과는 다른 성격의 미륵불도 있다.

이 고통스런 세상에서 벗어나게 해 주소서

그러나 현존하는 미륵불 가운데 명문(銘文)을 확인할 수 있는 불상을 확인하면 대다수가 조선 후기에 만들어졌음을 알 수 있다. 남원 미륵리 미륵불은 숭덕(崇德) 9년(1644), 청주 용정동 미륵입석(立石)은 순치(順治) 9년(1652), 부안읍내에 있는 당간입석(幢竿立石)은 숭정후(崇禎後) 44년(1671)에 조성된 것으로 모두 임진(1592)·병자(1636) 양란 이후의 것들이다. 전국에 산재한 대부분의 미륵불이 조선 후기에 조성되었지만 조선 전기라고 만들어지지 않은 것은 아니다.

유교를 지배이념으로 하는 조선왕조는 조직적인 불교억제 정책을 추진했다. 사전(寺田)과 사노비(寺奴婢)의 몰수, 불교종단의 정비, 승려 도첩제(度牒制), 승인호패제(僧人號牌制) 등이 이런 조치들인데 불교계를 위축시켰다. 그리고 부녀자들의 사찰 출입을 금하거나 불상을 파손하는 등 조직적 훼불(毁佛)을 자행하기도 했다.

게다가 임진왜란과 병자호란의 전란이 전국의 사찰을 휩쓸어 수많은 사찰이 방화되거나 약탈, 또는 파괴되어 폐사지(廢寺址)가 속출하였다. 폐사지에는 쓸쓸하게 불상과 석탑만이 남아 있었는데 이런 불상들이 미륵불로 신앙되기도 하였다.

석가상이 미륵불로 신앙되는 대표적인 사례는 전라북도 정주시 고부면 하정리에 있는 비로자나불(毘盧遮那佛)을 들 수 있다. 비로자나불은 모든 부처님의 진신(眞身)인 법신불(法身佛)로서 석가불이 분명한데도 마을사람들은 마을과 논이 내려다보이는 낮은 산등성이에 서 있는 이 불상을 석가불이 아닌 미륵불로 신앙하고 있는 것이다.

이처럼 조선후기에는 마을 사람들이 마을입구나 인근 야산에 자연입석으로 미륵불을 조성하여 신앙하였고, 폐사지 등에 위치한 석불도 미륵신앙의 대상이 되는 경우가 허다하였다.

그러면 마을마다 미륵불을 조성한 까닭은 무엇일까? 그 궁금증은 미륵세계를 설명한 《불설미륵대성불경(佛說彌勒大成佛經)》이라는 경전을 보면, 어느 정도 해소될 것이다. 여기서 말하는 미륵세계는 대략 이렇다.

미륵세계의 국토는 편안하고 땅이 평탄하게 넓고 토지가 비옥하여 농작물이 풍성하고, 잡초와 병충해가 없어서 한번 심어 일곱 번 수확한다. 그 세계 사람들은 질병과 탐욕과 성냄과 어리석음이 없고, 악인(惡人)의 행패와 도적의 환란이 없으므로 도시와 촌락 모두 대문을 잠그지 않는다. 또한 그 세계에는 고뇌와 수화(水火), 전쟁과 기근(饑饉), 독해(毒害)의 모든 재난이 없고, 굶주림과 공해가 없다. 그러므로 사람들은 자비심으로 공경화순(恭敬和順)하여 모든 욕심을 제어하고, 남남끼리도 부모자식 사이의 한가족처럼 말씨도 겸손하다. 이러한 것은 모두 미륵님의 자심훈도(慈心訓導)에서 비롯된 것이다.

이처럼 미륵세계는 고통받은 이들에게는 말 그대로 이상향(理想鄕)이다. 양란을 겪고 난 조선후기 농민들은 부패한 벼슬아치들과 양반들의 억압과 수탈, 횡포 등으로 농토를 빼앗기거나 스스로 농토를 버리고 유리하였다. 게다가 그들은 계속되는 자연재해에 의한 흉작과 창궐하는 전염병으로 고통받고 있었다.

두 차례의 전쟁은 농토를 황폐하게 만들었고 전염병을 만연시켰는데 심한 굶주림으로 허약해진 백성들은 질병에 대한 면역력이 떨어져 한 번 전염병이 창궐하면 수많은 사상자를 내었다.

이처럼 전란과 배고픔, 그리고 질병에 시달리던 백성들에게 전쟁과 굶주림, 그리고 질병이 없는 미륵세계는 고통으로 가득 찬 세상에서 탈출할 수 있는 이상향이었다. 전쟁이 끝난 후에도 여전히 억압과 착취를 당했던 각지의 마을들은 자신들의 삶터인 마을을 도적과 약탈로부터 수호해 주고 질병과 재앙 등으로 구원해 줄 미륵불이 주재하는 미륵세계를 절실하게 바라게 되었다. 이런 미륵세계를 현실의 마을에 실현하려는 마을 주민들의 열망이 마을 입구나 부근 야산에 자연석으로 미륵불을 조성하여 신앙하였던 것이다.

미륵신앙은 기존질서가 비교적 안정된 시기에는 치병(治病), 득남(得男), 수호(守護), 기복(祈福) 등 개인적 구원신앙으로 기능했지만, 기존 체제가 기본적 생활을 유린하던 불안정한 시기에는 그 사회를 부정하고 '새로운 이상세계'의 실현을 갈망하는 메시아니즘(Messianism)으로 기능하였다.

신라 말의 혼란기에 궁예(弓裔)가 미륵불을 자칭하면서 당시 억압과 고통을 받던 기층민들이 열망하는 이상향인 미륵세계 건설을 약속하면서 신라를 전복하고 고려를 건국하였다. 그는 신라말의 혼란에 지친 백성들의 마음을 미륵세계로 붙잡으려는 정치적 계산을 지니고 있었던 것이다.

고려말에도 미륵불을 자칭하던 인물이 나타났으니 우왕 때의 이금 (伊金)이 그이다. 그 역시 미륵세계를 실현하는 데는 실패하고 혹세무민(惑世誣民) 죄로 처형당했다.

조선말 숙종 때에도 승려 여환(呂還)이 미륵사상으로 농민들을 무장시켜 서울 입성을 꾀하다가 발각되어 사형 당했다. 그러나 조선 후기의 미륵사상은 일회적 사건이 아니라, 민중들의 가슴 깊숙이 새겨진 신앙이어서 마을 각지에 미륵불이 세워졌던 것이다. 조선 후기의 미륵불은 다양한 성격과 폭넓은 포용력을 가지고 장승, 솟대, 기자석, 성기석(性器石) 등 민간신앙 대상들이 가진 신앙적 성격과 기능들을 포용해 갔다.

따라서 마을 미륵은 당산신체로 마을을 수호하는 신상(神像), 장승이 지닌 막이 기능인 방어·벽사적(辟邪的) 신상, 득남을 위한 기자상(祈子像), 풍요와 생산을 가져오는 기복신앙의 기능 등을 담당하였다.

미륵신앙은 민속이나 칠성·용(龍) 신앙·무속 등 민간신앙과도 결합하였는데, 함흥 무가(巫歌) '창세가'나 안동 무가 '바리데기'에 미륵이 등장하는 것은 미륵의 이런 다양성과 포용성을 잘 보여 주는 것이다.

마을을 수호하는 미륵불은 주로 마을 입구에 세워졌다. 이런 장치는 마을에 도적과 외적이 침입하여 약탈하고 전염병이 엄습하여 생명을 앗아가는 것을 막기 위한 것으로, 방어·벽사적 역할을 기대하여 설치한 것이다. 이 미륵불은 마을을 수호하는 장승과 유사한 기능을 가진 것이다.

양란 이후 농민들의 가장 큰 공포의 대상은 전염병이었는데 의학이 발달하지 못한 전통시대의 사람들은 주술적인 방법에 의한 치병효과를 기대하였다. 따라서 조선후기 주민들은 미륵불을 세워 마을을 전염병에서 방어할 목적으로 마을 입구에 미륵불을 세웠다.

또 조선 후기에는 성리학적 질서가 고착됨에 따라 남아선호(男兒選好) 현상이 두드러졌다. 이로 인해 득남을 위한 기자(祈子) 신앙의 대상으로 미륵불이 등장하게 되었다. 미륵불은 기복신앙의 대상으로, 즉 무병장수(無病長壽)와 가업번성(家業繁盛) 등 개인적 소원성취와 관련된 복을 가져다 주는 것으로 신앙되었다. 이처럼 조선 후기에 전국 각지에 미륵불이 조성된 동기는 현실의 온갖 억압과 고통을 극복하려는 소박한 농민들의 주술·종교적 대응에 말미암은 것이었다.

조선 후기의 미륵불은 부패한 벼슬아치들의 가렴주구와 양반 사대부들의 탐학, 그리고 농토를 황폐화시키는 자연재해와 기근, 그리고 전염병에 시달린 참혹한 상황의 민중들이 굶주림과 질병, 그리고 신분적 질곡에서 벗어나고자 했던 갈망의 소산인 것이다.

4부

근·현대

망국과 분단,
통일과 만주를 생각하며

전봉준은 과연
고종의 밀지를 받고 봉기했을까

불붙는 무장봉기의 횃불

지금으로부터 약 100여 년 전인 1894년 3월 20일 전라도 무장에 모인 동학농민군은 전봉준(全琫準)의 지도 아래 무장봉기의 깃발을 올려 농민이 새시대의 주역이자 개혁의 주체임을 선포했다. 무장에서 시작되었다 하여 '무장봉기(茂長蜂起)', 또는 무장한 농민들의 봉기라 하여 '무장봉기(武裝蜂起)'라고 부르기도 한다.

고부군 향교의 장의(掌議)였던 전봉준의 아버지 전창혁(全彰爀)은 고부군수 조병갑(趙秉甲)의 학정에 항거하다가 곤장을 맞고 죽었으므로 당시 부패한 벼슬아치에 대한 전봉준의 원한은 뼛속 깊은 것이었다.

전봉준은 무장봉기 두 달 전인 그해 정월 1,000여 명의 동학농민군을 이끌고 전라도 고부(古阜)에서 봉기하는 고부민란을 일으켰다. 이에 놀란 조병갑이 전주로 도망가자 고부읍을 점령한 농민군은 무기고를 파괴하고 세곡(稅穀)을 창고에서 꺼내어 농민들에게 나누어주었으나, 안핵사(按覈使)로 파견된 장흥부사 이용태(李容泰)의 진압에 의해 실패하고 말았다.

안핵사가 사태의 모든 책임을 농민들에게 전가하는 데 분개한 전봉준과 손화중, 김개남, 최경선 등 동학 지도자들은 무장에서 농민군을 동원해 재차 봉기를 일으켰다.

전봉준을 비롯한 동학지도자들이 무장에서 자신들의 봉기 목적을 밝힌 창의문을 동학교도들에게 보내고 궐기를 독촉하자, 각지의 교도들이 가세하였다. 이어 고부 백산(白山)에 집결한 1만여 명의 동학농민군은 '보국안민'(輔國安民)의 슬로건을 내걸고 전면적인 봉기를 선언했는데 이로써 민란은 동학농민전쟁으로 전환되었다. 1894년 4월 부안을 점령한 동학농민군은 전주를 향해서 진격하던 중 황토현(黃土峴)에서 전라 감영군(監營軍)을 맞아 이들을 대파하고 정읍·흥덕·고창 등을 석권하면서 파죽지세로 다시 무장에 진입하였다.

정부에서 파견한 중앙군을 장성(長城)에서 격퇴하고 드디어 그해 4월 27일 전주(全州)를 점령하였는데, 이는 전라·충청도의 공권력이 거의 무력화되었음을 의미했다.

일본과 대원군의 의중을 알고자 한다

이에 놀란 양호초토사(兩湖招討使) 홍계훈(洪啓薰)은 정부에 외국군대의 파병을 요청했고, 결국 정부의 원병 요청에 따라 청국군이 인천에 상륙하자, 일본군도 천진(天津) 조약을 빙자해 조선에 상륙함으로써 자칫 조선이 외국군의 전쟁터로 변할 위기에 놓이게 되었다.

국가의 운명이 위태로워지자 동학농민군은 정부의 선무(宣撫)에 일단 응하기로 하고 폐정개혁안(弊政改革案)을 내놓았는데 이를 홍계훈이 받아들임으로써 정부와 농민군 사이에 전주화약이 성립되었다.

전주화약에 따라 전주에서 철수한 동학군은 각기 소속 군현으로 돌아가 집강소(執綱所)를 설치하고 독자적으로 혹은 관과 협조하여 폐정(弊政)을 개혁하였다.

그러나 동학군은 청일 양국의 충돌을 우려하여 전주에서 철수했으나 청일 양국은 정부의 철수 요청을 무시한 채 계속 군대를 증파하였다. 일본은 서울을 포위한 상태에서 조선정부에 내정개혁(內政改革)을 요구하는 한편 청에게도 협조할 것을 요구하였다. 청나라가 이를 거절하며 공동철수를 주장하자, 일본은 6월 21일 궁궐을 침범하여 고종을 볼모로 삼고, 청일전쟁을 일으켰다.

일본이 경복궁을 침범한 사실이 알려지자, 동학군은 즉각 삼남지방을 중심으로 항일구국봉기를 추진하였다. 주한 일본공사 대오규개(大鳥圭介)는 외무대신 김윤식(金允植)에 공한을 보내, "금년 8월〔양력〕에서 9월로 접어드는 때로부터 경상·전라·충청 각도에서 동학당이 재기(再起)하여"라고 지적하여 동학농민군의 항일봉기에 우려를 표시했다.

일본군의 궁궐 침입 소식에 흥분한 농민군은 즉각 봉기하려 했으나 전봉준 등 동학지도자들은 신중한 자세를 취했다. 전라감사 김학진이 경복궁 점령 사건에 대한 대책을 상의하기 위한 회담을 전봉준에게 제의하자, 전봉준이 이를 수락하여 7월 6일 전주회담이 성사되었는데, 이 회담 직후 전라감영에는 명목상 전라도 전지역을 총괄하는 전라좌우도소(全羅左右都所)가 설치되었다. 전봉준은 일단 사태를 관망하기로 하고 전라좌우도소 책임자인 도집강(都執綱) 송희옥(宋憙玉) 명의로 7월 17일에 각 군현 집강소에 통문(通文)을 보냈다.

"방금 일본군이 궁궐을 침범하여 왕께서 욕을 당하였으니, 우리는 마땅히 함께 죽음에 나아가야 하지만, 그 적은 바야흐로 청나라 군사와 전쟁 중이어서 그 기세가 매우 강력하다. 지금 갑자기 항쟁하면 그 화가 뜻밖에 종사(宗社 : 왕실)에 미칠지 모르니, 물러나 은둔하여 시세를 관망한 연후에 기세를 올려 계책을 취하는 것이 만전지책(萬全之策)이다…".

이들은 일본군이 경복궁을 점령하고 국왕이 인질로 잡힌 상황에서 반일봉기를 일으켰다가는 종묘사직, 즉 왕실과 국왕의 운명이 어떻게 될지 모른다는 우려 속에서 각 접주들에게 일단 봉기를 자제하라고 지시한 것이다.

이런 사정은 전봉준이 8월 11일에 만난 일본인 무전범지(武田範之)에게 이렇게 말했다.

"일본과 대원군의 소위(所爲)를 우리가 아직 상세하게 알지 못하여 안심할 수 없다. 그러므로 나는 되도록 동지(同志 : 동학군)의 분기(紛起 : 봉기)를 제어하는 동시에 우리 정부의 동지(動止 : 움직임)를 알려고 원하는 것이다."

전봉준은 일반에 알려진 것과는 달리 상당히 신중한 인물이었다. 그는 일본과 대원군, 그리고 조정의 의사를 파악한 다음에 자세를 취하려고 한 것이다. 전봉준을 비롯한 일부 동학지도자들은 즉각적인 반일봉기를 주도하는 세력을 통제하면서 상황을 주시하였다. 동학농민군의 이런 신중한 자세는 일본군이 경복궁을 점령한 상황에서 나온 고육지책이었다. 당시 전봉준 같은 동학 지도자들은 국왕을 오도하고 있는 주위의 권귀(權貴)들에 대해서는 적대감을 갖고 있을망정 국왕 자체는 국가로 인식하여 존중하고 있었던 것이다.

동학지도자들의 이런 관망적인 자세가 적극적인 항일구국봉기로 전환한 것은 대원군의 배후공작 때문이었다. 대원군은 청나라로부터 군사 지원을 받아 조선에서 일본군을 몰아내려는 계획을 수립하면서 동학농민군도 이용하려 하였다. 그는 임진왜란 때 명·조(明

朝) 연합군이 왜병(倭兵)을 몰아냈던 역사적 선례를 원용해서, 조선 북부의 청국군과 남부의 동학군이 동시에 일어나 서울을 장악한 일본군을 축출하려는 전략을 세웠던 것이다.

이 목적을 위해 대원군은 고종의 비공식적인 승낙하에 7월 7일 이후 일본군과 결전(決戰)하기 위해 조선에 투입된 청군 약 2만여 명이 집결하고 있던 평양에 밀사 이용호(李容鎬)와 김종원(金宗源)을 보내 자신의 전략을 알렸다. 다른 한편으로는 밀사 박동진(朴東鎭) 등을 동학농민군에 파견해 충청도 동학군을 북상하도록 종용했다. 청군과 동학군이 일본군을 협공한다는, 당시 상황에서는 가장 이상적인 것으로 여겨진 이 계획은 동학군의 북상이 지연된 데다, 8월 16일 평양전투에서 청국군이 일본에 대패함으로써 실패로 돌아갔다.

"운명이 조석에 달려있다. 너희들이 오지 않으면"

협공 계획이 실패로 돌아감으로써 대원군으로서 일본군을 축출할 수 있는 최후의 전략은 남쪽의 동학농민군을 동원하는 것뿐이었다. 대원군은 고종에게 항일봉기를 촉구하는 밀지를 작성해 주요 동학지도자들에게 전달하도록 했다. 그 밀지의 내용은 다음과 같다.

"너희들은 선왕조(先王朝)로부터 교화하여 내려온 백성들로서 선왕(先王)의 은덕을 잊지 않고 지금까지 살고 있는 것이다. 조정에 있는 자는 모두 저들〔일본〕에 아부하고 있어 서로 은밀히 의논할 자가 한 사람도 없으니, 외롭고 의지할 곳이 없어 하늘을 향하여 통곡할 따름이다. 방금 왜구들이 대궐을 침범하여 국가에 화를 입힌 바 운명이 조석(朝夕)에 달려 있다. 사태가 이에 이르렀으니 만약 너희들이 오지 않으면 박두하는 화와 근심을 어떻게 하랴. 이로써 교시(敎示)하노라."

우리 역사의 수수께끼

고종의 밀지는 전봉준을 비롯한 주요 동학지도자들에게 항일구국봉기를 결심하게 했다. 전봉준을 비롯한 주요 지도자들은 고종의 밀지에 따라, 이전의 관망적인 자세에서 벗어나 적극적인 항일구국봉기를 준비하였다. 동학군이 고종의 밀지에 따라, 이전의 관망적인 자세를 적극적인 항일구국봉기로 바꾼 것은 그들이 지니고 있던 고유한 국가관 때문이다. 당시 김개남 같은 강경파 지도자를 제외한 대다수의 동학지도자들은 국왕을 곧 국가로 인식하고 있었다.

따라서 동학군은 국가, 즉 국왕의 명령에 따라 자신들의 나라를 수호하기 위해서 항일구국봉기를 일으키기로 한 것이다. 전봉준은 9월 초 전라도 삼례(參禮)에 대도소(大都所)를 설치하고, 각 지역 동학지도자 최경선(崔卿宣), 송희옥, 문계팔(文季八), 조준구(趙駿九) 등과 상의한 후, 항일구국봉기를 준비하였다. 그리고 손화중(孫化中)을 비롯한 동학지도자들과 농민들에게 격문을 띄우는 한편 직접 사람을 파견하여 재봉기를 촉구하였다. 손화중 역시 자신의 영향력하에 있던 농민군에게 9월 26일 광주에 집결할 것을 지시하였다.

최시형 역시 9월 18일 동학지도자에게 반일봉기를 촉구하는 통문(通文)을 보냈는데, 최시형의 지시는 충청도뿐만 아니라, 북접의 통제 아래 있던 경상도와 황해도 동학농민군이 봉기에 참여하는 계기가 되었다.

이와 같이 고종의 밀지는 삼남지방을 중심으로 동학농민군이 항일구국봉기에 나서는 결정적인 계기가 되었다. 전봉준은 그해 10월 호서순상(湖西巡相)에게 보낸 고시문에서, "오늘날의 조정대신은 망령되게도 생명의 안전만을 도모하여 위로는 군부(君父)를 협박하고 아래로는 백성을 속여 동쪽 오랑캐(일본)와 한편이 되어…"라고 하여 조정 대신들이 군부(君父)를 협박하고 일제와 한편이 되었다고 비판했는데 이는 그가 국왕 자체를 거부한 것이 아니라, 오히려 충성의 대상으로 삼았음을 뜻한다.

그해 11월 경군(京軍)과 영병(營兵) 및 백성에게 고시한 글에서도 전봉준은, "충군(忠君) 우국지심(憂國之心)이 있으면 곧 의리로 돌아와 서로 상의하여 척왜(斥倭) 척화(斥華 : 청을 배격함)하여 조선으로 왜국이 되지 않게 하고 동심합력하여 대사를 이루자"라고 임금에 대한 충성을 강조하고 있다.

이런 사정을 알지 못한 친일파 정부와 보수 유학자들은 동학군의 항일구국봉기를 국왕의 명령을 빌미 삼아 일으킨 봉기라고 비난하였다. 전봉준은 각 지역에 통문을 보내거나, 사람을 직접 보내 농민군을 모았는데, 전라도에서만 9월말까지 모병한 수는 4,000여 명에 달하였다. 그는 10월 12일 논산(論山)에 도착하였는데, 이어 손병희가 이끄는 북접 동학군 일부도 10월 16일경에 논산에 이르러 서로 합류했다. 이때에는 미약하나마 일부 보수 유생층과 관군측 일부도 동학군에 합류하였는데 당시 일본군 정보에 의하면, 그 수는 약 3만여 명에 달하였다.

전봉준과 손병희의 지도하에 동학군은 10월 24일부터 공주성을 공격하기 시작하였으며, 11월에는 천안과 공주 사이의 전략적 요지에서 일본군을 맞서 싸웠으나 전력의 열세를 극복하지 못하고 패하고 말았다.

충군애국지심으로 분개함을 이기지 못하여

패배 후 금구(金溝)에서 군대를 해산하고 서울로 오던 전봉준은 순창(淳昌)에서 체포되어 일본인에게 공초를 받았는데 다시 기포한 이유를 묻는 질문에 이렇게 대답한다.

"귀국〔일본〕이 개화(開化)라 칭하고 처음부터 일언반구의 말도 민

전북 고부에 있는 전봉준이 평소에 쓰던 방. 전봉준은 충군애국지심을 지닌
지사로서 고종의 밀서를 받고 2차 봉기를 일으킨다.

간에게 공포함이 없고, 알리는 글도 없이 군대를 거느리고 서울에
들어와 밤중에 왕궁을 공격하여 임금을 놀라게 하였다. 하기에 초야
의 사민(士民)들이 충군애국지심(忠君愛國之心)으로 분개함을 이
기지 못하여 의병(義兵)을 규합해 일본인과 접전하여 이 사실을 일
차로 묻고자 함이었다."

즉 전봉준은 조선왕조 자체를 뒤엎으려고 농민봉기를 일으킨 것이
아니라, 국왕을 위협하는 일본을 제거할 목적으로 '충군애국지심'에
서 항일구국봉기를 일으킨 것이다. 그리고 이것이 그의 개혁사상의
핵심이기도 했다. 그는 조선왕조 자체를 갈아치우려고 한 것이 아니
라, 국왕 주위의 일본과 부패한 권귀(權貴)를 제거하고 고종을 보필
하여 백성들을 위한 정치를 펴보려 했던 개혁가였다.

이런 생각을 가진 그가 "조정에 있는 자는 모두 저들〔일본〕에 아부
하고 있어 서로 은밀히 의논할 자가 한 사람도 없으니, 외롭고 의지

망국과
분단, 통일과
만주를 생각하며

할 곳이 없어 하늘을 향하여 통곡할 따름이다"라는 고종의 밀지를
받고 봉기를 결심한 것은 당연한 일일 것이다.

한국 독립운동의 메카

님 웨일즈(Nym Wales)의 《아리랑》에는 열 여섯이 채 안 된 어린 김산(본명 장지락)이 상해의 대한민국임시정부를 찾아가는 장면이 나온다.

"1920년 겨울 어느 날, 기선 봉천호가 싯누런 황포강(黃浦江)을 서서히 거슬러 올라감에 따라 거대한 상해(上海)가 도전이라도 하듯이 강 안으로부터 그 윤곽을 나타냈다. 하지만 나도 거의 만 16세가 되었으므로 두렵지는 않았다. 마부는 1달러를 달라고 했지만 마차삯을 깎아서 '대한민국임시정부 사무소'까지 80센트에 가기로 하였다."

《아리랑》뿐만 아니라 독립운동가들이 쓴 자서전이나 회상록을 보면 하나의 공통된 경험이 있다. 독립운동에 투신하기로 결심한 다음에 가장 먼저 하는 일이 천신만고 끝에 상해의 대한민국임시정부를 찾는 것이다. 그러나 곧 임시정부의 실상에 실망해 등을 돌리고 상해를 떠나거나 다른 독립운동 노선, 즉 민족주의 외에 공산주의나아나키즘(Anarchism: 무정부주의)을 운동 노선으로 선택하는 것이다. 김산이 그랬고 정화암(鄭華岩)이 그랬다.

임시정부를 찾아간 김산은 월 20달러를 받고 《독립신문》의 한글 교정자 겸 식자공으로 취직하는데 이는 임시정부가 잘나가던 20년대 초반에나 가능했던 운 좋은 경우이고 대부분의 경우 임시정부에 찾아가도 할 일이 없었다. 독립운동에 몸을 바칠 것을 결심한 젊은이들에게 몸을 바칠 곳을 마련해 주지 못하는 것이었다.

대개의 경우 임시정부 내의 극심했던 파벌 싸움을 예로 들지만 내부 파벌 문제야 어느 조직에나 있게 마련이므로 그것이 많은 젊은이들의 등을 돌리게 한 근본요인일 수는 없다. 그보다 근본적인 문제점은 바로 임시정부의 소재지 자체에 있었다. 한반도의 독립을 위해

독립투사들이 수없이 드나들었던 상해 황포강. 사진 위쪽이 치외법권 지대인 조계가 있던 곳이다.

싸우는 임시정부의 소재지가 왜 상해에 있어야 했을까? 상해에 임시정부를 둔 것은 과연 독립운동을 위해 바람직했던 것일까? 대한민국임시정부의 수립과정을 살펴봄으로써 이런 의문에 답해 보자.

3·1운동을 전후해 국내외 각지에서는 임시정부를 수립하기 위한 움직임이 활발했다. 전단(傳單)으로 확인되는 운동은 8개 정도이지만 그중 서울의 '한성(漢城)임시정부'와 블라디보스토크의 국민의회에서 수립한 노령정부(露領政府), 그리고 상해의 대한민국임시정부의 3곳은 구체적인 움직임과 조직을 지닌 단체들이었다.

한성임시정부는 1919년 3월 중순부터 서울에서 비밀리에 결성을 추진하다가 4월 2일에는 인천에서 13도 대표자대회를 열어 임시정부 수립을 확인한 뒤 4월 23일 서울에서 국민대표대회를 열어 공포한 것이었다. 당시 한성임시정부의 각료는 집정관 총재 이승만, 국무총리 총재 이동휘, 외무총장 박용만, 내무총장 이동녕, 군무총장 노백린, 재무총장 이시영, 법무총장 신규식, 학무총장 김규식, 교통총장 문창범, 노동국총판 안창호, 참모부총장 유동열 등이었는데 이는 국내외 독립운동의 대표적 인물들을 총망라한 것이었다.

한성임시정부는 서울에서 수립되었다는 점과 국민대회라는 의견수렴 절차를 거쳤으며 국내외 독립운동가를 망라했다는 점에서 높은 평가를 받았다. 일제 치하의 서울에서 수립되었기 때문에 뉴스적 가치도 인정받아 《연합통신》을 통해 국외에 널리 보도되기도 했는데 이런 점들이 당시 우후죽순격으로 생겨났던 임시정부들 중에서 정통성을 갖게 하였다.

상해임시정부는 신한청년당 인사들이 중심이었는데, 이들은 13도 대표를 선출해 국회 성격을 지니는 임시의정원(臨時議政院)을 구성한 후 4월 13일에는 대한민국임시정부 수립을 선포하였다. 이 정부의 각료는 임시의정원 의장 이동녕, 국무총리 이승만, 내무총장 안창호, 법무총장 이시영, 재무총장 최재형, 국무원비서 조소앙, 외무총장 김규식, 군무총장 이동휘, 교통총장 문창범 등 국내외의 저명한 독립운동가들로 구성했다.

노령정부는 기존의 전로한족회중앙총회(全露韓族會中央總會)를 국회의 성격을 지니는 국민의회로 개편하면서 국민의회에서 정부를 구성하였다. 대통령은 손병희, 부통령은 박영효, 국무총리는 이승만이었고 각 총장에는 탁지(度支) 윤현진, 내무 안창호, 군무 이동휘, 산업 남형후 등이 선출되었다.

무장투쟁론과 외교독립론

이렇게 각지에 수립된 임시정부들이 각각 활동을 개시하자 자연스레 통합문제가 대두되었다. 1919년 봄에는 상해임시정부와 노령정부가 활동하고 있는 와중에 한성임시정부의 집정관 총재 이승만도 워싱턴에서 '대통령(President)'이란 명함으로 활동함으로써 외부의 눈에는 한국 독립운동 조직이 셋으로 분열된 듯한 인상을 주게 되었던 것이다.

통합논의에서 임시정부의 소재지는 중요한 논란 대상 중의 하나였다. 대체로 만주와 러시아령에서 활동하는 독립운동가들은 만주나 러시아령 연해주를 임시정부 소재지로 주장했고 미주나 상해에서 활동하던 독립운동가들은 상해를 주장했다. 상해가 지닌 국제도시라는 지리적 이점을 독립운동에 적극 활용하자는 주장이었는데 이를 외교독립론이라 부른다.

그러나 러시아령에서 세워진 노령정부는 외교독립론에 맞서 무장투쟁론을 전개했는데 이들은 무장투쟁을 전개하기 위해서는 임시정부의 소재지가 우리 교포들이 많이 살고 있는 만주나 러시아령 연해

주에 세워져야 한다고 주장했다.

임시정부의 소재지를 둘러싼 논란 끝에 노령정부가 타협안을 제시했는데 상해의 지리적 이점을 살려 외교부와 교통부는 상해에 두되 정부와 의정원은 교포가 많이 살고 있는 만주나 연해주 지방에 두자는 내용이었다. 이 타협안은 당시의 독립운동 상황을 감안할 때 가장 효과적이고 합리적인 안이 될 수 있었다.

한성임시정부까지 포함한 통합과정에서 이런 이견들이 절충되었는데 그 결과 정부의 위치는 '당분간' 상해에 두는 것으로 조정되었다. 그 외에 정부 명칭은 '대한민국임시정부'로 결정되었으며, 상해와 러시아령에서 설립된 정부는 모두 해산하고 국내에서 13도 대표가 창설한 한성정부를 계승하는 것과, 각 정부의 각원(閣員)들은 모두 사퇴하고 한성정부가 선임한 각원들이 정부를 인계하는 것 등이 통합된 대한민국임시정부의 수립 원칙이었다.

이런 과정을 거쳐 한성임시정부의 법통 위에 대한민국임시정부가 수립되었는데 통합된 대한민국임시정부의 대통령은 이승만이었고, 국무총리는 이동휘, 내무총장은 이동녕, 군무총장은 노백린, 법무총장은 신규식, 교통총장은 문창범, 외무총장은 박용만, 재무총장은 이시영, 학무총장은 김규식, 노동국총판은 안창호였다.

대통령에 외교독립론자인 이승만을 선임하고 국무총리에 무장투쟁론자인 이동휘를 선임한 것은 두 노선을 절충한 결과인데, 그 절충 결과 임시정부의 소재지를 '당분간' 상해로 결정한 것이 1920년대 초반 상해를 독립운동의 메카로 만든 것이었다.

상해가 임시정부의 소재지가 되었던 또 하나의 이유는 당시 상해에 존재했던 '프랑스 조계', 즉 법조계(法租界)의 존재에도 있었다. 조계는 서구열강의 반식민지 상태였던 중국의 근대사가 낳은 특이한 곳으로서 중국의 국가권력이 미치지 못하는 치외법권 지역이었다.

이소룡(李少龍)이 주연한 《정무문(正武門)》에 나오는, "중국인과 개는 들어가지 못"하는 치외법권지역이었던 것이다. 당시 상해에는 영국, 일본 등 여러 열강들이 공동으로 관리하는 공동조계와 프랑스가 관리하는 법조계가 있었다.

그런데 법조계와 공동조계는 같은 상해 내에 있던 치외법권지역이지만 한국 독립운동가들에게는 그야말로 천국과 지옥 같은 차이가 있었다. 공동조계를 사실상 관할하는 영국경찰이 조계 내의 한국 독립운동가들을 일제에게 넘겨준 데 비해 법조계를 관리하는 프랑스 경찰은 한국 독립운동가들을 일제로부터 보호해 주었기 때문이다.

영국과 일본은 영일동맹을 맺을 정도로 친밀한 사이인 데 비해 프랑스는 러시아가 주도해 일본이 청으로부터 할양받은 요동반도를 돌려주도록 강요했던 삼국 간섭의 한 당사자였던 데서 보이듯이 일본과는 갈등관계였기 때문에 이런 현상이 벌어졌던 것이다.

상해 법조계의 존재는 외교독립론자들에게 커다란 매력으로 다가와 이 지역에 대한민국임시정부를 수립하게 된 것이다. 초기 임시정부 청사가 하비로(霞飛路)에 있었던 것은 그곳이 법조계였기 때문임은 두말할 필요가 없다.

그러나 그 조그마한 치외법권의 매력에 끌려 독립투쟁의 중심지인 만주와 연해주가 아닌 상해에 임시정부를 둔 것은 당시 독립운동가들의 실책이라고 하지 않을 수 없다. 이는 독립운동의 최고지휘부가 독립운동의 현장을 떠나 있는 현장지휘 부재상태를 말하는 것이기 때문이다. 요즘처럼 통신수단이 발달하지 못한 당시로서는 상해임시정부의 의사와 투쟁현장인 만주, 연해주의 의사가 쉽게 교류되지 못해 많은 혼선을 빚었고 정력 낭비를 초래했다.

한 예를 들어보자. 1920년에 서간도에서 활동하던 대한독립단·서로군정서·대한청년단연합회 등의 무장투쟁단체들이 서로 통합하여 임시정부의 지도를 받기로 결정했다. 이들이 결의한 5개항의 통합지침에는, "각 단체의 행동통일 기관을 설치하고 국내 왜적의 행정기관 파괴사업을 실행하되 각 단체의 개별적 명의로 하지 말고 반드시 상해임시정부가 지정하는 명의로 할 것, 임시정부에 대표를 파견하여 이상 사실을 보고하고 통일 법명(法名)을 요구할 것" 등이 있었다.

이런 결의에 따라 각 단체의 대표인 김승학(金承學), 안병찬(安秉瓚), 이탁(李鐸) 등이 상해로 파견되어 이 사실을 보고했고 임시정부는 국무회의를 열어 1920년 7월 경 이 조직의 명칭을 광복군사령부(光復軍司令部)로 결정했다. 광복군사령부는 이후 활발한 투쟁을 전개해 1920년말까지 일본과 교전 78회, 일제 주재소 습격 56회, 면사무소 및 영림서(營林署) 방화 20여 개소라는 전과를 올렸으며, 일제 경찰 95명을 사살해 국경 부근의 일본인들을 공포에 떨게 했다.

청산리대첩과 봉오동전투에 이어 이런 무장투쟁들이 잇따르자 일제는 1920년 10월초부터 약 2만 명의 대부대를 투입해 독립운동의 기반이 되는 한인촌을 불사르고 무고한 한인들을 닥치는 대로 학살하는 경신참변(庚申慘變)을 일으켰다. 만주에서 한인의 무장투쟁이 후퇴하게 된 것은 일제의 이런 학살에 가까운 군사작전이 주요인이었지만, 임시정부와 전투지역이 각각 다른 곳에 있음으로써 발생하는 지휘체계의 통일성 붕괴도 큰 원인을 차지했다. 통신수단도 문제였지만 투쟁 현장이 아닌 안전지대 법조계에서 내리는 명령에 무게가 실리기는 어려웠고 이런 이유로 만주 한인들과 일체감을 가질 수 없었던 것이다.

만약 임시정부가 만주나 연해주에 있으면서 현장 중심의 정책을 수립하고 시행했다면 훨씬 효과적인 투쟁을 전개했을 것임은 두말할 나위가 없다. 그리고 대부분의 임시정부 순례자들이 실망하는 고질적인 파벌싸움 같은 것도 줄어들었을 것이다. 주적(主敵)인 일제와 직접 총을 들고 대치하는 현장에서는 파벌싸움에 몰두할 겨를이 없었을 것이기 때문이다.

만주의 실질적인 정부, '삼부'

이런 이유들 때문에 상해임시정부의 지도력이 약화되는 동안 만주 지역의 독립운동 단체들은 임시정부의 테두리를 벗어나 스스로 조직을 정비했다. 만주에서는 1923년에 참의부(參議府), 1925년에 정의부(正義府)와 신민부(新民府) 등이 결성되었는데 이를 합쳐 삼부(三府)라고 부른다. 이들 조직은 각각 휘하에 한인 교포사회를 거느리고, 3권이 분리된 통치기구와 군사조직을 갖춘 사실상의 정부였다. 정의부는 약 700명 정도의 군사가 있었으며 신민부는 약 500여 명의 군사 외에 총사령관 김좌진이 이끄는 군사위원회가 사관학교를 설립하여 간부를 양성했을 정도였다.

상해의 대한민국임시정부가 휘하에 인민과 영토가 없는 명분상의 정부였음에 반해 이들 삼부는 교포들이 선출하는 임원으로 구성된 행정부 · 입법부 · 사법부와 독자적인 군대까지 보유한 실질적인 정부였다. 만약 상해임시정부가 만주에 있었다면 이런 조직들을 모두 관할할 수 있었을 것이고 한국 독립운동은 훨씬 발전했을 것이다.

그렇다고 해서 대한민국임시정부가 의미가 없는 것은 아니었다. 비록 무장투쟁 현장과는 동떨어져 있었지만 이들은 '대한민국임시정부'란 대표성을 가지고 외교활동이나 독립전쟁을 관할했고, 연통제 등 국내 비밀조직을 건설해 국내의 민중들과 연결하였다. 1932년 거행한 임정 산하 한인애국단 소속의 이봉창 의사의 일황 폭탄투척 사건과 윤봉길(尹奉吉) 의사의 홍구공원 의거가 말해 주듯이 무장투쟁에도 소홀하지 않았다.

일제가 중국을 침략한 후에는 중국국민당과 함께 항주(杭州 : 1932)·진강(鎭江 : 1935)·장사(長沙 : 1937)·광동(廣東 : 1938)·유주(柳州 : 1938)·기강(綦江 : 1939)·중경(重慶 : 1940~1945) 등지로 옮겨 다니며 항일투쟁을 계속했는데, 1939년 기강으로 옮긴 뒤부터는 전시체제로 전환하였다. 중경으로 옮긴 뒤에는 드디어 광복군을 창설하여 독자적인 군대를 지니게 되어 명실상부한 정부의 체제를 갖추게 되었다.

상해의 대한민국임시정부는 나라를 빼앗긴 시절 민족을 대표해 일제와 싸우던 독립운동 조직이었다. 비록 그 소재지가 투쟁의 현장인 만주와 연해주가 아닌 상해여서 한인들의 분출하는 대일 항전 의식을 조직적·통일적으로 담아내는 데는 한계가 있었으나, 1919년 수립된 이래 일제가 패망할 때까지 정부 조직을 유지하고 있었고 중경시절부터는 군사력도 지니게 되었다는 것은 우리 민족독립운동사상 큰 의의가 있다고 하지 않을 수 없다.

잃어버린 고향

우리 민족에게 '만주'라는 말은 '고향'이라는 말과 같은 의미인지 도 모른다. 만주라는 낱말 속에는 잃어버리고 온 고향 같은 애틋한 감정이 담겨져 있는 것이다. 고조선이 만주에 웅지를 튼 이래 부여, 고구려, 발해로 이어지면서 만주는 우리 민족의 무대였다. 발해 멸 망 이후 우리 민족사의 활동무대는 한반도로 축소되었지만 만주가 우리의 땅이라는 의식은 발해가 망한 926년에서 무려 천년의 세월이 흐른 지금에도 사라지지 않았다.

한중 수교가 이루어진 초기 한국인들은 비행기로 북경까지 가서 다시 기차를 타고 꼬박 하루 이상이 걸리는 연길행을 마다하지 않았 고, 그 이유는 백두산에 있었다. 백두산 천지를 바라보면서 한국인 들이 눈물로 부르는 애국가의 의미를 중국인들은 알지 못했기에 손 가락질하기도 했다. 만주와 한반도의 중심에 있는 백두산은 우리 민 족의 성산(聖山)이었다. 그리고 한때 그 산 위에는 백두산정계비(白 頭山定界碑)가 있었다. 그러나 지금은 수난의 우리 민족사를 상징

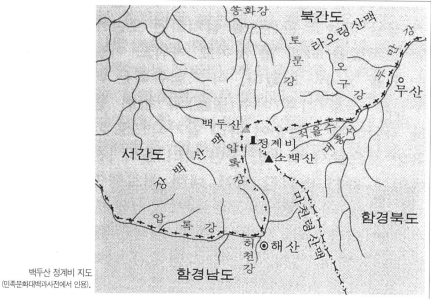

백두산 정계비 지도
(민족문화대백과사전에서 인용).

하듯 어디론가 사라져 버렸다.

백두산정계비는 어디로 갔을까? 도대체 누가 왜 가져간 것일까?

백두산정계비가 세워지는 과정을 살펴봄으로써 그 의문을 추적해보자.

백두산정계비가 세워진 이유

발해가 멸망한 후 조선 세종 때에 와서 우리 민족은 압록강과 두만강을 경계로 하는 한반도를 영토로 확보하였다. 두 강 너머 만주에 살고 있던 여진족(女眞族)은 부족통합을 이루지 못한 상태로 조선에 조공을 바치고 관직을 받는 조공관계를 맺고 있었다.

그러던 17세기 초 여진족 추장 누르하치가 여진족을 통합하고 청나라를 세움으로써 만주는 이들에게 색다른 의미가 있는 곳이 되었다. 중원을 정복한 청나라는 만주 일대 약 500여 킬로미터에 달하는

만주를 생각하며 망국과 분단, 통일과

지역을 봉금(封禁)지대로 설정해 신성시하면서 사람들의 출입을 금지시켰다. 사람의 왕래가 끊긴 이 지역은 자연히 무인지경(無人之境)이 되어 버렸으나 함경도를 중심으로 한 조선인들은 산삼(山蔘) 등을 채집하거나 사냥을 위해 자주 월경(越境)하였고, 중국인 역시 마찬가지였다.

숙종 11년(1685)에는 백두산 부근을 답사하던 청나라 관원들이 압록강 건너 삼도구(三道溝)에서 산삼을 캐는 조선인들의 습격을 받는 사건이 일어나 두 나라 사이가 시끄러워졌으며 숙종 16년과, 동왕 30년, 36년에도 청나라 사람이 조선 사람에게 살해되는 사건이 일어나 외교 분쟁이 발생하기도 했다. 반면 숙종 11년에는 함경도 종성 사람 엄귀현(嚴貴玄)이 처와 머슴, 우마를 거느리고 만주의 오라(吾羅)와 영고탑(寧古塔) 두 역 사이에 들어갔다가 청나라 사람에게 발각되어 북경으로 잡혀가는 일도 발생했다.

이런 일들 때문에 국경분쟁이 자주 일어나자 숙종 37년(1711)에 청나라 오라총관(烏喇摠管) 목극등(穆克登)이 압록강 대안 현지에 와서 조선의 참핵사(參覈使)와 함께 불법월경사건들을 조사한 일이 있었다. 그 이듬해에 청나라는 이런 사건들을 문제삼아 백두산에 올라가 국경을 정하려는 계획을 진행하였는데, 거기에는 청나라 왕실의 발상지로 신성시한 백두산을 자기 영토에 넣으려는 의도가 있었다.

청은 그해 2월 목극등(穆克登)을 백두산에 보내 변경(邊境)을 조사하려 하니, 협조해 달라는 공문을 조선에 보내 왔고, 이어 4월에는 목극등 일행이 두도구(頭道溝)에서 압록강을 거슬러 올라와 후주(厚州)에 도착하였다.

청국의 공문을 받은 조선은 접반사(接伴使) 박권(朴權)과 함경감사 이선부(李善溥)를 보내 협의해 처리하게 하였는데, 이들은 함경도 혜산진에서부터 10일간을 강행군 해 5월 15일에는 백두산 천지(天池) 가에 이르게 되었다. 거기에서 동남쪽으로 4킬로미터 지점인 2,200미터 고지 분수령(分水嶺)에 정계비를 세웠으니 이것이 바로 '백두산정계비'이다.

조선은 접반사를 보낼 때 백두산 정상을 경계로 영토를 나눈다는 방침이었으나 접반사 박권과 함경감사 이선부는 늙고 허약한 몸으로 험한 길을 끝까지 따라갈 수 없다는 이유로 뒤떨어지고, 접반사 군관 이의복(李義復), 순찰사 군관 조태상(趙台相), 거산찰방 허량(許樑), 통역관 김응헌(金應憲) 등 중하위직 6명만이 동행하였는데 조정에서 보낸 대표가 없음에 따라 모든 것은 청나라의 의도에 따라 진행되었다.

이렇게 세워진 백두산정계비는 '대청(大淸)'이라는 두 글자를 머리에 크게 쓰고, 그 아래에 "오라총관 목극등이 성지를 받들고 변경을 답사하여 이곳에 와서 살펴보니, 서쪽은 압록이 되고 동쪽은 토문이 되므로 분수령 위에 돌을 새겨 기록한다〔烏喇摠管穆克登 奉旨査邊 至此審視 西爲鴨綠 東爲土門 故於分水嶺上 勒石爲記〕"라고 사실을 새기고, 아울러 청국 수행원들의 이름을 적은 후 날짜를 적고 그 아래 조선관원들의 이름을 새겼다.

이때 목극등은 다시 조선관원들에게 부탁하여 토문강의 수원(水源)이 되는 물길이 중간에 땅속으로 들어가서 경계를 확인할 수 없는 곳에는 여기저기에 돌과 흙으로 돈대(墩臺)를 쌓아 아래쪽 강물에까지 연결되게 하여 불법으로 월경하는 일이 없도록 강조했다. 이로써 조청(朝淸) 두 나라의 국경선이 확정된 것이다.

이후 두 나라 사이에 국경 문제가 발생하면 이 정계비가 기준이 되어 해결해 나갈 정도로 이 비문은 중요하게 취급되었다.

토문은 두만강인가 토문강인가

백두산정계비의 요지는 위에 쓴 대로 '서쪽은 압록강, 동쪽은 토문강을 경계로 한다'는 것인데, 이때 '토문'이 어느 강인지를 분명하게 밝혀 놓지 않아서 이후 두 나라 사이의 국경분쟁에서 잦은 요인이 되었다. 조선은 토문이 송화강의 한 지류인 토문강인데 이는 두만강 북쪽의 지명이므로 간도는 조선령이라고 주장했으나, 청은 토문(土門)을 도문(圖們)·두만강의 같은 이름이라고 해석해 간도를 청의 영토라고 주장했다. 따라서 토문이 어느 강인가를 밝히는 것이 양국 국경을 설정하는 핵심적인 문제이다.

조선초기에 조선인들은 '토문은 두만강의 북쪽에 있는 송화강의 지류'라는 사실을 분명하게 인식하고 있었으므로, 당연히 토문을 간도로 해석해 백두산정계비를 세울 당시 토문이 두만강과 다르다는 사실을 분명히 명기하지는 않았다. 백두산정계비를 세운 이후 토문과 두만이 다르다는 것을 당연한 사실로 인식한 조선에서 간도가 우리 영토라는 인식이 일반화된 것은 당연한 일이다. 이는 정계비를 세운 이후에 그려진 고지도(古地圖)를 보면 바로 확인할 수 있는 사실이다.

당초 조선과 청 사이에 정묘호란(1627) 때 맺은 '강도맹약(江都盟約)'은 사사로이 국경을 넘은 백성들에 대해서는 양국 정부가 모두 받아들이지 않고 돌려보내야 한다는 규정이 있었고, 실제로 조선에서는 조정의 허락 없이 월경할 경우 사형에 처하는 것이 국법이었다.

그러나 실제로는 상당수의 변경 주민들이 월경하여 간도의 개간지와 인구의 80퍼센트 이상을 조선인이 차지하게 되었다. 당시의 통계를 찾아보기는 어렵지만, 고종 28년(1891) 국왕이 평안감사 민병석(閔丙奭)에게 변방지대의 상황을 물었을 때, 민병석은 "압록강변의 9개 읍이 중국과 인접해 있는데 그쪽으로 건너간 조선 사람들은 10

만 명도 넘습니다"라고 보고했다. 이 무렵인 1897년의 통계에 따르면 통화, 환인, 관권, 신빈 등 간도 지방의 네 현에 살고 있는 조선인들은 8,722호에 무려 3만 7,000여 명에 달해 간도는 사실상 조선의 영토가 되어 있었다.

이런 와중인 고종 18년(1881)에 청나라는 길림성(吉林城) 장군 명안(銘安)과 흠차대신(欽差大臣) 오대징(吳大徵) 등을 보내서 본격적으로 간도를 개척하려 하였다. 청은 임오군란을 계기로 조선의 실권을 장악하자 간도문제를 힘으로 해결하려 한 것인데, 청의 위세에 눌린 조선은 결국 1년 안에 자국민을 쇄환(刷還)하겠다고 약속하였다. 그러나 조정의 이런 방침은 간도를 개척한 조선 농민들로서는 받아들 수 없는 것이어서 이들은 백두산정계비와 토문강을 답사한 근거를 가지고 이 지역이 조선 땅임을 정부에 호소하였다.

조선도 고종 20년(1883) 서북경략사(西北經略使) 어윤중(魚允中)을 보내 이 지역을 시찰하게 했는데, 이때 어윤중은 도리어 조선인들에게 두만강 북쪽 너머 간도에서 농사짓는 것을 격려하였으며 정부에도 간도가 우리 영토라고 보고하였다.

이후 간도의 영유권 문제는 조·청 양국간의 중요한 외교적 현안으로 부각되었는데, 청나라는 계속 위협을 가했지만 간도가 조선령임을 확신한 조선정부 역시 강경한 자세를 취해 양보하지 않았다. 마침내 조선정부에서는 고종 40년(1903)에 이범윤(李範允)을 간도 관리사(管理使)로 파견해 교민을 보호하고 세금을 징수하게 하였다. 이범윤은 군대를 편성하고, 10호(戶)를 1통(統), 10통을 1촌(村)으로 하여 통장과 촌장을 두는 행정조직을 마련하였다. 이는 실로 발해가 멸망한 지 1천여 년 만에 간도가 우리의 영토임을 세계 만방에 공포한 획기적인 조처였다.

일제가 팔아먹은 만주, 그리고 백두산정계비

그러나 이런 획기적인 조처도 일제의 한반도 침략으로 무산되고 말았다. 일제는 다음해 일본인 고문(顧問) 정치를 주요 내용으로 하는 제1차 한일협약을 강제로 체결한 후 다음해인 1905년에는 러일전쟁을 일으켜 승리하였다. 러일전쟁의 승리는 일제가 한반도를 차지할 것임을 내외에 공포한 셈이 되었는데, 실제로 일제는 그해 11월 강제로 제2차 한일협약, 즉 을사조약을 체결했다. 제2차 한일협약의 주요내용은 일본이 한국의 외교권을 박탈하여 대신 자신이 행사한다는 것으로서 이를 위해 일본인 통감을 둔다는 내용이었다.

한국이 외교권을 강제로 빼앗김에 따라 간도문제는 조 · 청 사이의 현안에서 청 · 일 사이의 현안이 되었다. 간도에도 욕심이 있던 통감부는 1907년 간도 용정(龍井)에 통감부 파출소(派出所)를 설치하고 간도가 한국 영토임을 선포하였다. 그리고 청이 이에 대해 부당하게 행동하면 무력도 불사하겠다고 선언하였다. 이로써 간도는 여전히 외교권을 빼앗긴 한국령으로 남아 있었는데, 불과 2년만인 1909년에 일제는 갑자기 태도를 바꾸어 남만주철도의 안봉선(安奉線) 연장 등 만주에 대한 이권을 받는 대신에 간도 영유권을 청나라에 팔아 넘겨 버렸다.

그리고 일제는 훗날 말썽이 일 것을 우려해서인지 간도가 우리 영토임을 확인해 주는 결정적인 증거인 백두산정계비마저 어디론가 가져가 버렸다. 백두산정계비는 보통 1931년 9월 18일에 발생한 만주사변 직후에 사라진 것으로 알려져 있으나, 실제는 그 두 달 전쯤에 없어졌다. 다음은 이런 내용을 전해 주는 당시 일제의 간도파출소 총무과장이었던 소전치책(篠田治策)의 비교적 양심적인 증언이다.

백두산정계비는 청나라 황제가 그 선조의 발상지를 자국 영토 내에

우리 역사의 수수께끼

백두산정계비 옛 사진(민족문화대백과사전에서
인용). 만주의 소유권을 밝혀 주는 중요한
재료인데 만주사변이 일어나기 직전에
누군가에 의해 고의적으로 사라졌다.

포함함과 아울러 조선과 국경을 명확히 하여 국경 분쟁을 막기
위하여 조선과 협의해서 백두산에 건립한 유명한 국경비이다. 그
후 '간노문제'가 발생함에 따라, 조청양국과 청일양국간에 28년에
걸쳐 국제분쟁의 원인이 된 중요한 사적(史蹟)이다. 또
오늘날에는 1909년 9월 4일 '청일간의 간도에 관한 협약(協約)'에
기인한 일만(日滿)간의 국경비이다.
그런데 이 정계비는 1931년 7월 28일부터 다음날 29일의 아침
사이에 홀연히 그 자취를 감추었다.
근래 백두산에 등산하는 자는 경계가 필요하기 때문에, 우리
국경수비대와 동행하는 것이 일반화되었다. 이때 역시 수비대 약
100여 명과 함께 56명의 일반인 등산자가 있었다. 일행이 1931년
7월 28일 오전 9시 30분경 정계비가 서 있는 곳에서 휴식을 할
때에는 정계비가 아주 확실히 있었다. 일반인과 군대가 나뉘어져
산 정상에 올라가 천지 부근에서 잠을 자고 다음날 아침 산을
내려왔다. 이 내려오는 길에 두 번째로 정계비에 도달했을 때에는
정계비가 이미 누군가의 손으로 철거되었다. 그 곁에는 단지
백두산 등산안내도가 세워져 있을 뿐이었다. 일행 가운데
사적연구가는 돌아오는 길에 비와 비문을 조사할 예정이었는데,

만주를 생각하며
망국과 분단: 통일과

결국 그 목적을 이루지 못했다. 그가 매우 실망하고 산을 내려왔다는 것을 당시 일행 가운데 한 사람이 나에게 알려줬다. 아, 이 어찌 몰상식한 행위가 아니냐. 이 중요한 사적을 없애 버린 것은 국경을 모호하게 하려는 기도가 아니냐. 비석을 철거하고 그 대신 안내도를 세운 것을 보면, 진실로 계획적인 행위이지 한순간의 호기심으로 한 것은 아니다. 이 행위는 일반 등산객이 한 것이 아닐 것이며, 그 밖의 자들이 하였다는 것은 충분히 알 수 있다.

나는 30여 년 동안 간도문제와 관련하여 이 정계비를 연구해 왔기 때문에, 이 사실을 듣고 크게 놀랐고, 또한 분노를 참을 수 없었다. 이와 같은 중요한 사적은 국가로서도 영구히 보존해야 할 책임이 있고, 또한 현재 국경비로서 그 위치에 두어야 하는 것은 당연하다. 따라서 나는 여러 차례 조선총독부에 그 조사를 요구했고, 그것도 총독의 명령으로 빨리 착수하면 아주 큰 비석이므로 쉽게 찾을 수 있다고 주장했다. 그런데 총독부는 어떠한 관심조차 보이지 않았고, 1938년인 오늘에 이르기까지 그 조사를 시도조차 하지 않고 있다.

만약 백두산정계비를 가져간 것이 일제가 아니라면 조선총독부에서 침묵으로 일관했을 리 없다. 일제는 왜 만주사변 직전에 백두산 정계비를 가져간 것일까? 아마 만주에 청의 마지막 황제 부의(溥儀)를 수괴로 하는 괴뢰 만주국을 수립하는 데 장애요소로 작용할 것을 우려해 없애버린 것인지도 모른다. 만주국의 정통성을 주장해야 하는데 간도가 조선의 영토라고 적혀 있는 백두산정계비는 장애요소가 될 우려가 있었다. 만주국을 기반으로 중국 전체를 점령하고자 했던 일제가 이런 침략 의도의 장애물이 될 수 있는 백두산정계비를 만주사변 직전에 모처로 가져갔을 가능성이 충분한 것이다.

그러나 앞의 일본인의 말처럼 백두산정계비는 '아주 큰 비석'이므로 없애 버리지만 않았다면 찾을 수 있을 것이다. 백두산정계비는 어디로 갔을까?

더 많은 역사 연구와 마니아를 위하여

이 분야를 직접 연구하려는 사람들을 위해 이 책을 쓰는 데 직접적으로 도움을 받은 자료 가운데 일부를 기록한다. 논란이 많은 고대편은 비교적 상세하게 적는다.

1. 고대편

고대편은 일차 자료를 주로 인용하였으며, 간혹 이차 자료도 사용하였다. 우리 고대사에 대해서 알고 싶은 사람은 다음의 자료를 이용하면 될 것이다. 우리측 자료로는 《삼국사기》와 《삼국유사》, 〈광개토대왕비문〉이 기본적인 자료이다.

중국측 자료로는 《사기(史記)》〈조선열전(朝鮮列傳)〉, 《한서(漢書)》 〈조선전(朝鮮傳)〉, 《후한서(後漢書)》〈동이열전(東夷列傳)〉, 《삼국지(三國志)》〈위서(魏書) 동이전(東夷傳)〉, 《진서(晋書)》 〈동이열전(東夷列傳)〉, 《송서(宋書)》〈이만열전(夷蠻列傳)〉, 《남제서(南齊書)》〈동남이열전(東南夷列傳)〉, 《양서(梁書)》 〈동이열전(東夷列傳)〉, 《위서(魏書)》〈열전(列傳)〉, 《주서(周書)》 〈이역열전(異域列傳)〉을 주로 사용했다.

이 책들은 1987년에 국사편찬위원회에서 《중국정사조선전(中國正史朝鮮傳)》이란 이름으로 원문과 번역본을 싣고 해설까지 붙여 놓아서 누구든지 어렵지 않게 이용할 수 있다.

일본측 일차 자료로는 《고사기(古史記)》와 《일본서기(日本書紀)》가 있는데 《일본서기》는 번역본이 있으나, 《고사기》는 아직 번역되지 않았다. 빠른 번역을 기대한다.

한국측 이차 자료로는 천관우(千寬宇),

《고조선사 · 삼한사연구》(일조각, 1989)와 《가야사연구》(일조각,

1991) ; 정효운, 《고대한일정치교섭사연구》(학연문화사,

1995) ; 윤내현, 《한국고대사신론》(일지사, 1986) ; 이진희 저 · 이기동

역 《광개토대왕비의 탐구》(일조각) ; 김원룡, 《韓國考古學槪說》(일지사,

1977) ; 최몽룡 《도시, 문명, 국가 미국고고학연구의 일동향》과

〈원삼국시대 – 회고와 전망 및 문제점〉; 김낙중, 〈나주 복암리 3호분

발굴조사〉제22회 한국 고고학

전국대회(1998) ; 국립광주박물관 · 전라남도 나주군, 《나주반남고분

종합보고서》; 무함마드 깐수(정수일)

《신라 · 서역교류사》(단국대출판부, 1992) 등을 참고했다.

일본측 이차 자료로는 高久健二, 《樂浪古墳文化 研究》(서울,

學研文化社, 1995) ; 森 貞次郞, 《九州の古代文化》(東京, 六興出版,

1983) ; 大塚初重 등, 《日本古墳大辭典》(東京堂出版,) ; 三上次男,

《古代東北アジア史研究》(東京, 吉川弘文館, 1977) ; 石野博信 등,

《古墳發生前後の古代日本》, 《古墳はなぜつくられたか》(大和書房,

1987 · 1988) ; 江上波夫, 《騎馬民族國家》; 有光敎一,

《羅州潘南面新村里第9號墳發掘調査記録》등을 참고했다.

중국측 이차 자료로는 王健群의 《好太王碑研究》(吉林人民出版社,

1984) 등을 이용했으며 러시아의 유 엠 부찐의

《고조선 – 역사 · 고고학적 개요》(이항재 · 이병두 공역, 소나무, 1990)도

참고했다.

2. 고려 편

 조선시대에 편찬한 《고려사(高麗史)》와 《고려사절요(高麗史節要)》, 《신증동국여지승람(新增東國輿地勝覽)》과 《동국여지지(東國輿地誌)》가 가장 기본적인 일차 자료이고, 중국의 《송사(宋史)》와 《원사(元史)》도 중요한 자료이다. 문계항(文桂恒) 등이 순조 19년(1819)에 편찬한 《三憂堂實記》와 전남대학교박물관·화순군의 《운주사종합학술조사(1991)》, 천혜봉의 〈직지심경〉(한국정신문화연구원, 《재발견 한국의 문화유산》, 1997)도 이 책을 쓰는 데 도움을 주었다.

3. 조선 편

 이 책에 실린 거의 모든 내용은 《조선왕조실록》에 실려 있으며, 그 외에 이건창의 《당의통략(黨議通略)》(이준영·이덕일 역, 자유문고, 1998)도 중요한 자료이다. 그 외에 이긍익(李肯翊)의 《연려실기술(練藜室記述)》이나 송시열의 《송자대전(宋子大典)》과 윤증의 《명재유고(明齋遺稿)》 등도 중요한 일차자료이다. 현상윤(玄相允)의 《조선유교사》와 이병도(李丙燾)의 《한국유학사략》과 성낙훈(成樂熏)의 《한국당쟁사》, 김삼룡의 《한국미륵신앙의 연구》(동화출판공사, 1987), 이수건의 《영남지방고문서집성》 (영남대출판부, 1988), 이덕일의 《사화로 본 조선역사》와 《당쟁으로 본 조선역사》 등도 참고할 만한 이차 자료이다. 일제시대의 일인 善生永助의 《朝鮮の聚落》(朝鮮總督府, 1934)와 篠田治策의 《白頭山定界碑》도 도움을 받은 책들이다.

우리 역사의 수수께끼 1

이덕일·이희근 지음 인문서 최대 베스트셀러! 잘못된 역사, 가려진 진실에 대한 성역 없는 추적. 출판인회의선정 이달의 책

우리 역사의 수수께끼 2

이덕일·이희근 지음 발간 즉시 폭발적인 화제. 미스터리에 싸인 역사 사실에 대한 최초의 본격적인 분석!

신라의 역사 1, 2

이종욱 지음 '민족' 과 '실증' 이라는 색안경을 벗겨낸 새로운 신라사. 반토막난 신라사를 복원한 이종욱 교수의 역작.

송시열과 그들의 나라

이덕일 지음 한국사의 최대 금기, 송시열 신화의 진실을 밝힌 최대 논쟁작!

고려 500년, 의문과 진실

김창현·김철웅·이정란 지음 고려인의 눈으로 바라본 가장 생생한 고려사, 그 30가지 진실! 간행물윤리위원회 선정도서

화랑세기로 본 신라인 이야기

이종욱 지음 이것이 진정한 신라다! 신라를 신라답게 살려낸 최초의 이야기. 중앙일보 선정 좋은 책.

한국고대사, 그 의문과 진실

이도학 지음 고조선에서 발해까지, 베일에 싸인 한국 고대사의 새로운 해석! 간행물윤리위원회 선정도서

풍납토성, 500년 백제를 깨우다

김태식 지음 백제사 최고의 미스터리, 풍납토성 지하에 숨겨진 한국 고대사의 진실을 발견한다!

화랑세기, 또 하나의 신라

김태식 지음 고려의 그늘을 걷어내고 신라의 눈, 화랑세기로 생생하게 담아낸 천년 전 신라인의 모습!

우리말의 수수께끼

박영준 외 지음 역사 속에서 찾아보는 사라진 언어들과 우리말의 다양한 모습들, 우리말 탄생의 비밀!

문명의 충돌

새뮤얼 헌팅턴 지음/이희재 옮김 오만한 서구 문명의 몰락은 이미 시작되었다! 21세기 혁명적 패러다임, '문명 충돌론' 의 완결편! 문화관광부 추천도서

부유한 노예

로버트 라이시 지음/ 오성호 옮김 고속 성장경제, 그 풍요의 환상 속에 감추어진 냉혹한 현실. 발전하는 기술의 노예들에게 보내는 경종의 메시지. 시사저널선정 올해의 책

문화가 중요하다

새뮤얼 헌팅턴·로렌스 해리슨 지음/이종인 옮김 문화적 가치가 국가의 미래를 결정한다! 21세기 문화논쟁을 주도한 화제의 책. 간행물윤리위원회 선정도서

불멸의 지도자 등소평

등용 지음/임계순 옮김 오류의 역사 문화대혁명에 대한 드라마틱한 기록. 가장 정확한 등소평 전기, 가장 정통한 중국 현대사! 교보문고 계층별 권장도서

다중지능, 인간 지능의 새로운 이해

하워드 가드너 지음/문용린 옮김 세계적인 교육학자 가드너의 최신작. 다중지능 이론의 완결편! 간행물윤리위원회 선정도서

신의 거울

그레이엄 핸콕 지음/김정환 옮김 500만 독자를 사로잡은 핸콕과 함께 1만2천년 전 초고대문명의 네트워크를 찾아 떠나는 시간여행!

악령이 출몰하는 세상

칼 세이건 지음/이상헌 옮김 과학적 무지와 비판적 사고 결핍에 대한 칼 세이건의 냉철한 고발과 경고! 출판인회의선정 이달의 책

카오스의 날개짓

김용운 지음 복잡성 과학이론으로 문화와 역사를 해석한 세계 최초의 책! 한국 사회의 실상에 대한 예리한 해부와 대안.

게놈: 23장에 담긴 인간의 자서전

매트 리들리 지음/하영미 외 옮김 〈뉴욕타임스〉선정 최고의 책! 하나의 세포가 완전한 인간이 되기까지, 흥미진진한 인간 게놈 여행. 중앙일보선정 좋은 책

21세기를 지배하는 키워드

이인식 지음 21세기 과학 발달에 의한 인류 문명의 변화를 명쾌하게 짚어낸 미래 전망서! 간행물윤리위원회 선정도서